中国燃料电池汽车产业实践

政策、技术、建议及展望

中国汽车技术研究中心有限公司　组编

INDUSTRIAL PRACTICE OF
FUEL CELL VEHICLES IN CHINA

POLICY, TECHNOLOGY, SUGGESTION,
AND PROSPECT

发展氢能与燃料电池汽车是解决能源、资源和环境危机，推动能源革命的有益探索。随着世界能源向绿色、低碳、可持续转型，发展氢能与燃料电池汽车再次引发国际社会关注。本书介绍了我国新能源汽车产业发展历程，并总结了新能源汽车产业发展成绩和经验。在此基础上，本书介绍了国际燃料电池汽车产业发展情况，重点对日本、美国、欧洲、韩国燃料电池汽车政策、产业等情况进行了分析。其次，考虑到政策仍是现阶段支撑产业发展最为关键的因素，本书详细介绍了我国燃料电池汽车产业发展的政策环境，并对我国燃料电池汽车示范政策、氢能产业发展规划进行了分析和解读。再次，本书介绍了我国燃料电池汽车产业发展态势，对产业现状、发展问题和未来趋势进行了详细分析，并以京津冀、上海、广东、郑州、河北城市群为例，对我国地方产业发展实践、经验措施进行了总结分析。随后，本书重点介绍了我国氢能及燃料电池汽车的经济性、技术情况和应用场景，并展望了未来的降本路径、技术趋势和潜在应用场景。最后，本书对我国燃料电池汽车产业高质量发展提出了相关建议。

本书适合对氢能及燃料电池汽车感兴趣的读者阅读参考，无论是政府工作人员、行业研究人员、金融投资者、技术开发者还是普通读者，都能够有所收获。

图书在版编目（CIP）数据

中国燃料电池汽车产业实践：政策、技术、建议及展望 / 中国汽车技术研究中心有限公司组编. — 北京：机械工业出版社，2023.12

（氢能与燃料电池技术及应用系列）

ISBN 978-7-111-74423-8

Ⅰ. ①中… Ⅱ. ①中… Ⅲ. ①燃料电池 – 电传动汽车 – 汽车工业 – 研究 – 中国 Ⅳ. ①F426.471

中国国家版本馆CIP数据核字（2023）第239542号

机械工业出版社（北京市百万庄大街22号　邮政编码100037）
策划编辑：王　婕　　　　责任编辑：王　婕　丁　锋
责任校对：肖　琳　陈　越　责任印制：常天培
北京机工印刷厂有限公司印刷
2024年1月第1版第1次印刷
184mm×260mm · 11.5印张 · 263千字
标准书号：ISBN 978-7-111-74423-8
定价：138.00元

电话服务　　　　　　　　网络服务
客服电话：010-88361066　机 工 官 网：www.cmpbook.com
　　　　　010-88379833　机 工 官 博：weibo.com/cmp1952
　　　　　010-68326294　金 书 网：www.golden-book.com
封底无防伪标均为盗版　　机工教育服务网：www.cmpedu.com

编审委员会

主　　任　吴志新

副主任　王　铁

主　　编　方海峰　姚占辉　王　佳

技术支持　丁振森　吴　征　简晓荣
　　　　　王　琰　李　凯　李　玮
　　　　　梁金桥　赵路甜　宋承斌
　　　　　李鲁苗　时　间

序 一

氢能是一种来源丰富、绿色低碳、应用广泛的二次能源，并且氢能的质量能量密度高，与电能相比储存成本低，是大规模、长周期储能的理想选择，可以被广泛应用于交通、工业、建筑等领域，例如燃料电池汽车、氢能冶金等。经过多年的国家支持和投入，目前我国氢能产业已经逐渐由培育期开始进入快速发展期，燃料电池已经进入成本下降的快速通道，燃料电池汽车的推广应用步伐也开始提速，并在部分地区开展了小规模的示范应用。

2021 年，财政部、工业和信息化部、科技部、国家发展改革委、国家能源局开展的燃料电池汽车示范工程正式启动，标志着我国燃料电池汽车产业迎来了发展的关键窗口期，国内五大城市群、40 多个城市，正加快构建以燃料电池商用车为主体的多元场景商业化示范，并持续完善车用氢能供给体系，推动我国燃料电池汽车产业健康有序发展。应当注意的是，和纯电动汽车只需要动力电池的单点突破不同，发展燃料电池汽车不仅需要突破燃料电池技术，还需要解决氢能的制、储、运、加及车载储氢等问题。因此，必须从氢能的战略角度看燃料电池汽车产业的发展问题。2022 年，国家发展改革委、国家能源局发布了我国首个氢能产业的中长期规划，并明确"氢能是未来国家能源体系的重要组成部分"，也就是明确了氢的能源属性，这成为我国氢能产业的重要制度基础，并且将对氢能产业的高质量发展发挥重要指导作用，也将进一步促进我国燃料电池汽车产业的快速发展。国家政策的大力支持，为我国氢能及燃料电池汽车产业发展营造了良好的外部环境，也提供了难得的战略机遇期。总体来看，我国氢能及燃料电池汽车产业发展的关键期是未来 5 年，我们要努力利用这 5 年的窗口期，把氢能及燃料电池汽车做起来，尤其是要做好以下几个方面的工作。

一是要坚持清洁低碳、主攻可再生氢，牢记发展氢能的初心和使命。 2020 年 9 月，习近平总书记提出中国力争于 2030 年前二氧化碳排放达到峰值、2060 年前实现碳中和。该目标的实现必将推动可再生能源规模化发展。可再生能源的主要载体就是电和氢，在动力、储能方面两者具有互补性，作为无碳工业原料，氢具有不可替代性。那么，氢能的战略地位和经济合理性主要取决于可再生能源转型中的大规模长周期能量储存与多元化终端利用需求。基于化石能源制氢，存在能量利用效率低、二氧化碳排放高等问题，屡遭质疑。虽然可再生能源制氢在生产 – 储运 – 利用全链条上也存在能源转化效率问题，但随着可再生能源装机量不断扩大，效率问题便可转化为成本问题。如果"绿电"成本低于 0.15 元 /kW·h，氢能就可体现出经济性。所以发展氢能产业，需要坚持绿色低碳路线，主攻可再生能源制氢，牢记发展氢能的初心使命。

从中长远发展看，可再生能源制氢规模潜力更大，更加清洁可持续，将成为重要氢源。在此基础上发展氢能产业，对构建清洁低碳安全高效的能源体系，实现碳达峰碳中和目标，具有重要意义。

二是要坚持创新引领、自立自强，实现氢能科技新突破。氢能与燃料电池不同于电能与动力电池，其链条长、难点多，而且我国氢能产业处于发展初期，与国际先进水平存在一定差距，现有技术经济性还不能完全满足实用需求，亟须从氢能制备、储运、加注、燃料电池、氢储能系统等主要环节创新突破，重点突破"卡脖子"技术。例如，严重影响燃料电池寿命和使用成本的质子交换膜；70MPa高压四型瓶必备的高强度碳纤维和安全阀；加氢站离子压缩机、加注枪的核心零部件等。同时，也要面向氢能科技前沿开展基础研究和应用基础研究。例如，电解水制氢催化剂和阴离子膜、光电催化制氢、基于超导强磁场高效磁制冷的氢液化循环以及中压深冷气态储氢、新一代固体氧化物燃料电池和能够可逆运行的SOFC/SOCE等新一代氢能科技。在全球氢能产业竞争中，我们要抓住机遇，努力实现氢能科技革命性突破，推进氢能与燃料电池技术的全面成熟，促进氢能在交通、工业等重点应用领域大规模市场渗透，抢占国际前沿阵地。

相比于电化学动力电池，我国氢燃料电池在技术储备、产业基础、人才队伍等方面较为薄弱，与国际先进水平也存在一定差距，建议尽快建立氢能创新平台，开展关键核心技术攻关和人才培养，打造自立自强的科技体系。同时，氢能利用是世界各国共有之义，必须坚持开放合作的态度，不断凝聚各方创新成果，推动形成国际氢能应用良好生态。

三是要坚持安全为本、示范先行，探索科学合理的产业生态。类似电池安全之于电动汽车和电化学储能行业，氢安全在氢能产业发展中的作用不言而喻，必须努力做到万无一失。要建立氢能全产业链数据监控平台，建立安全评价和检测体系，尤其是要注重一线工作人员的安全培训，严格按照安全规范进行日常操作。例如，张家口市专门成立张家口氢能研究院，建立氢能全产业链安全监控平台和数据库，并联合中国特检院建设氢能装备检测中心，着力维护张家口市氢能燃料电池公共交通系统安全运营；为保障2022年冬奥会北京和张家口赛区的1000余辆燃料电池汽车、20多座加氢站运营安全，专门设立了冬奥示范氢安全国际专家咨询委员会，汇聚全球氢安全管理经验，确保冬奥会绿色出行安全。

值得注意的是，燃料电池车辆只是氢能应用的突破口，长远发展应逐步拓展到交通、电力、化工、冶金等领域多元应用，充分发挥氢能在能源绿色低碳转型和高排放、高污染行业绿色发展中的重要支撑作用。

四是要坚持市场主导、政府引导，遵循新兴产业发展规律。我国纯电动汽车应用区域主要集中在东部、中部和南部，而北部、东北部、西北部分布较少，原因是这些地区冬季温度低，影响动力电池性能。相比之下，燃料电池受温度影响较小，电池余热可灵活转化利用，并且这些地区可再生能源资源较为丰富，由可再生能源制取的清洁低碳氢能供应能力强，燃料电池汽车具有较大的市场应用潜能。对照我国纯电动汽车从孕育到高质量发展的历程，我国燃料电池汽车产业比纯电动汽车产业发展约滞后10年，目前仍处于产品导入期，正在进入应用成本快速下降的成长期。根据国内外主要燃料电池厂商产品测试数据，预计今后十年燃料电池成本将大幅下降、性能稳定提升。

我们注意到，氢能全产业链技术复杂度和中外竞争激烈性不容小觑，全行业必须众志成城、攻坚克难。这段时期，政府支持引导非常重要，尤其是在产业统筹布局、应用场景拓展创新等方面，要因地制宜、量力而行，避免急功近利、盲目投入。而且发展氢能是一项长期事业，并不能马上实现高产值、高收益，这是一个循序渐进的系统工程，各地不应盲目上马氢能项目。目前适宜发展氢能的地区需要具有可再生能源丰富、科技实力强、资金实力强、有龙头企业能整合产业链的特点，还应有丰富的应用场景和市场。

放眼未来，氢能产业发展与纯电动汽车产业类似，从孕育期到导入期、成长期再到爆发式增长期，都需要经历一个艰难的过程。目前，燃料电池汽车正处于产品导入期，即将进入成本快速下降的产业成长期，我们应该有信心。但相比电池产业，氢能全产业链具有更大的复杂性和更加激烈的中外技术竞争性，我们不能盲目乐观，必须努力攻坚克难。同时，在发展燃料电池汽车时要避免两个误区。第一，不能狭义地把燃料电池汽车等同于氢能，因为燃料电池汽车只是氢能应用的一个场景。未来，氢能不会仅仅应用在交通领域，还将与可再生能源结合，在交通、工业、建筑等主要耗能领域替代化石能源。当前对氢的价格承受力相对较强的是汽车，所以汽车是氢能应用重点发展的方向之一。但需要注意的是，氢能交通仅是氢能利用的先导领域，而非全部，其使命是带动氢能的全面应用和发展。第二，氢和电不是"二选一"的关系。燃料电池汽车现在和未来都不会取代纯电动汽车，纯电动汽车和燃料电池汽车，或者说电池和氢能是互补关系而非矛盾关系。在乘用车和轻型商用车领域，以动力电池驱动的电动汽车拥有明显的优势。氢能交通未来的主要发展方向是大型商用车领域，例如公交、长途重型货车等，二者将共同构成新能源交通的格局。

2023年是我国氢能及燃料电池汽车产业发展的关键年，站在新的历史起点上，如何把握产业发展大势、抓住产业变革机遇，加快提升我国氢能及燃料电池汽车产业综合竞争优势，尽快实现中国汽车强国梦，这是需要我国各级政府、行业专家、相关企业等共同思考的重大问题。《中国燃料电池汽车产业实践：政策、技术、建议及展望》一书，对我国氢能及燃料电池汽车产业进行了全面、系统、科学的梳理研究，尤其是对氢能及燃料电池汽车相关政策开展了较为深入的研究分析，具有重要意义。中国汽车技术研究中心有限公司深度参与了国家燃料电池汽车示范政策的研究制定，并作为第三方机构全面支撑了燃料电池汽车示范工作的顺利开展，在氢能及燃料电池汽车领域拥有丰富的研究经验。我相信，这本著作一定会成为广大氢能及燃料电池汽车从业者的良师益友，不仅将对推动我国氢能及燃料电池汽车产业持续健康、科学有序发展产生积极影响，也将为世界发展氢能及燃料电池汽车产业贡献中国智慧和中国方案。

中国科学院院士
国际氢能燃料电池协会理事长
欧阳明高

序 二

2022年3月，国家发展改革委、国家能源局联合发布了《氢能产业发展中长期规划（2021—2035年）》，明确了"氢能是未来国家能源体系的重要组成部分""氢能是用能终端实现绿色低碳转型的重要载体""氢能产业是战略性新兴产业和未来产业重点发展方向"三大战略定位，为我国氢能产业描绘了宏伟蓝图。作为氢能最关键的应用场景之一，近年来我国燃料电池汽车产业取得了积极进展，以燃料电池汽车为代表的氢能开发利用技术，已经成为我国交通领域实现碳达峰、碳中和目标的重要解决方案之一。但总体来看，我国燃料电池汽车产业仍处于发展的初期，在部分关键核心技术，尤其是关键材料和部件方面，同国际先进水平还存在一定差距，燃料电池汽车产业化和商业化进程还相对滞后。

为推动我国燃料电池汽车产业持续健康、科学有序发展，2020年9月，财政部等五部门发布了《关于开展燃料电池汽车示范应用的通知》，将对燃料电池汽车的购置补贴政策，调整为燃料电池汽车示范应用支持政策，重点聚焦构建燃料电池产业链，开展燃料电池汽车新技术、新车型示范应用，探索有效的商业运营模式，以及加快完善政策制度环境四方面任务目标。2020年12月以来，经过多轮城市群评选，2021年8月和12月，财政部等五部门分两批批复了京津冀、上海、广东城市群，以及郑州、河北城市群启动燃料电池汽车示范。在示范政策推动下，各示范城市群积极落实示范有关要求，推动了我国燃料电池汽车产业的快速发展。从示范效果来看，我国燃料电池汽车推广步伐加快、技术水平持续提升、政策环境不断完善、氢能基础设施日益完善，燃料电池汽车产业已经进入发展提速期。

一是关键技术水平取得明显提升。我国燃料电池系统额定输出功率明显提高、集成度显著上升、控制策略进一步优化，燃料电池系统自主化产品性能快速提升。目前，以重塑、亿华通、捷氢、未势等为代表的企业相继推出自主化产品，电堆额定功率从2020年的50kW提高到110kW以上，提高1倍以上，燃料电池系统价格由2020年前的1.5万元/kW降低到了0.3万元/kW以下，降幅超过80%。

二是车辆推广应用步伐逐渐加速。2022年以来，随着产品技术水平快速提升、成本逐步下降、地方政府大力支持，以及多方资本加快进入燃料电池汽车领域，推动了燃料电池汽车市场快速增长。截至2022年底，我国燃料电池汽车累计销售13639辆，其中2022年销售5037辆，较2021年的1897辆大幅提升。随着各地方支持政策进一步落地，未来我国燃料电池汽车市场需求将加速释放。

三是车型供给和产品类型不断丰富。我国燃料电池汽车产品供给日趋丰富，初步满足各典型应用场景的示范应用需求。燃料电池大中型客车、中重型货车车型供给持续增加，产品竞争力不断增强，氢耗、续驶里程、系统功率、使用寿命等持续优化。我国燃料电池客车大型化趋势明显，10m以上产品数量显著增加。燃料电池货车向中重型方向发展，18t以上产品数量和销量占比大幅增加。燃料电池乘用车开始示范应用，上汽、广汽等企业推出全新的燃料电池乘用车。

和示范启动前相比，我国燃料电池汽车产业发展取得了大幅进步，除了技术水平不断提升、市场应用规模持续扩大、车型和产品日益丰富外，也通过示范初步解决了核心技术依赖进口等诸多问题，实现了"四大关键转变"，这将为我国未来燃料电池汽车产业大规模发展奠定坚实基础。

一是技术从依赖进口向自主创新转变。示范启动前，我国燃料电池技术明显落后国外，大部分核心部件依赖进口，多数企业通过购买国外零部件在国内简单组装后直接装车应用，并没有掌握核心技术。目前，我国已经掌握了燃料电池堆、双极板、空压机、氢气循环系统、质子交换膜等核心技术，碳纸、催化剂等正在加速突破。

二是市场从单纯的公交车向更适合的场景转变。示范启动前，地方往往推广政府买单、容易上量的燃料电池公交车，未深入探索适合燃料电池汽车的应用场景，与纯电动汽车未能互补协同发展。目前，城市群在中远途、中重型商用车领域不断探索应用，初步摸索出了一条更适合的应用模式。如京津冀城市群通过建设跨区域的物流运输专线，持续打造"京津冀氢能大廊道"，上海城市群通过重点示范燃料电池货车，积极打造长三角带状氢能走廊。

三是地方从仅注重车端向全产业链创新转变。示范启动前，各地方将主要精力放在了燃料电池汽车推广，但对车用氢能供给、加氢设施建设、技术研发等关键环节的支持力度较小。目前，各地积极探索全产业链支持政策，积极打破各环节发展堵点，提高了企业参与示范的积极性，畅通了我国氢能及燃料电池汽车产业大循环。目前，我国燃料电池产业链相关企业注册数量达到1500家，涉及业务涵盖了制氢、储氢、加氢、材料和部件、整车等各环节。

四是政策由注重推广规模向完善制度环境转变。示范启动前，各地方对如何发展燃料电池汽车缺少系统布局，导致氢能供给、加氢站数量跟不上，很多推广的燃料电池汽车运行困难。目前，各城市群对发展燃料电池汽车有了更深刻的认识，其中北京、上海采取"揭榜挂帅"方式，鼓励企业组成"示范应用联合体"开展示范，有效发挥了全产业链的协同效应；上海临港、唐山、张家口积极探索将氢能作为能源管理，鼓励非化工园区制氢项目，破除了将制氢项目限制在化工园区的制度障碍。目前30多个城市发布了加氢站建设审批管理办法，明确了主管部门和审批流程。

在肯定示范成绩的同时，我们也必须清楚地认识到，我国燃料电池汽车有关政策标准体系尚不健全，系统及关键部件技术水平与国外仍有一定差距，燃料电池汽车产业的发展还任重道远，距离真正市场化还有很长的路要走。建议相关地方政府、行业企业要充分抓住4年燃料电池汽车示范机遇期，通过开展高水平车辆推广和技术攻关，不断提升我国燃料电池汽车产业发展水平。

《中国燃料电池汽车产业实践：政策、技术、建议及展望》一书不仅对国际燃料电池汽车产业进行了系统梳理，也对我国燃料电池汽车产业政策环境、发展态势、地方经验、技术经济性、应用场景等进行了深入分析，希望这本书能够让更多人了解中国燃料电池汽车产业，并为地方政府和行业企业制定燃料电池汽车产业发展战略提供参考和借鉴。作为国家燃料电池汽车示范应用的第三方支撑机构，中国汽车技术研究中心有限公司将全力支撑示范应用各项实施工作，并继续联合行业各方面资源与力量，共同促进我国燃料电池汽车产业高质量发展。

  本书的出版凝聚了许多人的心血，但由于时间仓促，书中可能还有不少纰漏和不足，敬请各位专家、同行和读者批评指正。

中国汽车技术研究中心有限公司副总经理

吴志新

前　言

随着世界能源向绿色、低碳、可持续转型，发展氢能及燃料电池汽车产业再次受到国际社会的高度关注，越来越多的国家和地区将发展氢能及燃料电池汽车产业上升为国家战略，加大力度推动氢能及燃料电池汽车产业发展。2020年以来，我国氢能及燃料电池汽车产业发展热情高涨，为推动产业持续健康、科学有序发展，我国制定了一系列针对氢能和燃料电池汽车产业的支持政策。2020年9月，财政部、工业和信息化部、科技部、国家发展改革委、国家能源局发布了《关于开展燃料电池汽车示范应用的通知》，明确采取"以奖代补"方式，选择部分城市群启动燃料电池汽车示范工作。2021年8月和12月，财政部、工业和信息化部、科技部、国家发展改革委、国家能源局先后发布了《关于启动燃料电池汽车示范应用工作的通知》《关于启动新一批燃料电池汽车示范应用工作的通知》，正式批复京津冀、上海、广东、郑州、河北城市群启动示范。2022年3月，国家发展改革委、国家能源局发布了《氢能产业发展中长期规划（2021—2035年）》，这是我国首个针对氢能产业的中长期发展规划，为我国氢能产业发展描绘了宏伟蓝图。

在国家政策支持，以及行业共同努力下，我国氢能与燃料电池汽车产业取得了积极进展，目前已初步掌握关键材料、部件及动力系统部分核心技术，并结合奥运会、世博会、冬奥会、冬残奥会等重大活动开展了小规模示范运行。但整体来看，氢能及燃料电池汽车产业还处于发展的初期阶段，通往氢能时代的道路也不可能是一帆风顺的，还需要我们投入更多精力、付出更多努力。为了让更多的人认识氢能、了解燃料电池汽车，我们结合多年的研究经验撰写了《中国燃料电池汽车产业实践：政策、技术、建议及展望》这本书，由衷地希望可以通过本书给大家展示我国氢能及燃料电池汽车产业发展的整体情况，无论是政府、科研院所、企业、金融机构，还是想投身氢能及燃料电池汽车事业的个人，希望大家在读完本书后，能够更好把握氢能及燃料电池汽车发展大势，为地方产业发展、行业企业发展、机构或个人研究能力提升等提供参考，大家一起来推动我国氢能及燃料电池汽车产业发展，共同谱写氢能时代发展的新篇章。

本书以燃料电池汽车为主线，层层递进，介绍了我国新能源汽车发展启示、国际燃料电池汽车产业发展启示、我国燃料电池汽车政策支持环境、我国燃料电池汽车产业发展态势、地方燃料电池汽车产业发展态势，以及燃料电池汽车技术、经济性及应用场景，对燃料电池汽车产业发展的有关建议等。具体来说，本书介绍了我国新能源汽车产业发展历程，并总结了新能源汽车产业发展成绩和经验，提出了对我国未来发展燃料电池汽车产业的启示，让读者在清楚我国新能源汽车发展情况的基础上，对我国未来燃料电池汽车该如何发展有更深入的认识。在此基础上，本书介绍了国际燃料电池汽车产业发展情况，重点对日本、美国、欧洲、韩国燃料电池汽车政策、产业等情况进行了分析，并提出了对我国发展燃料电池汽车产业的启示，帮助读者了解国际燃料电池汽车产业发展情况。其次，考虑到政策仍是支撑现阶段产业发展最为关键的因素，本书详细介绍了我国燃料电池汽车产业发展的政策环境，并对我国燃料电池汽车示范政策、氢能产业发展规划进行了详细分析，帮助读者把握政策趋势。再次，本书介绍了我国燃料电池汽车产业发展态势，对产业现状、发展问题和未来趋势进行了详细分析，并以国内典型区域为例，对我国地方产业发展实践、经验措施进行了总结分析。随后，本书重点介绍了我国氢能及燃料电池汽车的经济性、技术情况和应用场景，并展望了未来的降低成本路径、技术趋势和潜在应用场景等。在本书的最后，对我国氢能及燃料电池汽车产业高质量发展提出了相关建议。

编写本书耗费了编写组大量时间和精力，但受限于经验与水平，书中难免存在错谬之处，敬请广大专家和读者朋友对书中存在的错误及不当之处提出批评和修改建议，以便本书再版修订时参考。在编写本书的过程中，编写组得到了很多人的帮助和支持。感谢欧阳明高院士、吴志新副总经理在百忙之中为本书写了序言，感谢中国汽车技术研究中心有限公司各位领导和同事的大力支持。没有以上各位的支持和帮助，本书不可能面世，在此表示由衷的敬意和谢意。

编　者

目 录

序一
序二
前言

绪　论　谱写中国燃料电池汽车产业新篇章

第1章　中国新能源汽车产业发展回顾及启示

- 1.1 中国新能源汽车产业发展历程与总结 ·· 006
  - 1.1.1 试点示范阶段（2009—2012年） ··· 007
  - 1.1.2 推广应用阶段（2013—2015年） ··· 009
  - 1.1.3 量质兼顾阶段（2016—2018年） ··· 011
  - 1.1.4 高质量发展阶段（2019年开始） ··· 014
- 1.2 中国新能源汽车产业发展成绩与经验 ·· 019
  - 1.2.1 新能源汽车产业发展形成的"五大效应" ······························ 019
  - 1.2.2 新能源汽车产业发展积累的"五大经验" ······························ 021
  - 1.2.3 新能源汽车产业发展面临的"五大挑战" ······························ 022
- 1.3 对未来燃料电池汽车产业发展的启示 ·· 023

第2章　国际燃料电池汽车发展情况及启示

- 2.1 国际燃料电池汽车支持政策情况 ·· 027
  - 2.1.1 日本加速推动"氢能社会"建设 ·· 027
  - 2.1.2 美国重点支持前沿技术研发突破 ·· 028
  - 2.1.3 欧洲将氢能作为可持续发展路径 ·· 029
  - 2.1.4 韩国注重氢能经济生态体系建设 ·· 030
- 2.2 国际燃料电池汽车产业发展情况 ·· 032
  - 2.2.1 氢能供应体系建设情况 ·· 032

2.2.2 燃料电池汽车技术情况 ·· 033
2.2.3 燃料电池汽车市场情况 ·· 034
2.2.4 国外企业在中国布局情况 ·· 036

2.3 对中国发展燃料电池汽车的启示 ·· 037
2.3.1 国外燃料电池汽车发展的经验借鉴 ···································· 038
2.3.2 中国燃料电池汽车产业的发展策略 ···································· 040

第3章 中国燃料电池汽车发展的政策环境

3.1 宏观综合政策 ··· 043
3.1.1 宏观综合政策介绍 ·· 043
3.1.2 宏观综合政策分析 ·· 050

3.2 行业管理政策 ··· 051
3.2.1 投资和准入政策 ·· 051
3.2.2 双积分激励政策 ·· 052
3.2.3 产业指导目录政策 ·· 053
3.2.4 行业管理政策分析 ·· 057

3.3 财税优惠政策 ··· 057
3.3.1 财政补贴政策 ·· 057
3.3.2 税收优惠政策 ·· 061
3.3.3 财税优惠政策分析 ·· 064

3.4 科技创新政策 ··· 064
3.4.1 技术创新政策 ·· 064
3.4.2 重点专项政策 ·· 065
3.4.3 技术路线图 ·· 067
3.4.4 科技创新政策分析 ·· 068

3.5 燃料电池汽车示范政策 ·· 069
3.5.1 中国燃料电池汽车补贴政策 ·· 069
3.5.2 开展燃料电池汽车示范的有关背景 ···································· 073
3.5.3 关于燃料电池汽车示范的理解与思考 ·································· 076

3.6 氢能产业中长期发展规划 ·· 080
3.6.1 氢能及氢能产业的战略定位 ·· 081

3.6.2　氢能产业发展的总体要求 ·· 083

3.6.3　氢能产业发展的具体任务 ·· 087

第 4 章　中国燃料电池汽车产业发展态势

4.1　中国燃料电池汽车产业进展 ·· 097

4.1.1　技术研发取得积极进展，部分领域实现自主化 ················· 097

4.1.2　产业投资热度持续高涨，产品经济性明显提升 ················· 098

4.1.3　地方政府加大布局力度，初步形成若干产业集群 ·············· 099

4.1.4　燃料电池车型日渐丰富，市场化步伐正不断加快 ·············· 100

4.1.5　加氢基础设施建设加速，加氢站数量位居全球第一 ··········· 103

4.1.6　中央企业加快谋划布局，并发挥重要引领作用 ················· 103

4.2　产业发展面临的主要问题及风险 ·· 104

4.2.1　面临的关键问题 ··· 104

4.2.2　存在的潜在风险 ··· 107

4.3　中国燃料电池汽车产业发展趋势分析 ······································ 108

4.3.1　政策支持仍将是近期推动产业发展的关键因素 ················· 108

4.3.2　燃料电池汽车车型和应用场景将日趋丰富 ······················· 109

4.3.3　燃料电池技术升级将成为未来的重要方向 ······················· 110

4.3.4　燃料电池汽车成本将有望实现大幅下降 ·························· 111

4.3.5　氢气来源将持续向低碳清洁化方向发展 ·························· 111

第 5 章　地方燃料电池汽车产业发展态势

5.1　地方氢能及燃料电池汽车产业发展情况 ··································· 113

5.1.1　主要氢气来源分析 ·· 113

5.1.2　地方氢能资源分布情况 ·· 114

5.1.3　地方加氢站建设情况 ··· 116

5.1.4　地方燃料电池汽车产业发展情况 ··································· 117

5.2　燃料电池汽车示范城市群推进情况 ··· 120

5.2.1　京津冀燃料电池汽车示范城市群 ··································· 120

5.2.2　上海燃料电池汽车示范城市群 ······································ 122

5.2.3　广东燃料电池汽车示范城市群 ······································ 123

5.2.4　郑州燃料电池汽车示范城市群 ······································ 124

5.2.5 河北省燃料电池汽车示范城市群 ································· 125

5.3 地方促进燃料电池汽车产业发展的有关措施 ····················· 126

 5.3.1 加强组织领导与统筹协调 ······································ 126

 5.3.2 加强顶层设计与系统推进 ······································ 127

 5.3.3 促进技术创新和产业链建设 ···································· 128

 5.3.4 统筹氢能供给和加氢站建设 ···································· 129

 5.3.5 加强招商引资和人才引进 ······································ 130

 5.3.6 加强政策扶持和财政补贴 ······································ 130

 5.3.7 坚持政府引导和市场化运作 ···································· 131

 5.3.8 注重安全保障和应急管理 ······································ 131

第6章　燃料电池汽车技术经济性及应用场景

6.1 氢能及燃料电池汽车经济性 ·· 133

 6.1.1 氢气制备 ·· 133

 6.1.2 氢气运输 ·· 135

 6.1.3 氢气加注 ·· 135

 6.1.4 整车购置 ·· 136

6.2 氢能及燃料电池汽车降本路径 ····································· 136

 6.2.1 制氢降本路径 ··· 137

 6.2.2 运输降本路径 ··· 137

 6.2.3 加注降本路径 ··· 138

 6.2.4 整车降本路径 ··· 138

6.3 燃料电池汽车关键技术及发展路径 ································ 139

 6.3.1 基础材料 ·· 140

 6.3.2 核心零部件 ·· 142

6.4 燃料电池汽车潜在的典型应用场景 ································ 148

 6.4.1 城市物流配送 ··· 149

 6.4.2 冷链物流运输 ··· 149

 6.4.3 大宗物资运输 ··· 150

 6.4.4 城际长途物流 ··· 151

 6.4.5 城建运输用车 ··· 152

 6.4.6 市政环卫用车 ··· 152

6.4.7 港口运输 ·· 153
6.4.8 城市公交和城市通勤 ··· 153
6.4.9 文旅客运 ·· 154
6.4.10 机场应用 ·· 154
6.4.11 乘用车 ·· 155
6.4.12 其他领域的应用 ··· 155

第 7 章 中国燃料电池汽车产业发展建议

7.1 对氢能及燃料电池汽车产业发展的建议 ································ 157
7.1.1 关于纯电动汽车和燃料电池汽车战略定位的建议 ············ 158
7.1.2 关于氢能产业发展的建议 ·· 159
7.1.3 关于燃料电池汽车产业发展的建议 ···································· 160
7.2 对燃料电池汽车示范的有关建议 ·· 162
7.2.1 对示范的有关建议 ·· 163
7.2.2 示范需要注意的事项 ·· 165
7.2.3 对示范城市群的建议 ·· 167

中国燃料电池汽车产业实践：政策、技术、建议及展望

绪论
谱写中国燃料电池汽车产业新篇章

　　能源是人类社会赖以生存和发展的重要物质基础，每一次人类文明的重大进步都离不开对先进能源技术的开发和利用。从20世纪50年代起，世界逐渐建立了以石油、天然气、煤炭为主导的不可再生能源体系，这对推动世界经济的发展起到了至关重要的作用。但1973年、1979年和1990年，全球先后经历了三次石油危机，石油危机的爆发对全球经济发展造成了严重冲击，也让人们开始逐渐意识到，能源的供给和价格都是极其不稳定的，如果无法有效解决相关问题，未来世界还将面临一次又一次的能源危机，这对世界经济和社会的正常发展都将带来不利影响。因此，能源安全早已成为全球各国高度关注的热点问题，如何确保能源安全不仅仅是经济问题，更是关系到国计民生，涉及政治、社会和军事的重大国家安全问题。为保障能源安全，世界各国不得不重新审视自身的能源战略，纷纷开始采取各项措施，通过完善能源供给体系、促进能源进口多元化、高效开发页岩气、建立石油战略储备、发展替代能源等方式应对能源安全风险，以降低本国对传统能源的依赖。

　　当前，世界正在经历百年未有之大变局，全球能源格局也正在发生深度调整和变革。同时，伴随着能源问题的日益凸显，全球气候变暖、环境污染等问题也日趋严峻，为实现人类社会的可持续发展，加快推动能源向低碳化转型、降低化石能源依赖、减少温室气体排放和积极应对气候变化已经成为全球共识。为保障能源安全和实现能源转型，以及应对全球变暖和日益严重的环境问题，以美国、日本、韩国、欧洲等为代表的国家或地区正在加快推进以可再生能源为基础的能源独立战略，以加快摆脱石油依赖，实现能源结构转型和能源独立。总体来看，发展更加低碳、清洁的可再生能源已经成为全球大势所趋。

　　汽车产业是世界主要工业国家的支柱产业，也是衡量一个国家综合实力、发达程度、制造业发展水平的重要标志，具有高投入、高产出、规模效益递增、产业关联度大、产业链长、科技含量高、经济带动力强等特点，是典型的资本、技术、劳动密集型行业，在促进经济发展、带动产业结构调整、推动制造业转型升级等方面发挥了重要作用。但汽车产业作为横跨工业、交通、能源等主要终端能耗部门的产业，目前还主要依赖于石油、天然气等传统能源。随着全世界汽车保有量的日益增多，化石能源消耗过多、二氧化碳等污染物排放严重等问题愈发凸显，目前汽车已经成为城市二氧化碳等温室气体排放的主要来源，这对全球经济社会的可持续发展造成了潜在威胁。为实现汽车产业的转型升级和绿色

发展，寻找和发展新的车用清洁能源已经成为各国关注的焦点，其中德国、法国、英国、荷兰、挪威等国家纷纷将停售燃油车提上议程，并大力支持企业发展新能源汽车。目前，全球新能源汽车产业已经进入市场化发展的快速通道，并被越来越多的私人消费者认可和接纳，已成为推动新一轮科技革命和产业变革的重要力量，将对全球汽车和能源产业格局，以及社会经济发展产生重大深远的影响。

而从世界能源体系变革历程来看，我们先后经历了从木材到煤炭、从煤炭到石油、从化石能源到可再生能源的重大变革，每一次的能源变革都伴随着脱碳加氢的过程，也伴随着能量密度的提升和能源效率的提高，并持续向更低碳、更清洁的能源方向转型发展，同时也催化和推动了一轮又一轮的工业革命。氢能是一种绿色、高效、可持续的二次能源，被视为21世纪最有发展潜力的清洁能源，其质量能量密度是石油的3倍，煤炭的4.5倍，具有零排放、热值高、来源多样、储量丰富、清洁无污染、储运方便、安全可靠、应用广泛等优势，能够实现可再生能源的大规模稳定存储、运输和利用，可以同时满足资源、环境和可持续发展的要求，是全球能源技术革命的重要方向和各国未来能源战略的重要组成部分，也是人类社会长远发展的重要战略能源。燃料电池汽车是新能源汽车的重要技术路线之一，也是氢能应用最为重要的领域之一，具有环保性能佳、转化效率高、加氢时间短、续驶里程长、载重性能好等优势，对于优化能源结构、保障能源安全、构建低碳交通体系等具有重要意义。燃料电池汽车以氢气为燃料，其反应产物仅为水，从根本上消除了二氧化碳等温室气体和二氧化硫、氮氧化物等大气污染物的排放，且由于燃料电池汽车自带空气滤芯，在正常运行使用过程中还将起到净化空气的作用，可以在一定程度上改善所在运行地区的空气质量，能够真正实现使用阶段零排放、全生命周期低排放，具备良好的社会环境效益。

目前，培育和发展氢能及燃料电池汽车技术已经成为全球能源与动力转型的重大战略方向，是人类应对能源短缺和环境污染的理想解决方案，是拓宽清洁能源消纳渠道、实现可再生能源规模化应用的重要举措，对推进能源革命，构建清洁低碳、安全高效的能源供应体系意义重大。但受限于氢能技术、成本等瓶颈，氢能产业的发展其实一直较为缓慢。近年来，伴随着世界能源加快向绿色、低碳、可持续方向转型，以及氢能技术成熟度不断提升，成本不断下降，氢能在能源转型过程中的价值也日益凸显，越来越受到各国政府、科技界、企业界和投资界的关注，产业发展的热度也开始持续提升。目前，全球主要发达经济体纷纷将发展氢能及燃料电池汽车提升到战略高度，把发展氢能及燃料电池汽车作为未来新能源技术创新的重大战略方向，发布了国家级的战略规划或者路线图，并出台了多项政策措施支持氢能及燃料电池汽车产业发展。目前全球氢能及燃料电池汽车产业已经进入加速发展的新阶段，丰田、本田、现代、奔驰、宝马等公司都已经发布了燃料电池量产车型，其中丰田、现代等企业的燃料电池汽车已经进入小规模推广应用阶段，处于全球领先地位。

2020年以来，新冠疫情蔓延全球，世界经济下行风险加剧，地缘政治形势也日趋复杂，不稳定、不确定因素显著增多，我国作为全球最大的能源消费国，以及全球最大的原油和天然气进口国，在能源安全供给保障方面仍然面临巨大挑战。尤其是在全球贸易摩擦越演越烈、中美关系不确定性增大，以及新冠疫情对全球能源贸易的影响下，我国能源安全的风险挑战开始进一步显现，因此，加快调整能源消费结构、降低交通部门的石油消耗量对维护我国能源安全来说变得至关重要。此外，在大气污染防治和环境保护等现实压力下，如何保障能源的有效供给，同时提高清洁能源比例、推动清洁能源使用，也已经成为我国能源安全的重要内容。

2020年9月22日，习近平主席在第七十五届联合国大会一般性辩论上发表重要讲话，提出"中国将提高国家自主贡献力度，采取更加有力的政策和措施，二氧化碳排放力争于2030年前达到峰值，努力争取2060年前实现碳中和"。实现碳达峰、碳中和目标，是以习近平同志为核心的党中央统筹国内国际两个大局做出的重大战略决策，是着力解决资源环境约束突出问题、实现中华民族永续发展的必然选择，是构建人类命运共同体的庄严承诺。2021年3月15日，习近平总书记主持召开中央财经委员会第九次会议时再次强调，"实现碳达峰、碳中和是一场广泛而深刻的经济社会系统性变革，要把碳达峰、碳中和纳入生态文明建设整体布局，拿出抓铁有痕的劲头，如期实现2030年前碳达峰、2060年前碳中和的目标"。为实现碳达峰、碳中和目标，我国必须要进行一场广泛而深刻的经济社会系统性变革，其中能源体系的"非碳化"和产业体系的"去碳化"将是实现"碳中和"目标的关键。因此，我国必须大幅降低对化石能源的依赖，提升可再生能源等低碳能源在终端能源消费中的占比，其中交通领域是我国二氧化碳第三大直接排放源，位于工业和电力之后，交通领域什么时间能够实现低碳发展目标，将直接关系到我国碳达峰、碳中和目标能否顺利实现。近年来，随着我国汽车保有量的不断增加，能源需求的缺口也在不断扩大，通过大力支持发展新能源汽车，使用风电、光电、水电、氢能等绿色清洁能源来替代煤炭、石油，将有利于优化我国能源结构、降低原油对外依存度，实现能源结构的多元化和清洁化，从而保障国家能源安全。

氢能作为一种清洁无碳、可再生、可储存的二次能源，是新一轮世界能源技术变革的重要方向，也是我国未来以清洁能源为主的多元化能源体系的重要组成部分。大力发展氢能与燃料电池汽车产业，事关我国能源战略发展、生态文明建设以及战略性新兴产业布局，既是顺应全球变革趋势，推动我国制造业转型升级、培育发展新动能和保持新能源汽车产业良好发展态势的必然选择，也是我国构建绿色低碳产业体系、实现绿色发展的重要途径，更是落实国家战略，应对气候变化、减少环境污染、保障能源安全，以及实现碳达峰、碳中和目标和可持续发展的重大战略举措，对保障我国能源供给、改善能源结构、发展低碳交通、推动节能减排、提升国际竞争力和科技创新实力等具有重要意义，对我国能源、环境、经济、科技、社会等方面都将产生积极影响，具备显著的经济和社会效益。

在2021年10月发布的《中共中央 国务院关于完整准确全面贯彻新发展理念做好碳达峰碳中和工作的意见》中，将发展氢能纳入我国绿色低碳循环发展的经济体系和清洁低碳安全高效的能源体系，明确提出要统筹推进氢能"制储输用"全链条发展，推动加氢站建设，推进再生能源制氢等低碳前沿技术攻关，加强氢能生产、储存、应用关键技术研发、示范和规模化应用。同月，国务院印发了《2030年前碳达峰行动方案》，进一步细化了氢能产业的具体行动方案，提出要探索开展氢冶金、二氧化碳捕集利用一体化等试点示范；

积极扩大氢能等新能源、清洁能源在交通运输领域应用；推广电力、氢燃料、液化天然气动力重型货运车辆；有序推进加氢站等基础设施建设；鼓励高等学校加快氢能等学科建设和人才培养；开展低成本可再生能源制氢等技术创新；加快氢能技术研发和示范应用，探索氢能在工业、交通运输、建筑等领域的规模化应用；推动开展可再生能源、储能、氢能、二氧化碳捕集利用与封存等领域科研合作和技术交流；建立、健全氢制、储、输、用标准。国家碳达峰、碳中和顶层设计多次提到支持氢能及燃料电池汽车产业发展，从国家战略层面为我国未来氢能及燃料电池汽车产业发展指明了方向、绘制了蓝图。

近年来，在国家政策的大力支持下，我国氢能及燃料电池技术水平不断提升、成本持续下降、市场化步伐开始提速，氢能及燃料电池汽车产业发展已经由研发阶段进入到了示范运营阶段。和全球经济受疫情影响增速明显放缓形成鲜明对比的是，我国氢能及燃料电池汽车产业呈现出前所未有的蓬勃发展态势，各地方政府积极布局氢能及燃料电池汽车产业，行业的投资热度也在持续升温，越来越多的企业进入氢能及燃料电池汽车行业。2020年9月，为推动我国氢能及燃料电池汽车产业持续健康、科学有序发展，财政部、工业和信息化部、科技部、国家发展改革委、国家能源局联合发布了《关于开展燃料电池汽车示范应用的通知》，将对燃料电池汽车的购置补贴政策，调整为燃料电池汽车示范应用支持政策，对符合条件的城市群开展燃料电池汽车关键核心技术产业化攻关和示范应用给予奖励，推动形成布局合理、各有侧重、协同推进的燃料电池汽车发展新模式。燃料电池汽车示范政策是我国第一个专门针对燃料电池汽车的支持政策，该政策的实施发布将对我国氢能及燃料电池汽车产业发展产生积极深远影响，通过开展燃料电池汽车示范应用，将为我国燃料电池汽车未来的市场化、产业化、规模化发展奠定坚实基础。2021年8月和12月，财政部、工业和信息化部、科技部、国家发展改革委、国家能源局分别发布了《关于启动燃料电池汽车示范应用工作的通知》《关于启动新一批燃料电池汽车示范应用工作的通知》，其中8月批复了京津冀、上海、广东城市群启动示范，12月批复了郑州、河北城市群启动示范。目前，京津冀、上海、广东、郑州、河北城市群积极落实国家政策要求，加快推动燃料电池汽车示范工作有序开展，在燃料电池汽车推广应用、关键技术研发产业化、氢能供给、政策环境建设等方面均取得了明显进步。

2022年3月，国家发展改革委、国家能源局正式发布了《氢能产业发展中长期规划（2021—2035年）》，对我国氢能产业发展进行了顶层设计、统筹谋划和系统部署，明确了到2035年我国氢能产业发展的总体布局。氢能规划是我国首个针对氢能产业发展的中长期规划，也是我国实现碳达峰、碳中和目标的"1+N"政策体系"N"项配套政策之一，不仅给予了氢能及氢能产业极高的战略定位，即"氢能是未来国家能源体系的重要组成部分、氢能是用能终端实现绿色低碳转型的重要载体、氢能产业是战略性新兴产业和未来产业重点发展方向"，也将氢能从当前单一的燃料电池汽车场景，进一步拓展到了交通、储能、发电、工业等领域的多元化应用，为我们描绘了"大氢能"产业的宏伟蓝图，既稳定了行业发展预期，也坚定了企业发展信心，对未来我国氢能产业发展具有重要的指导意义。

不管是氢能规划，还是燃料电池汽车示范政策，都将在我国氢能及燃料电池汽车产业发展史上留下浓墨重彩的一笔，成为我国氢能及燃料电池汽车产业发展的重要里程碑事件，可以预见，未来氢能规划和燃料电池汽车示范政策将发挥积极的协同效应，共同推动我国氢能及燃料电池汽车产业发展，未来十年我国氢能及燃料电池汽车产业将迎来难得的黄金发展期。整体来看，目前我国氢能及燃料电池汽车产业发展已经步入了新的发展阶段，通过氢能和燃料电池汽车的多场景示范应用，既是我国落实氢能发展战略的第一步，也将是我国实现碳达峰、碳中和目标的关键一步。未来，氢能必将深刻改变人类社会的能源结构、交通系统、生产方式和生活方式，并重塑经济社会发展格局。而放眼当下，我们已经站在大时代变局的黎明前夜，即将迈入一个伟大变革的新时代。作为氢能及燃料电池汽车领域的第三方智库，我们何其有幸能够参与燃料电池汽车示范政策的研究、起草，以及负责具体的燃料电池汽车示范支撑工作，能够有机会和示范城市群、行业专家、企业朋友共同参与、见证和推动一个伟大时代的变革。

中国燃料电池汽车产业实践：政策、技术、建议及展望

第 1 章
中国新能源汽车产业发展回顾及启示

2014 年习近平总书记在上海考察时指出，"发展新能源汽车是我国从汽车大国迈向汽车强国的必由之路"，为我国新能源汽车产业发展绘制了蓝图、指明了方向。在党中央、国务院坚强领导下，我国持续加大对新能源汽车的政策扶持力度，自 2009 年以来逐步建立了以财税政策为主的支持政策体系，积极推动新能源汽车的市场应用，这为我国新能源汽车产业链、价值链的形成提供了难得的历史机遇。经过 10 多年的政策支持和行业努力，我国新能源汽车产业从无到有、逐步发展壮大，不仅取得了举世瞩目的成绩，带动了我国汽车产业转型升级，实现了从追赶到引领的跨越，也逐渐成为我国经济社会发展的新动力。

目前，我国燃料电池汽车和 2009—2012 年的新能源汽车产业发展情况相似，都处于从科研为主的起步期过渡到以产业发展为主的关键阶段，仍然面临政策、标准体系不健全，研发、产业化能力薄弱，基础设施相对滞后，市场规模偏小等问题，产业的发展离不开国家政策的大力扶持。而通过总结分析我国新能源汽车产业 10 多年的发展成绩、经验和教训，不仅有利于巩固我国新能源汽车产业的先发优势，也对我国发展燃料电池汽车产业具有积极的参考借鉴意义，能够帮助我们在下一步推广燃料电池汽车时不走错路、少走弯路、力避邪路，促进我国燃料电池汽车产业持续健康高质量发展。

1.1 中国新能源汽车产业发展历程与总结

新能源汽车是中国战略性新兴产业之一，2004 年，国家发展改革委颁布实施了《汽车产业发展政策》，其中明确提出"汽车产业要结合国家能源结构调整战略和排放标准的要求，积极开展电动汽车、车用动力电池等新型动力的研究和产业化"。2005 年，国务院政府工作报告中，明确提出"要鼓励和发展节能环保汽车"，《国民经济和社会发展第十一个五年规划纲要》也提出要"鼓励开发使用节能环保和新型燃料汽车"。2006 年，国务院发布了《国家中长期科学和技术发展规划纲要（2006—2020 年）》，将"低能耗与新能源汽车"列入优先主题和前沿技术。2007 年，国家发展改革委颁布了《产业结构调整指导目录（2007 年本）》，首次提出鼓励发展新能源汽车。2009 年 1 月，国务院常务会议审议通过了《汽车产业调整和振兴规划》，提出"以新能源汽车为突破口，加强自主创新，培

育自主品牌，形成新的竞争优势，促进汽车产业持续、健康、稳定发展"，"实施新能源汽车战略，推动纯电动汽车、充电式混合动力汽车及其关键零部件的产业化"。同年，中央财政开始安排补贴资金，支持新能源汽车示范推广。

截至2022年底，中国给予新能源汽车补贴支持已经有14年，借助政策的大力支持，中国新能源汽车取得了一定的先发优势，市场规模已经连续多年处于全球领先地位，并基本建立了结构完整、自主可控的产业链体系。总体来看，10多年来，中国新能源汽车产业先后经历了试点示范阶段、推广应用阶段、量质兼顾阶段和高质量发展阶段等四大阶段。

1.1.1　试点示范阶段（2009—2012年）

2009年以前，中国新能源汽车成本高昂、充电时间长、续驶里程短、市场销量低，与传统燃油车相比完全没有竞争优势，尚处于研发向产业化过渡的初级阶段。为加快推动新能源汽车由研发向产业化转型，2009年财政部、科技部联合发布了《关于开展节能与新能源汽车示范推广试点工作的通知》，启动了新能源汽车的"十城千辆"大规模示范运行，在北京、上海、重庆、长春、大连、杭州、济南、武汉、深圳、合肥、长沙、昆明、南昌等13个城市开展节能与新能源汽车示范推广试点工作，以财政政策鼓励在公交、出租、公务、环卫和邮政等公共服务领域率先推广使用节能与新能源汽车，对推广使用单位购买节能与新能源汽车给予补助。其中，中央财政重点对购置节能与新能源汽车给予补助，地方财政重点对相关配套设施建设及维护保养给予补助。同时，为加强财政资金管理，提高资金使用效益，随政策一同发布了《节能与新能源汽车示范推广财政补助资金管理暂行办法》，明确了相关车辆补贴标准。

2009年12月9日，国务院常务会议确定在2010年将节能与新能源汽车示范推广试点城市由13个扩大到20个。2010年6月，财政部、科技部、工业和信息化部、国家发展改革委联合发布了《关于开展私人购买新能源汽车补贴试点的通知》，选择上海、长春、深圳、杭州、合肥、北京等6个城市进一步开展私人领域购买新能源汽车补贴试点工作。2012年6月，在"十城千辆"示范项目推广即将结束之际，国务院印发了《节能与新能源汽车产业发展规划（2012—2020年）》，系统规划了新能源汽车的技术路线、主要目标、主要任务和保障措施，确立了以纯电驱动为中国新能源汽车发展和汽车工业转型的主要战略取向，并提出到2015年，纯电动汽车和插电式混合动力汽车累计产销量力争达到50万辆；到2020年，纯电动汽车和插电式混合动力汽车生产能力达200万辆、累计产销量超过500万辆，燃料电池汽车、车用氢能源产业与国际同步发展，节能与新能源汽车产业发展规划的发布实施进一步坚定了中国发展新能源汽车产业的战略和决心。

第一阶段的示范推广政策实施取得了一定的效果，开启了中国用财政补贴的手段推动新能源汽车市场化运营的先河，对中国新能源汽车的发展具有重要影响，让一些此前仅在试验场上跑过的车辆真正得以上市，也在一定程度上加快了中国新能源汽车产品的研发进程。同时，节能与新能源汽车的销售数量逐年翻倍增长，截至2012年12月，25个试点城市共示范推广了2.74万辆节能与新能源汽车，其中公共服务领域推广了2.30万辆，私人领域推广了0.44万辆。这不仅让中国新能源汽车企业的产品走出了试验场，也让更多还没有新能源汽车技术积累的企业注意到，发展新能源汽车已经成为大势所趋，必须将开发新能源汽车产品纳入到企业发展规划当中。

随着新能源汽车补贴政策的延续，企业的积极性逐渐被调动起来，整车、动力电池等相关产业链上的企业纷纷开始行动，投入到新能源汽车的示范运营中。这一阶段的新能源汽车已经开始涉足私人消费领域，私人充电桩安装等相关配套基础设施的建设，也开始从纸面落实到具体实践过程中，新能源汽车的市场化路径逐渐理顺，这为今后新能源汽车的市场化发展提供了可能。虽然这一阶段的新能源汽车仍主要集中在公共领域，但越来越多的新能源汽车上路跑了起来，公共领域的先行先试为新能源汽车全面发展奠定了坚实基础。

总体来看，尽管"十城千辆"政策启动了中国新能源汽车的示范运营，也取得了一定的成绩，但因为技术成熟度和产品本身的局限性等因素，当时中国新能源汽车的市场化还未真正开启。中国新能源汽车的示范推广还面临着成本高昂、充电不便等突出问题，这些都制约了当时的市场推广规模，中国仅少数自主品牌企业率先响应新能源汽车的发展战略，大多数企业还处于观望阶段。此外，私人消费领域的推广仍相对缓慢。

2009—2012年第一阶段新能源汽车示范推广补贴政策要点见表1-1。

表1-1 2009—2012年第一阶段新能源汽车示范推广补贴政策要点

时间	发布部门	政策	内容
2009年1月	财政部、科技部	《关于开展节能与新能源汽车示范推广试点工作的通知》	制定了《节能与新能源汽车示范推广财政补助资金管理暂行办法》：对于公共服务用乘用车和轻型商用车，混合动力汽车按节油率最高每辆补贴5万元，纯电动汽车每辆补贴6万元，燃料电池汽车每辆补贴25万元；对于10m以上城市公交客车，混合动力汽车按节油率最高每辆补贴42万元，纯电动汽车每辆补贴50万元，燃料电池汽车每辆补贴60万元
2010年5月	财政部、科技部、工业和信息化部、国家发展改革委	《关于开展私人购买新能源汽车补贴试点的通知》	试点范围：选择5个城市（上海、长春、深圳、杭州和合肥，后增加北京），开展私人购买新能源汽车补贴试点工作；制定了《私人购买新能源汽车试点财政补助资金管理暂行办法》，明确了补助车型为插电式混合动力乘用车和纯电动乘用车，中央财政对试点城市私人购买、登记注册和使用的新能源汽车给予一次性补助，对动力电池、充电站等基础设施的标准化建设给予适当补助；私人购买和使用新能源汽车包括私人直接购买、整车租赁和电池租赁三种形式 技术要求：纯电动乘用车动力电池组能量不低于15kW·h，插电式混合动力乘用车动力电池组能量不低于10kW·h（纯电动模式下续驶里程不低于50km） 补助标准：根据动力电池组能量确定，按3000元/kW·h给予补助，其中插电式混合动力乘用车最高补助5万元/辆；纯电动乘用车最高补助6万元/辆

（续）

时间	发布部门	政策	内容
2012年8月	财政部、科技部、工业和信息化部、国家发展改革委	《关于扩大混合动力城市公交客车示范推广范围有关工作的通知》	**推广范围**：将混合动力公交客车（包括插电式混合动力客车）推广范围从25个节能与新能源汽车示范推广城市扩大到全国所有城市 **推广方式**：本次扩大推广将采取集中招标方式，选择一批节能减排效果显著、性能稳定的混合动力公交客车产品，由中标企业在非试点城市内进行推广 **补贴发放**：中央财政对相关单位购买混合动力公交客车给予一次性定额补助，由生产企业在销售时兑付给购买单位 **补贴标准**：按节油率、混合动力系统和最大电功率比的不同，给予最低5万元，最高42万元的补贴 **推广目标**：将采取总量控制的方式，推广目标为3000~5000辆

1.1.2 推广应用阶段（2013—2015年）

为继续培育和发展新能源汽车产业，在第一阶段示范推广经验基础上，2013年9月，财政部、科技部、工业和信息化部、国家发展改革委联合发布了《关于继续开展新能源汽车推广应用工作的通知》，将推广应用城市范围扩大到39个城市和城市群，大幅提高了推广应用的数量要求，将推广车型聚焦于新能源汽车，并明确提出要求政府机关、公共机构等领域车辆采购要向新能源汽车倾斜，新增或更新的公交、公务、物流、环卫车辆中新能源汽车比例不低于30%。

2013年11月，国务院下达了关于同意建立节能与新能源汽车产业发展部际联席会议制度的批复，建立了由工业和信息化部牵头，国家发展改革委、科技部、财政部、公安部等18个部门参加的节能与新能源汽车产业发展部际联席会议制度，以强化组织领导和统筹协调，加快推进节能与新能源汽车产业发展。节能与新能源汽车产业发展部际联席会议制度的建立，从体制上保证了跨部门协同配合、系统化联合推动中国新能源汽车产业发展，有利于尽快缩小新能源汽车与传统汽车的差距，扩大新能源汽车产业的比较优势。

2014年5月，习近平总书记在上汽考察期间指出"发展新能源汽车是中国从汽车大国迈向汽车强国的必由之路"，为中国汽车产业转型升级发展指明了方向。2014年7月，国务院办公厅颁布了《关于加快新能源汽车推广应用的指导意见》，明确提出要以市场主导和政府扶持相结合，建立长期稳定的新能源汽车发展政策体系，创造良好发展环境，加快培育市场，促进新能源汽车产业健康快速发展，并提出了加快充电设施建设、积极引导企业创新商业模式、推动公共服务领域率先推广应用、进一步完善政策体系、坚决破除地方保护、加强技术创新和产品质量监管、进一步加强组织领导等具体措施意见，成为指导中国新能源汽车产业发展的重要纲领性文件。

2015年9月，针对电动汽车充电基础设施建设过程中仍存在认识不统一、配套政策不完善、协调推进难度大、标准规范不健全等问题，国务院办公厅颁布了《关于加快电动汽车充电基础设施建设的指导意见》，提出到2020年，基本建成适度超前、车桩相随、智能高效的充电基础设施体系，满足超过500万辆电动汽车的充电需求；建立较完善的标准规范和市场监管体系，形成统一开放、竞争有序的充电服务市场；形成可持续发展的"互联网+充电基础设施"产业生态体系，在科技和商业创新上取得突破，培育一批具有国际竞争力的充电服务企业。此外，指导意见还从加大建设力度、完善服务体系、强化支撑保障、做好组织实施等方面提出了明确要求。该指导意见的出台，有力地推动了各地方政府制定本地区充电设施建设发展规划、相关政策措施，加大对充电设施建设的支持力度，促进了充电基础设施的不断完善。

在以上两个指导意见的指导下，工业和信息化部、国家发展改革委、财政部、科技部、交通部、国家能源局、住建部等部委建立了涵盖投资准入、研发支持、购置补贴、税收优惠、推广应用、交通路权、动力电池、充电基础设施建设等多方面的支持政策体系，对推动中国新能源汽车产业发展起到了至关重要的作用。

第二阶段的新能源汽车推广应用工作是在总结前一轮示范推广工程经验基础上进行的，对政策推广思路和相关要求做了比较大的调整和优化，强化了部门协同和上下联动，及时协调解决了新能源汽车推广应用中的重大问题，综合采取多种措施、形成工作合力，扩大了重点领域新能源汽车的推广应用，加快推动了中国新能源汽车产业发展。尤其是2014年之后，国务院办公厅先后发布了加快新能源汽车产业发展的指导意见，以及加快电动汽车充电基础设施建设的指导意见，全国各方面都开始高度重视新能源汽车行业发展，整车企业也开始向包括私人消费者在内的市场推广新能源汽车。

在这一时期，财政补贴政策对推动新能源汽车产业发展仍然起着主导作用，促进了中国新能源汽车市场规模的快速增长。一是大幅提高了城市推广应用的数量要求，由之前的每城市不低于1000辆提高到特大城市和重点区域不低于10000辆，其他城市和区域不低于5000辆；二是剔除了非插电式混合动力汽车等节能汽车，将补贴推广车型聚焦于新能源汽车；三是鼓励以城市群进行联合申报，以推动城市之间协同推广和建立一体化的基础设施网络；四是提出外地品牌推广比例不低于30%的要求，以破除地方保护壁垒；五是对补贴标准进行了调整和优化，鼓励企业加强轻量化、动力电池和电控等相关技术的研发和推广；六是首次引入了补贴退坡机制。这一阶段，在补贴政策支持和技术水平提升的双轮驱动下，行业企业发展新能源汽车产业的积极性明显提高，不仅促进了中国新能源汽车市场规模的快速增长，私人领域市场也开始逐步被打开。

2013—2015年第二阶段新能源汽车推广应用补贴政策要点见表1-2。

表 1-2　2013—2015 年第二阶段新能源汽车推广应用补贴政策要点

时间	发布部门	政策	内容
2013年9月	财政部、科技部、工业和信息化部、国家发展改革委	《关于继续开展新能源汽车推广应用工作的通知》	范围区域：继续依托城市尤其是特大城市推广应用新能源汽车。重点在京津冀、长三角、珠三角等细颗粒物治理任务较重的区域，选择积极性较高的特大城市或城市群实施 推广目标：2013—2015 年，特大型城市或重点区域新能源汽车累计推广量不低于 10000 辆，其他城市或区域累计推广量不低于 5000 辆 补贴标准：2013 年对纯电动乘用车、插电式混合动力（含增程式）乘用车按纯电续驶里程给予 3.5 万~6 万元补贴；对纯电动客车、插电式混合动力（含增程式）客车按车身长度给予 25 万~50 万元补贴；对纯电动专用车按电池容量每千瓦时补贴 2000 元，每辆车补贴总额不超过 15 万元；对燃料电池乘用车和商用车分别给予 20 万元和 50 万元补贴 退坡机制：2014 年和 2015 年，纯电动乘用车、插电式混合动力（含增程式）乘用车、纯电动专用车、燃料电池汽车补助标准在 2013 年标准基础上分别下降 10% 和 20%；纯电动公交车、插电式混合动力（含增程式）公交车标准维持不变
2014年1月	财政部、科技部、工业和信息化部、国家发展改革委	《关于进一步做好新能源汽车推广应用工作的通知》	纯电动乘用车、插电式混合动力（含增程式）乘用车、纯电动专用车、燃料电池汽车 2014 年度的补助下降标准从原来的 10% 调整为 5%；2015 年度的补助下降标准从原来的 20% 调整为 10% 补贴推广政策于 2015 年 12 月 31 日到期后，中央财政将继续实施补贴政策 明确了补贴申报时间、流程及所需材料

1.1.3　量质兼顾阶段（2016—2018 年）

为稳定行业发展的长期预期、确保补贴政策的延续性，2015 年 4 月，财政部、科技部、工信和信息化部、国家发展改革委联合发布了《关于 2016—2020 年新能源汽车推广应用财政支持政策的通知》，明确了 2016 年新能源汽车的补贴标准，以及到 2020 年的补贴退坡幅度，同时也着重强化了对车辆能耗、质保及企业服务能力的要求，补贴车型范围更广、补贴标准设计更细化，补贴退坡幅度在考虑行业成本下降趋势的基础上，也进一步推动了企业加快降低产品成本。

2016 年 1 月，财政部、科技部、工业和信息化部、国家发展改革委、国家能源局联合发布了《关于"十三五"新能源汽车充电基础设施奖励政策及加强新能源汽车推广应用的通知》，2016—2020 年中央财政将继续安排资金对充电基础设施建设、运营给予奖补，加快推动新能源汽车充电基础设施建设，培育良好的新能源汽车应用环境。中央财政充电基础设施建设运营奖补资金是对充电基础设施配套较为完善、新能源汽车推广应用规模较大的省（区、市）政府的综合奖补，获得奖补资金的各省（区、市）需要满足新能源汽车推广规模较大、配套政策科学合理、市场公平开放等条件。

经过政策多年的大力扶持，中国新能源汽车推广应用取得明显成效，产业呈现快速发展态势，但快速发展的同时也暴露出了产品质量良莠不齐、结构性产能过剩、过度依赖补贴、提质降价缓慢、部分车辆实际使用率较低、行业小散乱等问题。2016 年，财政部、科技部、工业和信息化部、国家发展改革委等四部委对新能源汽车骗补事件进行了调查，并结合产业发展的新趋势对补贴政策进行了调整，于 2016 年底发布了《关于调整新能源汽车推广应用财政补贴政策的通知》。新政在保持补贴政策总体稳定的前提下，通过调整完善补贴方法、改进资金拨付方式、提高生产企业及产品准入门槛、建立健全监管体系等措施，形成了进一步鼓励技术进步和扶优扶强的财政补贴机制，净化了新能源汽车产业发展环境，促进了新能源汽车产业健康快速发展。同时，将补贴标准与动力电池技术水平直接挂钩，也促进了中国动力电池技术水平提升和动力电池行业企业的优胜劣汰，新能源汽车及动力电池行业优势企业开始逐渐发展壮大。

2017 年，中国相继发布了《新能源汽车生产企业及产品准入管理规定》《关于免征新能源汽车车辆购置税的公告》《乘用车企业平均燃料消耗量与新能源汽车积分并行管理办法》等政策。其中，2017 年 9 月，工业和信息化部、财政部、商务部、海关总署、质检总局联合发布的《乘用车企业平均燃料消耗量与新能源汽车积分并行管理办法》是中国汽车管理制度创新的大胆尝试，创新性提出平均燃料消耗量积分和新能源汽车积分"双积分"并行管理机制，一方面要求传统汽车企业降低乘用车平均油耗水平，另一方面要求汽车企业提高新能源汽车产销量，增加新能源汽车积分值，继而减轻汽车对于石化燃料的依赖性，推动汽车工业向绿色、节能领域转型。双积分政策兼顾了传统汽车节能水平提升与新能源汽车的创新发展，旨在建立起促进中国节能与新能源汽车产业发展的市场化长效机制，以双积分政策的颁布及实施为重要标志，中国新能源汽车发展开始由以政策驱动为主逐渐转向以市场驱动为主。

2018 年 2 月，为加快促进新能源汽车产业提质增效、增强核心竞争力、实现高质量发展，进一步做好新能源汽车推广应用工作，财政部、科技部、工业和信息化部、国家发展改革委等四部委发布了《关于调整完善新能源汽车推广应用财政补贴政策的通知》，一是调整完善推广应用补贴政策，包括提高技术门槛要求、完善新能源汽车补贴标准、分类调整运营里程要求等。二是进一步加强推广应用监督管理，包括加快完善信息化监管平台、建立与补贴挂钩的整车和电池"一致性"抽检制度、拓宽监督渠道、夯实监管责任等。三是进一步优化推广应用环境，包括破除地方保护、建立统一市场、落实生产者责任、提高生产销售服务管理水平等。

整体来看，2016—2018 年属于新能源汽车量质兼顾期，通过提高可享受补贴的新能源汽车的技术门槛要求，促进了中国新能源汽车企业的良性竞争，行业企业通过不断提升产品品质和吸引力，不仅推动了新能源汽车市场规模的快速增长，也促进了新能源汽车产品品质和技术水平的不断提升。同时，在该阶段，中国将动力电池技术指标和补贴标准相挂钩，对改善中国动力电池产业小散乱现象起到了积极作用，进一步提高了中国动力电池产业集中度，以宁德时代等为代表的行业龙头企业实现了快速发展。此外，为加快建立新能源汽车市场化发展机制，逐渐摆脱对补贴政策的依赖，中国发布实施了双积分政策，开始着力加快建立新能源汽车产业发展的长效机制，中国新能源汽车产业开始逐步由政策主导阶段迈入市场化发展的新阶段。

2016—2018年第三阶段新能源汽车推广应用财政支持政策要点见表1-3。

表1-3　2016—2018年第三阶段新能源汽车推广应用财政支持政策要点

时间	发布部门	政策	内容
2015年4月	财政部、科技部、工业和信息化部、国家发展改革委	《关于2016—2020年新能源汽车推广应用财政支持政策的通知》	补贴标准：2016年补助标准与2015年基本持平或小幅下降，不同车型补贴标准分档更细；对于纯电动乘用车，补贴按照纯电动续驶里程给予2.5万~5.5万元补贴不等，插电式混合动力（含增程式）乘用车给予3万元补贴；对于纯电动、插电式混合动力等客车根据单位载质量能量消耗量、纯电续驶里程、车长等确定补贴标准；纯电动、插电式混合动力（含增程式）等专用车、货车按电池容量每千瓦时补助1800元；燃料电池汽车最高可以获得50万元补贴 退坡机制：补贴退坡以2016年为基础，2017—2018年下降20%，2019—2020年下降40%，燃料电池汽车不退坡 技术要求：主要有三方面要求。①符合新能源汽车纯电续驶里程要求；②要求纯电动汽车30min最高车速不低于100km/h；③插电式混合动力汽车符合综合燃料消耗量要求 企业和产品要求：主要有四方面要求。①产品性能稳定且安全可靠；②售后服务及应急保障完备；③加强关键零部件质量保证；④确保与《车辆生产企业及产品公告》保持一致
2016年12月	财政部、科技部、工业和信息化部、国家发展改革委	《关于调整新能源汽车推广应用财政补贴政策的通知》	提高推荐车型目录门槛并动态调整：一是增加整车能耗要求。二是提高整车续驶里程门槛要求。三是引入动力电池新国标。四是提高安全要求。五是建立市场抽检机制。六是建立《目录》动态管理制度。七是督促推广的新能源汽车应用 补贴标准：在保持2016—2020年补贴政策总体稳定的前提下，调整新能源汽车补贴标准。对新能源客车，以动力电池为补贴核心，以电池的生产成本和技术进步水平为核算依据，设定能耗水平、车辆续驶里程、电池/整车重量比重、电池性能水平等补贴准入门槛，并综合考虑电池容量大小、能量密度水平、充电倍率、节油率等因素确定车辆补贴标准。进一步完善新能源货车和专用车补贴标准，按提供驱动动力的电池电量分档累退方式核定。同时，分别设置中央和地方补贴上限，其中地方财政补贴（地方各级财政补贴总和）不得超过中央财政单车补贴额的50% 退坡机制：除燃料电池汽车外，各类车型2019—2020年中央及地方补贴标准和上限，在现行标准基础上退坡20% 建立惩罚机制：对违规谋补和以虚报、冒领等手段骗补的企业，追回违反规定谋取、骗取的有关资金，没收违法所得，并按《财政违法行为处罚处分条例》等有关规定对相关企业和人员予以罚款等处罚，涉嫌犯罪的交由司法机关查处

（续）

时间	发布部门	政策	内容
2018年2月	财政部、工业和信息化部、科技部、国家发展改革委	《关于调整完善新能源汽车推广应用财政补贴政策的通知》	**技术要求**：进一步提高纯电动乘用车、非快充类纯电动客车、专用车动力电池系统能量密度门槛要求，鼓励高性能动力电池的应用。提高新能源汽车整车能耗要求，鼓励低能耗产品推广 **补贴标准**：调整优化新能源乘用车补贴标准，合理降低新能源客车和新能源专用车补贴标准，燃料电池汽车补贴力度保持不变 **运营里程**：对私人购买新能源乘用车、作业类专用车（含环卫车）、党政机关公务用车、民航机场场内车辆等申请财政补贴不作运营里程要求。其他类型新能源汽车申请财政补贴的运营里程要求调整为2万km **过渡期**：2018年2月12日至2018年6月11日为过渡期。过渡期期间上牌的新能源乘用车、新能源客车按照《关于调整新能源汽车推广应用财政补贴政策的通知》（财建〔2016〕958号）对应标准的0.7倍补贴，新能源货车和专用车按0.4倍补贴，燃料电池汽车补贴标准不变

1.1.4 高质量发展阶段（2019年开始）

2019年3月，财政部、工业和信息化部、科技部、国家发展改革委联合发布了《关于进一步完善新能源汽车推广应用财政补贴政策的通知》。按照2020年以后补贴退出的制度安排，为了使新能源汽车产业平稳过渡，采取分段释放调整压力的做法，2019年补贴标准在2018年基础上平均退坡50%，并要求地方从2019年起完善政策，过渡期结束后不再对新能源汽车（公交车和燃料电池汽车除外）给予购置补贴，将购置补贴集中用于支持充电（加氢）等基础设施"短板"建设和配套运营服务等环节。此外，为完善清算制度，提高资金效益，对有运营里程要求的车辆，完成销售上牌后即预拨一部分资金，满足2万km后再予以清算。

2019年5月，为促进公共交通领域消费、推动公交行业转型升级、加快公交车新能源化，财政部、工业和信息化部、交通运输部、国家发展改革委等四部委联合发布了《关于支持新能源公交车推广应用的通知》，提出从2020年开始，将采取"以奖代补"方式继续给新能源公交车提供运营补贴，并明确地方是新能源公交车推广应用的责任主体，应多方联动保障公交车新能源替代政策真正落地，制定新能源公交车推广应用实施方案，明确新能源公交车替代目标和时间表。

2019年以来，新能源汽车产业发展不确定因素明显增多，受多重不利因素叠加影响，中国新能源汽车销量出现了10年来首次同比下滑，2020年初爆发的疫情进一步加速了市场下滑。根据产业发展最新形势，针对产业发展存在的问题，为促进汽车消费，财政部、工业和信息化部、科技部、国家发展改革委于2020年4月联合发布了《关于调整完善新能源汽车补贴政策的通知》，明确提出将新能源汽车的购置补贴延续到 2022 年底。补贴政策的延续对于稳定当前消费和促进产业长期高质量发展都具有重要意义，也为中国完善非补贴支承接政策提供了难得的时间"窗口期"，有利于在补贴退出后实现市场化平稳过渡，夯实产业长远高质量发展的基础。一是助力解决问题，推进产业高质量发展。中国新能源汽车发展起步早、开局好，但当前产业发展仍存在一些现实困难，新能源汽车的成本仍然较高，还难以与传统燃油车相竞争。因此，需要继续给予新能源汽车产业支持，巩固和扩大来之不易的发展成果。二是顺应发展趋势，提升综合竞争能力。从国际汽车产业发展趋势看，电动化是转型升级的方向。欧美等汽车发达国家都在加大支持力度。在此情况下，有必要延续对新能源汽车的财税政策支持，以保持行业良好的发展势头，提升中国新能源汽车产业的竞争力。三是对冲疫情影响，促进汽车消费。疫情对新能源汽车市场造成较大冲击，延长新能源汽车购置补贴政策，有助于拉动市场消费，有利于支持相关行业和企业加快复工复产。

2020 年 12 月，财政部、工业和信息化部、科技部、国家发展改革委联合印发了《关于进一步完善新能源汽车推广应用财政补贴政策的通知》，进一步明确了 2021 年新能源汽车补贴政策，提出了坚持平缓补贴退坡力度，保持技术指标门槛稳定；做好测试工况切换衔接，实现新老标准平稳过渡；进一步强化监督管理，完善市场化长效机制；切实防止重复建设，推动提高产业集中度等要求。

2021 年 12 月，财政部、工业和信息化部、科技部、国家发展改革委联合发布了《关于 2022 年新能源汽车推广应用财政补贴政策的通知》，新政明确了 2022 年新能源汽车的补贴标准，并维持动力电池系统能量密度、续驶里程、能耗等技术指标门槛不变。同时，新政也明确提出了新能源汽车购置补贴政策的截止日期，2022 年 12 月 31 日新能源汽车购置补贴政策终止，12 月 31 日后上牌的车辆不再给予补贴。该政策的发布实施，预示着中国新能源汽车产业将实现从政策主导向市场主导的转变，针对新能源汽车的购置补贴完成了历史使命。

2019 年以来，新能源汽车企业日益重视研发创新能力和产品质量。为应对补贴退出和市场开放的挑战，高质量将是这一阶段新能源汽车产业发展的重中之重。近几年，国家持续加大对公共领域新能源汽车推广的支持，积极开展新能源汽车下乡，先后启动了智能网联汽车、燃料电池汽车、换电模式、公共领域等试点示范工程，并加快推动民族品牌向上，努力推动产业和消费双升级，取得了积极成效，中国新能源汽车产业国际竞争力大幅提升。

2020 年底，《节能与新能源汽车产业发展规划（2012—2020 年）》到期，为保障政策连续性，给予产业界一个长期、明晰的发展预期，2020 年 10 月，国务院办公厅印发了《新能源汽车产业发展规划（2021—2035 年）》，对中国新能源汽车产业未来 15 年发展做出了全面部署和系统谋划，为中国中长期新能源汽车发展指明了方向。规划提出到 2025 年，中国新能源汽车市场竞争力明显增强，动力电池、驱动电机、车用操作系统等关键技术取得重大突破，安全水平全面提升，新能源汽车新车销售量达到汽车新车销售总量的 20% 左右，高度自动驾驶汽车实现限定区域和特定场景商业化应用，充换电服务便利性显著提高；力争通过15年持续努力，纯电动汽车成为新销售车辆的主流，公共领域用车全面电动化，燃料电池汽车实现商业化应用。新能源汽车发展规划的出台，更进一步坚定了中国新能源汽车的发展战略，提振了行业发展的决心和信心。

2021年以来，特别是中央提出碳达峰、碳中和战略目标后，对中国新能源汽车发展也提出了更高的战略定位，新能源汽车产品的竞争力将进一步提升，人民群众对其接受度也将随之不断提高，新能源汽车市场化步伐将持续加速。未来，随着新一轮科技革命和产业变革蓬勃发展，汽车与能源、交通、信息通信等领域加速融合，创新驱动、转型升级已成为行业发展主旋律，汽车产业绿色、低碳发展潮流不可逆转，全球新能源汽车开始进入电动化、智能化、网联化、数字化叠加交汇和融合发展的新阶段。新能源汽车产业的快速发展，将重塑传统汽车产业链、技术链和价值链，重构全球汽车产业生态，推动汽车产品功能和使用方式深刻变革，由单纯的交通工具逐步转变为大型移动智能终端、储能单元和数字空间，兼有移动办公、移动家居、休闲娱乐、数字消费、公共服务等功能，加速破解能源、环境、城市交通等现代社会的痛点和难点问题，在促进信息革命、交通革命、能源革命和消费革命的同时，带来全新的出行体验。

高质量发展阶段新能源汽车推广应用财政支持政策要点见表1-4。

表1-4 高质量发展阶段新能源汽车推广应用财政支持政策要点

时间	发布部门	政策	内容
2019年3月	财政部、工业和信息化部、科技部、国家发展改革委	《关于进一步完善新能源汽车推广应用财政补贴政策的通知》	**优化技术指标**：按照技术上先进、质量上可靠、安全上有保障的原则，适当提高技术指标门槛，保持技术指标上限基本不变，重点支持技术水平高的优质产品，同时鼓励企业注重安全性、一致性。主要是：稳步提高新能源汽车动力电池系统能量密度门槛要求，适度提高新能源汽车整车能耗要求，提高纯电动乘用车续驶里程门槛要求 **完善清算制度**：从2019年开始，对有运营里程要求的车辆，完成销售上牌后即预拨一部分资金，满足里程要求后可按程序申请清算。政策发布后销售上牌的有运营里程要求的车辆，从注册登记日起2年内运行不满足2万公里的不予补助，并在清算时扣回预拨资金 **营造公平环境**：从2019年起，符合公告要求但未达到2019年补贴技术条件的车型产品也纳入推荐车型目录。地方应完善政策，过渡期后不再对新能源汽车（新能源公交车和燃料电池汽车除外）给予购置补贴，转为用于支持充电（加氢）基础设施"短板"建设和配套运营服务等方面。如地方继续给予购置补贴的，中央将对相关财政补贴作相应扣减 **强化质量监管**：进一步加强安全性和一致性监管，由行业主管部门加快建立产品安全监控和"一致性"抽检常态机制。对由于产品质量引发重大安全事故，或经有关部门认定存在重大质量缺陷的车型，暂停或取消推荐车型目录，并相应暂缓或取消财政补贴

（续）

时间	发布部门	政策	内容
2019年5月	财政部、工业和信息化部、交通运输部、国家发展改革委	《关于支持新能源公交车推广应用的通知》	**提升技术水平，保障产品供给**：按照技术上应先进、质量上要可靠、安全上有保障的原则，适当提高新能源公交车技术指标门槛，重点支持技术水平高的优质产品。有关部门将进一步加强新能源公交车辆生产企业监督管理、产品一致性监管，督促企业注重产品安全性、一致性。加快研究新能源商用车积分交易政策 **完善财税政策，促进产品消费**：从2019年开始，新能源公交车辆完成销售上牌后提前预拨部分资金，满足里程要求后可按程序申请清算。在普遍取消地方购置补贴的情况下，地方可继续对购置新能源公交车给予补贴支持 **加大支持力度，优化使用环境**：有关部门将研究完善新能源公交车运营补贴政策，从2020年开始，采取"以奖代补"方式重点支持新能源公交车运营 **加强多方联动，确保政策落地**：地方是新能源公交车推广应用的责任主体，应多方联动保障公交车新能源替代政策真正落地。各省（区、市）交通、财政、工业和信息化、发展改革等部门，应制定新能源公交车推广应用实施方案，明确新能源公交车替代目标和时间表
2020年4月	财政部、工业和信息化部、科技部、国家发展改革委	《关于完善新能源汽车推广应用财政补贴政策的通知》	**延长补贴期限，平缓补贴退坡力度和节奏**：综合技术进步、规模效应等因素，将新能源汽车推广应用财政补贴政策实施期限延长至2022年底。平缓补贴退坡力度和节奏，原则上2020—2022年补贴标准分别在上一年基础上退坡10%、20%、30%。为加快公共交通等领域汽车电动化，城市公交、道路客运、出租（含网约车）、环卫、城市物流配送、邮政快递、民航机场以及党政机关公务领域符合要求的车辆，2020年补贴标准不退坡 2021—2022年补贴标准分别在上一年基础上退坡10%、20%。原则上每年补贴规模上限约200万辆 **适当优化技术指标，促进产业做优做强**：2020年，保持动力电池系统能量密度等技术指标不作调整，适度提高新能源汽车整车能耗、纯电动乘用车纯电续驶里程门槛 2021—2022年，原则上保持技术指标总体稳定。支持"车电分离"等新型商业模式发展，鼓励企业进一步提升整车安全性、可靠性，研发生产具有先进底层操作系统、电子电气系统架构和智能化、网联化特征的新能源汽车产品 **完善资金清算制度，提高补贴精度**：从2020年起，新能源乘用车、商用车企业单次申报清算车辆数量应分别达到10000辆、1000辆；补贴政策结束后，对未达到清算车辆数量要求的企业，将安排最终清算。新能源乘用车补贴前售价须在30万元以下（含30万元），为鼓励"换电"这一新型商业模式的发展，加快新能源汽车推广，"换电模式"车辆

（续）

时间	发布部门	政策	内容
2020年4月	财政部、工业和信息化部、科技部、国家发展改革委	《关于完善新能源汽车推广应用财政补贴政策的通知》	不受此规定限制 调整补贴方式，开展燃料电池汽车示范应用：将当前对燃料电池汽车的购置补贴，调整为选择有基础、有积极性、有特色的城市或区域，重点围绕关键零部件的技术攻关和产业化应用开展示范，中央财政将采取"以奖代补"方式对示范城市给予奖励（有关通知另行发布）。争取通过4年左右时间，建立氢能和燃料电池汽车产业链，关键核心技术取得突破，形成布局合理、协同发展的良好局面
2020年12月	财政部、工业和信息化部、科技部、国家发展改革委	《关于进一步完善新能源汽车推广应用财政补贴政策的通知》	坚持平缓补贴退坡力度，保持技术指标门槛稳定：为创造稳定政策环境，2021年保持现行购置补贴技术指标体系框架及门槛要求不变。2021年，新能源汽车补贴标准在2020年基础上退坡20%；为推动公共交通等领域车辆电动化，城市公交、道路客运、出租（含网约车）、环卫、城市物流配送、邮政快递、民航机场以及党政机关公务领域符合要求的车辆，补贴标准在2020年基础上退坡10%。为加快推动公共交通行业转型升级，地方可继续对新能源公交车给予购置补贴 做好测试工况切换衔接，实现新老标准平稳过渡：插电式混合动力（含增程式）汽车在新试验方法标准下的补贴技术要求，有条件的等效全电续驶里程应不低于43km；电量保持模式试验的燃料消耗量（不含电能转化的燃料消耗量）与《乘用车燃料消耗量限值》（GB 19578—2021）中对应车型的燃料消耗量限值相比应小于65%，电量消耗模式试验的电能消耗量应小于同整备质量纯电动乘用车电能消耗量目标值的125%。其他新能源汽车在新试验方法标准下的技术要求，适用财建〔2020〕86号文件的规定 进一步强化监督管理，完善市场化长效机制：落实新能源汽车生产企业产品质量主体责任，鼓励企业积极开展缺陷调查及主动召回。进一步加强购置补贴审核，提高重点关注企业现场审核比例。落实和完善新能源乘用车积分交易政策，加快研究新能源商用车积分交易制度，承接购置补贴有序退出，促进新能源汽车产业市场化发展 切实防止重复建设，推动提高产业集中度：加强汽车投资项目和生产准入管理，严控增量、优化存量，严格执行新建企业和扩大产能项目等规范要求。加大僵尸企业退出力度，鼓励优势企业兼并重组、做大做强，坚决遏制新能源汽车盲目投资、违规建设等乱象，推动产业向产能利用充分、产业基础扎实、配套体系完善、竞争优势明显的地区和企业聚集，不断提高产能利用率和产业集中度。新能源乘用车、商用车企业单次申报购置补贴清算车辆数量应分别达到10000辆、1000辆

(续)

时间	发布部门	政策	内容
2021年12月	财政部、工业和信息化部、科技部、国家发展改革委	《关于2022年新能源汽车推广应用财政补贴政策的通知》	**补贴标准**：2022年新能源汽车购置补贴标准在2021年基础上退坡30%；城市公交、道路客运、出租（含网约车）、环卫、城市物流配送、邮政快递、民航机场以及党政机关公务领域符合要求的新能源汽车，2022年补贴标准在2021年基础上退坡20% **技术要求**：2022年购置补贴政策维持动力电池系统能量密度、续驶里程、能耗等技术指标门槛不变，稳定企业预期 **补贴截止**：2022年12月31日新能源汽车购置补贴政策终止，12月31日后上牌的车辆不再给予补贴 **安全监管**：健全新能源汽车安全监管体系，进一步压实新能源汽车生产企业主体责任等。同时，围绕车辆起火、重大事故等情况，建立跨部门信息共享机制和车辆事故报告制度，对于隐瞒事故、不配合调查的企业，视情节轻重暂停或取消涉事车型补贴资格

1.2 中国新能源汽车产业发展成绩与经验

新能源汽车支持政策对推动中国新能源汽车产业的快速发展起到了关键性作用，经过十余年的坚持和发展，目前中国已成为全球最重要的新能源汽车研发、生产和销售地区之一，在新能源汽车领域具备了一定的先发优势，建立了较为完善的自主产业链体系，并形成了较强的国际竞争力。整体来看，中国新能源汽车产业取得了"五大效应"，并形成了"五大经验"，但产业发展仍然面临"五大挑战"，还需要不断巩固我国新能源汽车发展优势。

1.2.1 新能源汽车产业发展形成的"五大效应"

在政策支持和行业共同努力下，中国新能源汽车产业发展迅速，产业吸引了资本、人才、技术的加速集聚，在产业规模、技术创新、供给安全、国际引领和经济社会等方面形成了明显的发展效应，新产业正在孕育着新的发展动能。具体成效包括：

一是产业规模效应：产业发展迅速、市场规模全球第一。 2010年中国新能源汽车销量仅8159辆，2015年开始进入快速发展阶段，销量达到33.1万辆，渗透率首次超过1%。2020年初爆发的新冠疫情恶化了产业发展环境，但随着疫情逐步得到控制，各类促消费政策的落地，宏观经济开始逐步企稳回升，新能源汽车市场也快速回升，同比增长率由负转正。2021年新能源汽车销量达到352.1万辆，渗透率提升至20%。2022年新能源汽车销量更是达到了688.7万辆，同比增长93.4%，全球市场占比达61.2%，较2021年51%的全球占比大幅提升，渗透率更是提升至25.6%，提前实现了新能源汽车产业发展规划2025年的渗透率目标，产业规模已经连续八年居世界第一。截至2022年底，中国新能源汽车累计销量超 1590 万辆，新能源汽车保有量达 1310 万辆。中国新能源汽车的快速发展，促进了消费者认可度的快速提升，并培育和养成了新能源汽车的消费习惯，同时也带动了全球新能源汽车产业发展。整体看，中国新能源汽车产业已经逐步由政策主导，过渡到了市场主导阶段，市场化步伐持续加速。

二是技术创新效应：技术水平不断提升、成本持续下降。中国新能源汽车企业的技术创新能力大幅提升，与国际先进水平差距正不断缩小。通过"扶优扶强"的政策导向，倒逼行业加大研发投入力度、创新商业模式，取得了良好的效果。目前中国已掌握了整车制造、动力电池、驱动电机等关键核心技术。整车性能和质量大幅提高，纯电动乘用车平均续驶里程由 2009 年不足 150km 增长到 2022 年 500km 以上，消费者接受度显著提高。驱动电机在功率密度、效率等方面与国际水平基本相当，功率密度超过 4.5kW/kg。动力电池安全性、稳定性和耐久性显著提升，技术水平国际领先，成本大幅下降。动力电池系统成本降到 0.8 元/W·h 以下，较 2009 年下降超过 90%，能量密度超过 190W·h/kg，是 2009 年的 2.5 倍左右。

三是供给安全效应：基本建立了自主可控的产业链体系。经过 10 多年的发展培育，中国基本建立了结构完整、自主可控的内循环新能源汽车产业体系。新能源汽车产销量的快速增长，直接带动了上下游产业投资，贯通了基础材料、关键零部件、整车、制造装备等产业链关键环节，推动了中国自主可控产业链体系建设。目前中国已经形成了华北、华中、长三角、珠三角、西南、东北等新能源汽车产业聚集区，以及珠三角、长三角、京津冀等动力电池产业聚集区，成了全球最大的新能源汽车和动力电池生产国，基本形成了自主可控的上下游产业配套体系。尤其是在动力电池领域，目前中国已经建立起来涵盖正极材料、负极材料、电解液、隔膜、单体、模组和系统在内的完整产业链，全球近 70% 的动力电池产能集中在中国，具备较强的国际竞争力。

四是国际引领效应：形成了一批行业领先的优势企业，初步实现了"走出去"。中国新能源汽车企业竞争力显著增强，主流车型性能大幅提升。2022 年，全球前 20 名新能源汽车品牌中有 10 家中国品牌，分别为比亚迪、五菱、广汽、奇瑞、长安、名爵、哪吒、蔚来、理想、几何，合计销量 393 万辆，全球占比为 35%。宇通、比亚迪、上汽、蔚来等整车产品已出口欧洲、美国、日本等 70 多个国家和地区。蔚来、小鹏、理想等造车新势力已通过前期宣传，塑造了高端、科技的品牌形象，同时根据中国消费者习惯，进一步加强创新，构建了以用户为中心的新零售模式，通过线上销售/服务/社区+线下体验店的设置增强用户参与度、忠诚度、品牌认同感，并先后在纽交所成功上市，获得投资人和消费者认可，产品市场占有率开始快速提升。宁德时代、精进电动等生产的动力电池及驱动电机产品质量获得国际认可，已成功进入宝马、大众、克莱斯勒等国际一流整车企业配套体系。

五是经济社会效应：新能源汽车节能减排效益初显。新能源汽车是典型的资本、技术密集型产业，具有高投入、高产出、规模效益递增、产业关联度大、产业链长、覆盖面广、科技含量高、经济带动力强等特点，具备良好的经济效益和社会效益。在能源和环保的双重压力下，发展新能源汽车已经成为促汽车产业转型升级的关键点，也是推动绿色发展、培育新经济增长点的重要举措。中国新能源汽车产业的快速发展，不仅对缓解中国能源与环境压力起到了积极作用，也直接带动了投资，拉动了消费和促进了就业。未来，随着中国新能源汽车保有量的日益增多，新能源汽车的节能减排效果、拉动就业效果将日益显著。根据人民日报数据，截至2021年底，中国新能源汽车整车累计消费约1.6万亿元，带动上下游产业链产值约4.8万亿元，累计减少二氧化碳排放超过1亿t，为工业和交通领域减排做出了积极贡献。

1.2.2 新能源汽车产业发展积累的"五大经验"

经过10多年的发展，在新能源汽车领域，中国基本摘掉了"缺少核心技术、落后于人"的帽子，在制度、组织、战略、战术和执行等层面形成了"五大经验"，同时也为国外发展新能源汽车贡献了中国智慧和中国方案。

一是制度层面经验。充分发挥了中国集中力量办大事的制度优势和超大规模的市场优势。通过统筹协调，大力开展协同创新，集中力量办大事，形成了推进自主创新的强大合力，建成了若干国家级的创新中心，加快突破依赖进口的关键技术。同时，依靠中国潜在的巨大市场优势，逐渐实现了规模经济，降低了新能源汽车购置及使用成本，加快形成了若干具备国际竞争力的大型企业集团。

二是组织层面经验。注重新能源汽车的系统化协同推进，配套出台了一揽子支持政策体系。国家建立了"节能与新能源汽车产业发展部际联席会议制度"，强化组织领导和统筹协调，并注重发挥政府"看得见的手"的力量，推动产业由幼稚期向成长期顺利过渡。目前，中国已建立了全球最完善的政策支持体系，对新能源汽车提供持续10多年的财政补贴支持，在产业起步期发挥了关键性的推动作用。

三是战略层面经验。根据产业发展实际，以及科技进步情况，始终坚持以纯电驱动为战略取向，重点推进以纯电动汽车为核心的新能源汽车产业化。2009年，国际电动化浪潮处于起步期，中国敏锐地抓住了新能源汽车产业发展的战略机遇期，将新能源汽车列为战略性新兴产业，给予大力支持，并始终坚持纯电驱动战略不动摇，为中国新能源汽车产业快速发展打下了基础。同时，也持续加大对外开放力度，通过取消外资股比限制等措施，鼓励外资在国内投资建厂发展新能源汽车，不仅促进了市场的有效竞争，也倒逼国内企业加快提升产品质量和技术水平，共同推动了中国新能源汽车产业高质量发展。

四是战术层面经验。在发展新能源汽车的具体过程中，中国更加注重以示范推广为突破口，有节奏、有步骤地发展新能源汽车。2009年，中国启动了新能源汽车的"十城千辆"工程，首先在公共领域进行示范推广，让企业产品真正走出试验场，调动了企业积极性。随着公共领域推广的成功，进一步启动了私人消费领域的市场推广，为全国、全车型规模推广奠定了基础。

五是执行层面经验。在新能源汽车产业的具体扶持过程中，中国不断强化技术政策的扶优扶强功能，大力推动企业技术创新，倒逼行业企业不断提升自身产品质量和技术水平。在投资准入、企业和产品准入、购置补贴、税收优惠等支持政策方面，中国对企业研发能力、产品技术水平等提出不同程度的要求。扶持政策与技术结合，有效推动了企业加快技术创新步伐，促进了中国新能源汽车的技术进步。

1.2.3 新能源汽车产业发展面临的"五大挑战"

目前中国新能源汽车产业发展取得了积极进展，引领了全球电动化转型，但技术创新能力仍然偏弱、市场化机制不足、基础设施不完善、结构性产能过剩、缺少国际知名品牌等问题依然存在。同时，新能源汽车产业已经正式进入无补贴时代，面临的国际竞争也日益激烈，与传统汽车相比还不具备成本优势。2020年以来，中国新能源汽车发展不确定因素明显增加，进一步恶化了产业发展环境，同时也加速暴露出产业发展面临的诸多问题，这些问题对产业高质量发展带来了风险和挑战，需要认真反思和加快解决。

一是产业整体竞争力仍待提升。近年来，中国新能源汽车产业竞争力明显提升，新能源汽车的市场规模全球领先，但整体来看，中国新能源汽车行业小散乱格局依然突出，行业面临着低水平重复建设和结构性产能过剩的风险，大部分企业在技术创新、品牌建设等方面投入不够，缺乏具有国际竞争力的企业和品牌，产业的总体竞争力仍需要不断提升。随着补贴政策的正式退出，未来中国新能源汽车产业的市场化竞争将更加激烈，那些缺少核心技术和竞争力的企业，将面临被淘汰出局的风险，行业的洗牌和格局重塑将会加速。

二是国际竞争压力持续加剧。一方面，美国、日本、英国、德国等主要发达国家持续加大对新能源汽车产业支持力度，加快推动构建本土化的产业链，并取得了积极成效，这些国家的新能源汽车产业开始呈现后来居上趋势。另一方面，特斯拉、宝马、大众等跨国车企纷纷加大在华研发和产业化投入，其中特斯拉在华独资工厂已于2019年底正式投产，成为《外商投资准入特别管理措施（负面清单）（2018年版）》正式取消新能源汽车外资股比限制后，首家外商独资新能源汽车企业。目前除少数自主品牌外，中国大部分自主品牌还集中在中低端，缺乏高端品牌，随着市场竞争加剧，未来自主品牌市场将面临较大下滑风险，大部分竞争力较弱的自主企业将被淘汰。

三是企业创新能力明显不足。一方面，国内大部分企业前瞻性思维和互联网创新思维不足。当前，大多数整车企业仍仅专注于电池、电机和电控等关键技术，缺乏在人工智能、大数据、自动驾驶等高科技领域的真金白银投入。同时，受限于思想、文化、价值观等方面的巨大差异，企业文化基因不同、业务组织流程冲突、薪酬无法平衡、缺乏迭代管理方式、技术沟通语言不同等，也导致现有传统整车企业难以高效率支撑智能化转型要求。另一方面，大多数企业对基础性支撑技术投入不足。基础性支撑技术主要是物理、化学、数学等基础科学，短期内难以看到实际收益，但往往会产生颠覆性的技术革新，推动产业创新发展。国内除极少数企业在布局基础性支撑技术外，大部分企业的研发创新都集中在应用技术，一般都为集成创新，不愿意在基础支撑技术上面投入或不具备投入能力。

四是关键资源控制力不强。目前中国已经建立了较为完善的新能源汽车产业链体系，但由于传统汽车工业基础薄弱，新能源汽车发展仍面临关键核心技术储备不足、部分产品依赖进口等问题，产业短板凸显，直接威胁产业链的系统性安全。一方面，关键技术受制于人的局面仍未根本改变。驱动电机耐电晕绝缘原材料、油冷兼容绝缘材料和高速轴承等仍依赖进口，车用控制芯片、电机控制器IGBT等国产产品的可靠性及质量尚未被充分认可，大部分仍需要进口。在智能网联汽车领域，中高端自动驾驶传感器、自动驾驶芯片等仍被国际供应商垄断。另一方面，新能源汽车技术生态和产业生态掌控力也亟待提升。中国企业在技术生态方面的话语权较弱，传统电子电气架构基本被国外垄断，目前国内企业基本引用现有的电子电气架构，对建立以我为主的新型电子电气架构积极性不高，或将导致中国在下一代新能源汽车技术生态方面落后。

五是使用环境仍待优化完善。目前新能源汽车的通行路权尚未完全放开，部分城市未落实交通差异化支持政策，仅对纯电动车型不限行，对插电式混合动力汽车仍限行，多数城市不允许新能源汽车使用公交车道，新能源汽车的通行仍不便利。新能源汽车通行费、停车费优惠措施尚未在全国实施，多数城市在前期规划交通基础设施时，未考虑新能源汽车专用停车位，且传统燃油车占用充电车位现象频繁，导致新能源汽车停车难、充电难。充电基础设施布局也有待优化，充电设施数量仍明显不足，充电设施建设难、用户充电难等问题还需要加大力度推动解决，"有车无桩"和"有桩无车"的现象同时存在，尤其是"僵尸桩"将对资源造成较大浪费。此外，新能源汽车冬季续驶里程衰减等问题，也在一定程度上抑制了新能源汽车的推广使用。

1.3 对未来燃料电池汽车产业发展的启示

中国大力发展新能源汽车产业已逾十年，经过十多年的发展，中国新能源汽车产业已由萌芽期进入市场导入期，并实现了从追赶到引领的跨越。在中国新能源汽车产业快速发展的十多年中，既有成功的先进经验，也面临过一些问题和风险挑战，这些均是下一阶段指导中国燃料电池汽车产业发展的重要宝贵财富。一方面，我们需要充分借鉴中国新能源汽车产业的发展经验，传承和优化前期中国推广新能源汽车时的优秀做法，并结合氢能与燃料电池汽车产业发展现状和趋势，在发展氢能与燃料电池汽车产业时加强传承与创新，通过不断创新支持方式、加快实施体制机制改革、优化完善支持政策体系等措施，抢占氢能及燃料电池汽车产业发展的制高点。另一方面，也需要尽量避免出现新能源汽车产业发展过程中出现的各种问题，在燃料电池汽车产业发展的起步期就需要做好系统谋划，为中国燃料电池汽车产业高质量发展开好局、起好步、筑好基，促进中国燃料电池汽车产业持续健康、科学有序发展。

一是建立国家层面协同推进机制。氢能产业链长，涉及部门多，管理体系尚不明确，目前中国尚未成立国家层面的氢能及燃料电池汽车组织机制，建议加快建立针对氢能及燃料电池汽车产业发展的部门联席机制，明确分工和权责，加强部门协同、行业协作、上下联动，把中国集中力量办大事的制度优势和超大规模的市场优势转化为产业优势，协同推动氢能及燃料电池汽车产业发展。另外，仅研发、促消费类支持政策，难以系统支持行业发展，建议加快构建氢能及燃料电池汽车支持政策体系，支撑形成有效的创新和产业化发展环境。

二是深化体制机制改革与创新。目前氢能管理和加氢站建设审批流程不健全是制约产业发展的最大障碍，需要加快破除制约氢能及燃料电池汽车发展的思想障碍和制度藩篱，调整阻碍产业发展的旧有制度规定，加快管理体制改革创新，开展先行先试、创新实践。一方面要研究设计鼓励创新、充分协同的政策法规体系，建立豁免机制、实施包容审慎监管，放开阻碍氢能及燃料电池汽车创新发展的限制因素，打破行业分割、加强产业融合，促进新业态、新模式健康有序发展。另一方面，要持续完善氢能及燃料电池汽车标准法规和管理体系，明确加氢站审批流程和规范，破除制氢、储运氢、加氢等障碍，推动建立稳定、高效、经济、低碳的氢能供应体系。

三是尽快明确国家层面的战略规划。中国于2012年和2020年先后发布了两版新能源汽车产业发展规划，对中国新能源汽车产业进行了顶层设计和系统谋划，对促进中国新能源汽车产业发展起到了重要作用。但目前的新能源汽车规划更加偏重于纯电动汽车，考虑到燃料电池汽车独有的技术特性，以及和纯电动汽车迥异的能源供给和产业链体系，建议随着中国燃料电池汽车市场规模扩大，进一步加强对燃料电池汽车产业的顶层设计和系统指导，加快发布国家层面的燃料电池汽车产业发展规划，明确近、中、远期产业发展方向、目标、重点任务和保障措施，稳定行业发展预期，坚定企业发展信心，以促进关键技术突破为核心，引领推动燃料电池汽车产业变革。同时，加快出台促进中国氢能基础设施建设的指导意见，集中力量解决氢能基础设施短板，为燃料电池汽车产业发展营造良好的使用环境。

四是转变政策支持思路和方式。氢能及燃料电池汽车产业属于战略性新兴产业，目前中国现有的很多新能源汽车支持政策都有很好的参考及借鉴意义，建议在发展氢能及燃料电池汽车产业时，要加快政府职能转变，深入推进"放管服"，政策作用方式应从直接干预为主转向间接引导为主，政策支持思路应从片面追求数量向注重高质量发展转型，从供应端、研发端、生产端、销售端、使用端、市场端等全产业链环节同步加强政策引导。同时，要理清政策与市场的关系，根据技术进步、产业发展、推广应用规模等不断完善调整氢能及燃料电池汽车政策体系与支持方式，持续扶优扶强、有的放矢，健全和完善事中事后监管，完善市场公平竞争规则，以碳达峰、碳中和战略目标为指引，以建设全国统一大市场为目标，塑造友好开放的政策支持体系。

五是通过示范有序推动产业发展。燃料电池汽车产业发展和新能源汽车产业发展十分类似，在产业发展的初期阶段，可以通过开展燃料电池汽车示范应用，首先在公共领域推广燃料电池汽车，加快燃料电池汽车技术验证、提升，更加注重研发创新能力建设，建立健全燃料电池汽车产业链，并推动打通氢能供应链，完善氢能基础设施，培育产业发展环境，为燃料电池汽车全面推广和向私人消费者领域拓展打下基础。同时，在燃料电池汽车产业发展初期就要高端定位，加强技术创新能力建设，不断提高产业化能力，通过采用扶优扶强的政策支持方式，集中有限的资源支持重点企业发展，加快培育出数家国际龙头企业，推动建立起较为完善的产业链体系。

六是统筹行业优势资源形成发展合力。氢能及燃料电池汽车产业发展是一项艰巨、复杂的系统工程，需要政产学研用各方形成合力、共同推动。在氢能及燃料电池汽车相关政策、标准、产品开发、生产、准入、法律法规、知识产权等方面要充分融入协同化战略思维，充分联合跨领域行业主管部门、企业、高校、科研院所、行业组织、金融机构等多方资源与力量，搭建技术研发平台、成果转化平台及示范应用平台等平台化机制，推进行业资源共享、技术进步、成果转化、推广应用、产业培育与国际交流。

同时，考虑到中国新能源汽车产业发展过程中存在的一些关键问题，在发展氢能及燃料电池汽车产业时，也需要多加注意，做到防患于未然。

一是需要防范低水平重复建设。目前全国已经有 50 多个地方发布了氢能或燃料电池汽车产业发展规划或行动方案等，积极布局氢能及燃料电池汽车产业，规划投资的总规模达万亿元以上，地方政策的支持对推动中国氢能及燃料电池汽车产业发展起到了重要作用。但由于行业投资热度较高，部分不具备发展氢能和燃料电池汽车产业客观条件的地区也在跃跃欲试，行业内涉足氢能及燃料电池汽车产业的企业数量剧增。在市场规模还未起来的时候，我们更需要防范低水平重复建设和结构性产能过剩风险。同时，也需要加强区域协同发展，区域间形成发展合力，通过打造产业集群，提高产业竞争力，共同推动燃料电池汽车产业发展和区域示范运行。

二是需要高度重视安全性问题。近年来，韩国、美国、挪威等地均发生过氢能相关的爆炸事故，氢能产业安全问题引起了国内外高度重视。目前中国燃料电池汽车尚未经过大规模和长时间的技术验证、示范考核，加氢站建设和氢能使用也缺乏安全管理经验。因此，在发展氢能及燃料电池汽车的初期，就必须坚守安全底线，做好安全宣传教育，做到起步就严和开局就严，加快建立安全监管的长效机制。

三是需要预防企业补贴依赖症。中国新能源汽车在发展过程中出现了"骗补谋补""补贴依赖症"等问题，目前中国燃料电池汽车尚处于发展初期，产业发展需要补贴给予支持，但也需要预防企业患上补贴依赖症，更要防止出现新的骗补谋补事件。长期看，单纯地依靠财税刺激并不能从根本上解决产业长期发展面临的关键问题，还需进一步创新体制机制，避免对补贴政策的依赖性，加快使用非补贴的政策工具承接补贴政策，建议积极探索碳交易、双积分等市场化机制，逐步推动产业由政策驱动为主向市场驱动为主的转变，早日摆脱政府补贴，实现氢能及燃料电池汽车产业的市场化可持续发展。

此外，发展燃料电池汽车产业还需要进一步深化对外开放，搭建氢能及燃料电池汽车领域的国际交流平台，提升中国氢能及燃料电池汽车产业的国际竞争力。

一是要加快追赶国际先进水平。目前欧洲、美国、日本、韩国等在氢能及燃料电池汽车领域处于领先地位，均制定了氢能及燃料电池汽车产业战略规划，并出台了一系列支持政策。此外，丰田、现代等企业的燃料电池汽车技术水平处于全球领先地位，国内企业普遍不具备竞争优势，与国际先进水平还有一定的差距，建议加大氢能及燃料电池汽车产业的产学研投入力度，尽快缩小与国际先进水平差距。

二是鼓励开展高水平国际合作。在发展氢能及燃料电池汽车产业时，既要强调自主可控和自力更生，也要注重对外开放和合作共赢。一方面，需要学习借鉴国外先进的氢能及燃料电池汽车产业发展经验，鼓励国内外企业在平等互利的前提下，与国际领先企业在核心技术领域开展更高水平的合资合作。另一方面，在对外合作中，也要避免经验主义和照搬主义，如以安全性等为借口全部采用进口零部件生产整车或建设加氢站，以及为减少成本全部采用国产化低端产品等。

新能源汽车发展经验对燃料电池汽车的借鉴启示见表1-5。

表1-5 新能源汽车发展经验对燃料电池汽车的借鉴启示

前期经验	借鉴传承
1. 制度层面经验：充分发挥了国内集中力量办大事的制度优势和超大规模的市场优势	继续发挥制度和市场优势，统筹政治和社会资源，促进燃料电池汽车产业发展
2. 组织层面经验：注重新能源汽车的系统化协同推进，配套出台了一揽子支持政策体系	继续加快对燃料电池汽车产业的组织领导和统筹协调，出台顶层设计和战略规划，完善支持政策体系
3. 战略层面经验：坚持以纯电驱动为战略取向，重点推进纯电动汽车产业化	坚定新能源汽车战略性新兴产业的定位，逐渐向推动燃料电池汽车产业发展倾斜
4. 战术层面经验：注重以示范推广为突破口，有节奏、有步骤地发展新能源汽车	继续参考新能源汽车试点示范经验，开展燃料电池汽车示范应用，探索燃料电池汽车商业化发展路径
5. 执行层面经验：不断强化技术政策的扶优扶强功能，大力推动企业技术创新	加大对氢能及燃料电池汽车关键技术的支持力度，通过扶优扶强加快培育优势企业

注：根据公开资料整理。

第 2 章
国际燃料电池汽车发展情况及启示

国际上对氢能及燃料电池的研究已有180多年的历史，先后经历了实验室研究阶段和实用性研究开发阶段，目前正在进入到示范推广阶段。早期，燃料电池主要应用于航天和军工领域，从20世纪90年代开始，氢能及燃料电池应用开始逐步向民用领域拓展，但受多重因素影响，燃料电池产业发展进程中出现过多次反复和波折。随着氢能及燃料电池技术成熟度逐渐提升，加之世界能源向绿色、低碳、可持续方向转型，氢能应用再次引发国际社会的高度关注，其中欧洲、美国、日本、韩国等国家或地区走在了前列，但由于资源禀赋和国情不同，相关国家和地区在氢能与燃料电池汽车发展战略上也略有差异。通过学习、借鉴和复制国际氢能及燃料电池汽车产业发展的成功经验，并结合中国氢能及燃料电池汽车产业发展实际情况，能够最大限度地发挥比较优势和后发优势，有利于完善中国氢能及燃料电池汽车产业政策支持体系，走出一条具有中国特色、科学可持续的产业发展之路。

2.1 国际燃料电池汽车支持政策情况

国际上，欧洲、美国、日本、韩国等国家和地区高度重视氢能与燃料电池汽车产业发展，制定了较为系统的支持政策，其中，日本将氢能及燃料电池汽车定为国家战略，美国高度重视氢能及燃料电池关键技术研发，欧洲将发展氢能及燃料电池汽车作为可持续发展的关键路径，韩国将燃料电池汽车确定为下一代经济增长引擎。整体看，目前国际上燃料电池汽车已经进入产业化加速发展的新阶段，且呈现出加大力度推进态势。

2.1.1 日本加速推动"氢能社会"建设

由于国土资源的限制以及地理环境等因素的制约，日本的资源和能源相对匮乏，对海外油气依赖严重，目前90%的能源依赖进口。因此，日本非常重视可再生能源的发展和应用，实现能源独立是日本一直以来追求的目标。为保障能源安全、提升产业竞争力和实现低碳环保，日本已经将氢能、电力、热力作为日本二次能源的三大支柱，并在多项战略规划中将氢能及燃料电池汽车列为重点发展领域，出台了加氢站建设运营补贴、燃料电池汽车购置补贴等支持政策，以加快推动建设"氢能社会"。目前日本在燃料电池汽车领域走在了世界前列，是全球发展氢能及燃料电池汽车最积极的国家之一。

从政策发展历程来看，日本在 1974 年就发布了《新能源开发计划》，将燃料电池技术确定为国家战略。2002 年，日本东京开始启动氢能和燃料电池汽车的示范项目。2006 年，日本发布了《燃料电池汽车发展计划》，明确了燃料电池汽车的商业化发展阶段和目标。2007 年，日本实施了"发展新一代汽车和燃料计划"，计划到 2012 年投资 2090 亿日元支持新一代车辆动力系统和燃料发展，其中超过四分之三的经费用于支持燃料电池汽车研发。2009 年，日本发布了《燃料电池汽车和加氢站 2015 年商业化路线图》，提出 2011—2015 年开展燃料电池汽车技术验证和市场示范。2011 年，福岛核电站发生泄漏事故后，日本核电发展进入低潮，氢能作为日本目前可再生能源中最具潜能的能源形式，被日本确立为国家能源转型发展的重要方向。

2012 年，日本设立了燃料电池汽车的购置补贴制度，2013 年开始对加氢站提供最高为投资成本 50% 的补贴。2013 年，日本发布了《日本再复兴战略》，把氢能上升为国家战略。2014 年，发布了《第四次能源基本计划》，将氢能源定位为与电力和热能并列的核心二次能源。同年，日本还发布了《氢能及燃料电池战略路线图》，提出了建设"氢能社会"的愿景，规划了实现氢能社会的发展路径，明确了到 2025 年、2030 年和 2040 年的氢能及燃料电池发展目标。此外，日本还发布了《氢燃料电池汽车普及促进策略》，提出了引入国际标准以便日本燃料电池汽车能够打开国际市场。

2017 年，日本发布了《氢能源基本战略》，从交通、氢能供应、氢能应用三方面提出了具体发展目标，致力于探索全球氢能供应体系，规划到 2050 年全面普及燃料电池汽车。2019 年，日本再次修订了《氢能及燃料电池战略路线图》，继续推动氢能及燃料电池汽车产业发展，计划到 2025 年和 2030 年，分别推广 20 万辆和 80 万辆燃料电池汽车。2022 年 3 月，日本发布了《燃料电池重型交通（HDV）技术路线图》，规划到 2030 年，进入燃料电池重型交通全面普及阶段，燃料电池系统成本低于 9000 日元 /kW；到 2040 年，燃料电池重卡全球部署量达到 150 万辆，实现燃料电池重型交通领域碳中和，燃料电池系统实现与柴油动力系统平价。

为了加快推动构建氢能社会，日本继续强化其在全球燃料电池市场的领先地位，除了大力推广燃料电池汽车外，日本也在积极探索氢能的综合利用和燃料电池的多用途应用。其中在氢能综合利用方面，通过利用风电、光伏等可再生能源制氢，与进口氢气共同形成氢能供应体系，推广掺氢天然气，并推动氢燃气轮机发电的商业化应用，减少总体碳排放。在燃料电池应用方面，积极推广家用燃料电池热电联供系统，在提供电能的同时将发电过程中产生的热能向用户供热，提高能源利用效率，计划 2030 年家用燃料电池热电联供系统推广 530 万套。此外，日本还考虑逐步扩展氢能在工程机械、船舶、航空等领域的应用潜力。

2.1.2 美国重点支持前沿技术研发突破

美国早在 1970 年便提出了氢经济概念，是全球最早发展氢能经济的国家。在小布什出任美国总统期间，美国政府就大力推动氢经济建设，掀起了一轮燃料电池的投资高峰期。2001 年，美国发布了《2030 年及以后美国向氢经济转型的国家愿景》，标志着美国"官、产、学、研"各界对发展氢能基本达成共识，从而转入制定国家氢能战略阶段。2002年，美国发布了《自由汽车计划》，重点支持燃料电池汽车研发，2003年发布《氢燃料计划》对其进行了补充。2004年，美国发布了《氢能技术研究、开发与示范运动计划》，规划了发展氢能的战略安排和时间节点。在奥巴马出任美国总统期间，美国政府开始重点支持纯电动汽车发展，氢能与燃料电池汽车产业陷入低谷。特朗普政府2017年发布了《美国优先能源战略》，重点支持氢能与燃料电池汽车前沿技术研发。

2019年11月，美国燃料电池和氢能协会发布了《美国氢能经济路线图》，提出2025年和2030年分别推广燃料电池汽车20万辆和530万辆，建成加氢站580座和5600座的战略目标。2020年10月，美国再次修订《美国氢能经济路线图》，调低了燃料电池汽车推广和加氢站建设目标，2025年和2030年计划分别推广燃料电池汽车15万辆和120万辆，建成加氢站1000座和4300座。2020年11月，美国发布最新的《氢能计划》，提出了未来10年及更长时间的氢能发展战略框架。2021年11月，拜登签署《基础设施投资和就业法案》，授权拨付95亿美元用于清洁氢的研发和示范。2023年6月，拜登政府发布了《美国国家清洁氢战略和路线图》，提出加快清洁氢的生产、加工、储存和应用，打造美国清洁能源经济，预计到2050年每年清洁氢将达到5000万t。

在财税优惠政策方面，2005年，美国发布了《2005美国新能源法案》，将发展氢能和燃料电池技术的有关项目及其财政经费授权额度明确写入法案中，对购买燃料电池汽车实施税收抵免，优惠额度为购买燃料电池汽车比购买同级别燃油车增加成本的50%。2012年，美国修订了燃料电池投资税收抵免政策，根据燃料电池价格、效率等实行三个层次的税收抵免，加氢站可享受30%~50%的税收抵免。2018年，美国将投资税收抵免政策延长至2022年，并分三阶段实施退坡机制。

目前，美国的支持政策涵盖技术研发、车辆推广、加氢站建设运营等，其中，联邦政府对燃料电池汽车购置给予8000美元/辆的补贴，各州也相应给予补贴，有关研发补贴多年维持在每年1.7亿~2亿美元。此外，美国还成立了部委间的协调工作组，通过协调美国各部委资源，支持氢能与燃料电池研发、示范和产业化应用，其中美国能源部下设专门针对氢能和燃料电池技术的部门，负责氢能及燃料电池技术研发项目的组织协调工作。美国通过不断推动氢能和燃料电池技术在交通运输及其他若干领域的研发、应用和发展，目前在燃料电池汽车保有量方面处于全球领先地位，并在燃料电池汽车商业化应用方面积累了深厚的经验。

2.1.3 欧洲将氢能作为可持续发展路径

欧洲一直是全球应对气候变化、减少温室气体排放行动最为积极的地区，将发展氢能作为其可持续发展的重要路径之一，在氢能开发与应用等方面走在了世界前列。为保障能源安全、实现能源转型，欧盟先后发布了《2020气候和能源一揽子计划》《2030气候和能源框架》《2050低碳经济》等能源规划，支持氢能产业发展。2003年欧盟发布《氢能和燃料电池–我们未来的前景》，规划将于2050年过渡到氢经济。2005年发布《欧盟氢和燃料电池技术平台》，明确和细化了氢经济的战略目标、支撑技术、研发投入及组织模式。

2008年出台了燃料电池与氢联合行动计划，推动氢能及燃料电池技术发展。2011年启动了两个大规模的燃料电池汽车示范项目，"H2 moves Scandinavi"和欧洲城市清洁氢能项目。2018年发布的《欧盟温室气体长期减排战略》，提出将氢能作为一项关键应用技术以推动减排目标的实现。2019年发布的《氢能路线图》，指出发展氢能将带来巨大的经济、社会和环境效益，是欧盟实现脱碳目标的必由之路，明确了在燃料电池汽车、氢能发电、家庭和建筑物用氢、工业制氢等方面的具体目标，提出到2030年推广燃料电池汽车424万辆、建成加氢站3000座的目标。

在此前发布的一系列支持氢能产业发展的能源规划基础上，欧盟及欧洲各国在2020年又发布了多项氢能战略。2020年，为应对疫情影响，欧盟提出了约7500亿欧元的后疫情时代经济复苏计划，其中包含氢能产业。2020年7月，欧盟发布了《欧盟氢能战略》，提出了一系列行动计划，加快氢能研发创新和低碳氢能规模化应用。2020年4月，荷兰发布了国家氢能战略，计划到2025年建设50座加氢站、投放15000辆燃料电池汽车和3000辆燃料电池重型汽车；到2030年投放30万辆燃料电池汽车。2020年6月，德国发布了《德国国家氢能战略》，提出重点支持氢能与燃料电池技术创新、氢能技术应用等。在德国政府应对疫情危机的经济刺激计划中，拟投资70亿欧元用于燃料电池重型货车、飞机等领域的技术研发，以及制氢电解槽、加氢站等设施建设。2020年10月，法国发布了《法国发展无碳氢能的国家战略》，提出计划到2030年投入70亿欧元发展绿色氢能。此外，2020年9月，英国政府宣布了总额为3.5亿英镑的一揽子资助方案，支持包括清洁氢能技术在内的一系列绿色技术。

2.1.4 韩国注重氢能经济生态体系建设

近年来，韩国氢能和燃料电池汽车产业发展迅速，正在成为新一轮全球氢能和燃料电池汽车产业发展的领跑者。目前韩国已经建立了涉及工业、环境、国土交通等部门，且分工较明确的氢能及燃料电池汽车管理体系，并研究制定了国家氢能发展战略，希望通过大力发展氢能产业促进经济增长，同时保障国家能源安全。

韩国较早就开始布局氢能产业，2004年，成立了氢燃料电池协会，开始全面推进氢经济发展。2006年，发布了《氢经济发展路线图》，将燃料电池纳入发电差额补偿制度。2009年，发布了《绿色能源技术开发战略路线图》，燃料电池成为15个未来需重点发展的"朝阳产业"。2015年，制定了燃料电池汽车普及目标与推行方案，计划到2030年推广63万辆燃料电池汽车，建成加氢站520座。2018年，发布《创新发展战略投资计划》，将氢经济列为3大战略投资方向之一，并规划未来5年投入2.5万亿韩元支持氢能产业发展。2018年，发布了《氢燃料电池汽车产业生态圈构建方案》，计划2022年推广燃料电池乘用车1.5万辆，公交车1000辆，建成加氢站310座。

2019年以来，韩国氢能及燃料电池汽车产业开始步入快速发展通道。2019年，韩国发布了《氢经济发展路线图》，计划以燃料电池汽车和燃料电池系统为两大支柱，打造引领氢经济的产业生态系统，成为世界一流的氢经济领先国家。规划到2040年，燃料电池车产量达620万辆，建设加氢站1200座，建立安全、稳定、经济性的氢能供给体系，同时构建氢能产业全周期安全管理体系。2019年12月，韩国国土交通部宣布选择安山、蔚山、完州与全州作为"氢经济示范城市"试点，选择三陟市（江原道）作为氢技术研发中心，通过氢能城市示范，推进公共交通、家庭及建筑燃料电池分布式发电、加氢站等推广应用。同年，韩国将"市中心加氢站"定为第1号监管沙盒，通过对市中心加氢站赋予示范特例与临时许可，使加氢站建设免除了现有制度的限制和壁垒，极大促进了加氢站的建设和运营。

此外，在财税优惠政策方面，韩国延长燃料电池汽车购置补贴至2022年，新增客车补贴，实施购置税、保有税、拥堵费、停车费等减免，用氢免税，客运类客车减免50%购置税，给予加氢站国有土地租赁费减免50%，并利用韩国产业银行等政策资金推进金融投资或长期低息贷款。2020年7月，韩国设立氢经济产业基金，初期拟投入340亿韩元，作为企业引导基金，计划到2030年，继续投入2万亿韩元，进一步提升企业核心竞争力。此外，2020年韩国还通过了《促进氢经济和氢安全管理法》，成了首个为持续有效发展氢经济而制定单一法令的国家，建立了"氢经济委员会"和各种专门机构，为促进氢经济、确保氢安全提供了法律依据。2021年，韩国发布了《第四次环保汽车基本计划》，计划到2025年，累计普及燃料电池乘用车20万辆、客车4600辆、货车900辆，建设加氢站450座；到2030年，累计普及燃料电池汽车85万辆，并建设加氢站660座。目前韩国燃料电池汽车产业发展迅速，燃料电池汽车保有量已位居全球首位。

各国和地区氢能、燃料电池汽车战略及发展目标见表2-1。

表2-1 各国氢能、燃料电池汽车战略及发展目标

国家和地区	政策	定位	目的	实施路径	发展目标
日本	《日本再复兴战略》《氢能源基本战略》	保障能源安全、提升产业竞争力和实现低碳环保	实现氢能社会	逐步实现零CO_2排放制氢，扩大氢能规模，降低成本；推动氢能在发电和交通领域推广应用	2030年：80万辆车和900座加氢站
美国	《自由汽车计划》《氢燃料计划》《美国优先能源战略》《美国氢能经济路线图》	保障能源安全和实现能源自给自足	实现氢能等前沿技术研发突破	重点支持氢能及燃料电池等前沿技术研发	2019年版 2030年：530万辆车和5600座加氢站 2020年版 2030年：120万辆车和4300座加氢站
欧盟	《2020气候和能源一揽子计划》《2030气候和能源框架》《2050低碳经济》《氢能路线图》《欧洲氢能战略》《德国国家氢能战略》《法国发展无碳氢能的国家战略》	保障能源安全和实现能源转型	使欧洲清洁能源转型高效和具备经济性	明确氢气脱碳路径；加强氢能和燃料电池技术研发；建设加氢站和推广燃料电池汽车；在更多领域应用氢能	2030年：424万辆车和3000座加氢站

(续)

国家和地区	政策	定位	目的	实施路径	发展目标
韩国	《氢经济发展路线图》《绿色能源技术开发战略路线图》《氢燃料电池汽车产业生态圈构建方案》《创新发展战略投资计划》《促进氢经济和氢安全管理法》	保证能源安全、促进经济增长、提升产业竞争力	使韩国占领产业技术制高点，推动经济增长	构建氢气供应体系；扩大加氢站布局；建立产业园；开展示范；加大资金支持；开展国际合作	2030年：推广85万辆车，建成加氢站660座

2.2 国际燃料电池汽车产业发展情况

国际上，欧洲、美国、日本、韩国等各国和地区政府及主要整车企业高度重视氢能与燃料电池汽车产业发展，各发达国家积极推进氢能及燃料电池汽车产业布局、技术研发及配套基础设施建设，目前国际氢能及燃料电池汽车已经进入产业化加速发展的新阶段。在各国政策的支持与引导下，以日本丰田、韩国现代等为代表的主要整车企业纷纷制定了燃料电池汽车发展战略，以加快布局和抢占氢能及燃料电池汽车产业发展战略机遇。从国际发展情况看，目前燃料电池汽车的关键技术瓶颈已经基本突破，但技术成熟度、成本和基础设施条件等仍不如纯电动汽车和传统燃油车，其市场尚处于起步期，未来还有较长的路要走。

2.2.1 氢能供应体系建设情况

氢能供给体系涉及制氢、储运和加注等主要环节，是影响燃料电池汽车使用便利性和经济性的关键因素。在制氢方面，2022年全球氢气产量约7000万 t/年，主要采用化石能源制氢、副产氢提纯制氢和可再生能源电解水制氢等方式，其中天然气制氢的占比最大，约占70%，是目前规模最大的制氢方式。未来，利用风能、太阳能等可再生能源电解水制氢将是各国的重点发展方向，但目前可再生能源电解水制氢的占比还较小，仍处于小规模示范阶段。

在储运方面，目前国际上氢气的储运方式主要包括长管拖车气态储运、液氢罐车储运和管道储运等。其中，长管拖车气态储运技术最为成熟，是目前全球氢气储运的主要技术路线，主要采用长管束或瓶组，是近距离氢气储运的主要方式。管道储运和液氢罐车储运已在美国和欧洲等部分地区小范围应用，其中管道运输成本低、运量大，适合大量氢气需求场景，但初期建设的成本投入较大；相比长管拖车气态储运，液氢罐车在500km以上的远距离氢气储运具备较大经济优势，是目前氢气储运的重要发展方向。此外，2020年初，世界首条液氢运输船在日本下水，并于2022年初将用澳大利亚褐煤生产的氢气运输到了日本，实现了全球首次液氢海上输运。

在加氢站方面，根据氢能联盟数据，截至2022年底，全球在运营加氢站达到829座，其中东亚地区在营加氢站 577 座,自 2018 年以来连续三年位居全球首位。欧洲加氢站建设速度减缓,在营加氢站 176 座。北美新增加氢站仍以液氢加氢站为主,在营加氢站 60 座。

在安全性方面,氢气在空气中的爆炸极限为 4%~75.6%(体积分数),如果氢气发生泄漏,并在空间中扩散积聚达到一定浓度,当遇到点火源时就会发生燃烧甚至爆炸,具有易汽化、易着火、易爆炸等特性。氢气的扩散系数是天然气的 318 倍、汽油气的 12 倍,当氢气发生泄漏时,氢气将会很快上升,并向各个方向快速扩散,因此,在敞开空间下,氢气浓度较难达到爆炸所需浓度。但在密闭空间下,氢气的燃烧速度约为天然气和汽油的 7 倍,且比其他燃料更容易发生爆燃甚至爆轰。近几年,国际上接连发生了多起氢能相关爆炸事故,氢气的安全问题也受到了社会各界的高度重视。2019 年 5 月,韩国江原道江陵市的储氢罐发生爆炸,造成 2 人死亡、6 人受伤。2019 年 6 月,挪威桑维卡加氢站发生爆炸并起火,美国加州一家化工厂储氢罐泄漏爆炸。2020 年 4 月,美国北卡州朗维尤(Long View)的 OneH2 氢燃料电池工厂发生了爆炸事故。在燃料电池汽车产业发展初期,氢气的安全性是不可回避的问题,必须通过严格标准限制,进一步加强氢能基础设施和燃料电池汽车的安全运行。

2.2.2 燃料电池汽车技术情况

国外的燃料电池汽车技术发展较为迅速,燃料电池汽车的可靠性、耐久性、环境适应性等取得了重大突破。其中丰田、本田、现代、奔驰等国际领先的燃料电池汽车企业已发布了量产车型,已基本突破燃料电池系统输出功率、体积功率密度、低温性能、可靠性、寿命等关键技术瓶颈,燃料电池系统的关键材料、关键部件已具备批量生产和供应能力,燃料电池汽车的成本大幅下降,燃料电池汽车的整车动力性能、续驶里程、环境适应性和寿命等方面已经达到了传统燃油车水平。经过全球 20 多年的产业化探索,目前燃料电池汽车已经从基础研究、样车示范进入到了工程化、商品化的发展阶段。燃料电池汽车的核心技术指标不断优化,目前燃料电池系统的额定功率已经超过 100kW,功率密度达到 5kW/L 以上,燃料电池寿命达到 3 万 h,并能够在 −30~40℃实现正常启动。

从车型来看,目前国外燃料电池乘用车的技术已经基本成熟,丰田、本田、现代等是全球技术领先的燃料电池乘用车企业。其中丰田于 2014 年发布了其第一款量产燃料电池乘用车 Mirai,单次加氢时间约为 3min,所搭载的燃料电池堆包含 370 片单体电池,最大输出功率达到 114kW,体积功率密度达到 3.1kW/L,主要在美国、欧洲和澳大利亚等地区销售。2020 年底,丰田发售了第二代燃料电池乘用车 Mirai,第二代 Mirai 的燃料电池堆峰值功率为 128kW,体积功率密度高达 5.4kW/L(不包括端板),一次加氢 5kg 以上,续驶里程可以达到 650km,比第一代 Mirai 续驶里程提高了约 30%。本田于 2015 年发布了全新一代的燃料电池汽车 Clarity,相比于其 2008 年推出的 FCX Clarity,全新一代的 Clarity 所搭载的燃料电池堆尺寸减小了 33%,性能提升了 60%,燃料电池堆体积功率密度达到 3.1kW/L,续驶里程超过 700km。但出于多方面原因,本田于 2021 年 8 月起暂停了其燃料电池汽车的生产。2023 年,本田宣布与通用汽车在燃料电池技术领域合作取得新突破,新一代燃料电池系统的耐久性将提高一倍,成本降低三分之二。现代于 2013

年推出了量产燃料电池车型 ix35，其搭载了 100kW 的燃料电池堆，续驶里程可达 594km。2018 年，现代正式发布了其第二代燃料电池汽车产品 NEXO，和 ix35 相比，NEXO 的产品性能实现了大幅提升，续驶里程超过 800km，可实现零下 30℃冷启动。

在燃料电池商用车方面，目前国外的燃料电池商用车技术接近实际运营需求。2018 年开始，丰田、现代、尼古拉等企业开始加快燃料电池商用车的应用研究。在燃料电池客车领域，2018 年丰田发布了其燃料电池客车产品 Sora，车身长 10.5m，可容纳 79 人，搭载两台与 Mirai 车型相同的电堆，采用 10 个 70MPa 储氢瓶，可携带 600L 氢气。2020 年，现代实现了燃料电池巴士 ELEC CITY Fuel Cell 的量产，该车型搭载了 180kW 的燃料电池系统，装备了 5 个储氢瓶，可储存氢气 34kg，续驶里程达 500km 以上。在燃料电池重型货车领域，2019 年，现代实现了燃料电池重卡 XCIENT 的量产，该车型搭载了 190kW 的燃料电池系统，装备了 7 个 35MPa 储氢瓶，可储存氢气 32kg，一次充满氢气可行驶约 400km，目前主要应用于瑞士的各种物流场景。

在关键零部件方面，目前国外已经建立起了从基础材料、关键零部件到系统较为完备的产业链体系，形成了批量化生产能力，并在部分领域形成了垄断。如在催化剂领域，代表性企业有日本田中贵金属、英国庄信万丰等；在碳纸领域，代表性企业有日本东丽等；在质子交换膜领域，代表性企业有美国戈尔、日本旭化成等；在氢气循环泵领域，代表性企业有美国 Park、德国普旭等；这些企业技术水平相对领先，在国际上占据较大市场份额。

2.2.3 燃料电池汽车市场情况

欧洲、美国、日本、韩国等主要国家和地区作为全球氢能及燃料电池汽车的倡导者和领跑者，纷纷将氢能和燃料电池技术作为能源技术革命的重要方向和未来能源战略的重要组成部分，积极推进氢能及燃料电池汽车产业加快发展。目前各国持续加大政策支持力度，出台了购车补贴、税费减免、加氢站建设补贴、研发支持等政策，积极推进燃料电池汽车的示范运行，并通过制定或修改一系列法律法规扫清氢能及加氢站发展障碍，目前燃料电池汽车已经进入产业化、市场化加速发展的新阶段，且呈现出加大力度推进态势。

截至 2022 年底，全球燃料电池汽车的累计销量近 7 万辆，主要集中在韩国、美国、中国、日本及欧洲等五大市场，其中韩国、美国和中国的燃料电池汽车累计销量已经超过万辆，分别为 29528 辆、14913 辆和 13639 辆，日本和德国的燃料电池汽车累计销量紧随其后，分别为 7597 辆和 1853 辆。分年度看，2022 年全球燃料电池汽车销量共 20464 辆，同比增长 18.5%，其中韩国、中国、美国的燃料电池汽车销量排名前三，销量分别为 10181 辆、5037 辆和 2707 辆，占比分别为 53%、21% 和 13%。从全球燃料电池汽车的市场格局来看，近年来，韩国对发展氢能及燃料电池汽车的重视度日益提升，在韩国高额补贴政策的驱动下，韩国 2021 年的燃料电池汽车销量超过 8000 辆，比美国、日本和中国的燃料电池汽车销量之和还要高。2022 年，韩国的燃料电池汽车销量更是超过 10000 辆，比中国、美国、德国和日本的燃料电池汽车销量之和还要高，已经连续四年成为全球第一大燃料电池汽车销售国。

全球燃料电池汽车销量如图 2-1~图 2-3 所示。

第 2 章　国际燃料电池汽车发展情况及启示

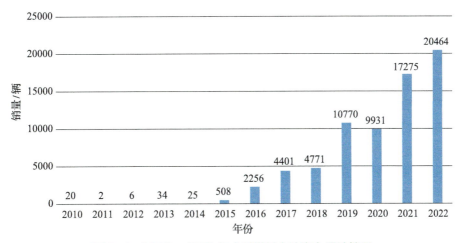

图 2-1　2010—2022 年全球燃料电池汽车累计销量

资料 / 数据来源：EV Volumes、中汽政研。

图 2-2　2010—2022 年全球燃料电池汽车累计销量前 10 国家

资料 / 数据来源：EV Volumes、中汽政研。

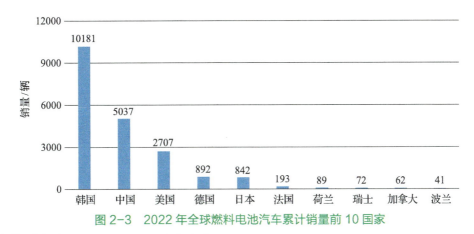

图 2-3　2022 年全球燃料电池汽车累计销量前 10 国家

资料 / 数据来源：EV Volumes、中汽政研。

从销售车型来看，2022年国外销售的燃料电池汽车基本上还是以燃料电池乘用车为主，主要为韩国现代的 NEXO 和日本丰田的 Mirai。其中，现代 NEXO 销量占据行业第一名，销量为 11199 辆，成为全球销量最高的燃料电池车型；第二名为丰田 Mirai，销量为 3723 辆，相比 2021 年的 5885 辆有所下降。从市场占比来看，丰田 Mirai、现代 NEXO 占全球燃料电池汽车市场的比例分别为 55% 和 18%，处于绝对的市场领先位置。此外，中国也有三款燃料电池乘用车进入市场，分别是上汽大通的 EUNIQ 7、一汽红旗的 H5 和东风的氢舟 $H_2·e$。

2022 年全球燃料电池乘用车销量情况见表 2-2。

表 2-2 2022 年全球燃料电池乘用车销量情况

品牌	车型	销量/辆
现代	NEXO	11199
丰田	Mirai	3723
本田	Clarity Fuel Cell	207
上汽大通	EUNIQ 7	168
宝马	X5	108
红旗	H5	19
东风	氢舟 $H_2·e$	3
总计		15427

资料/数据来源：EV Volumes、中汽政研。

总体来看，国际上燃料电池汽车产业仍处于市场导入期，产业发展仍存在诸多障碍，技术成熟度、加氢便利性、产品经济性等同纯电动汽车和传统燃油车相比仍不具备竞争力。随着发达国家的燃料电池汽车技术不断成熟，为了促进燃料电池汽车大规模推广应用，其发展重点将逐渐集中到三方面。一是提高燃料电池技术水平，重点延长燃料电池寿命、提高燃料电池功率密度和提升燃料电池低温启动性能等技术指标。二是降低燃料电池系统成本，简化燃料电池系统主要零部件构成和数量、减少贵金属用量、降低质子交换膜成本等。三是完善基础设施配套，充分利用清洁可再生能源制氢，降低制氢、储运氢和加氢站建设成本，大规模建设加氢站等。

2.2.4 国外企业在中国布局情况

2017 年 6 月，国家发展改革委、工业和信息化部发布实施《关于完善汽车投资项目管理的意见》，取消了外商投资纯电动汽车企业的数量限制。2018 年 6 月，国家发展改革委、商务部发布了《外商投资准入特别管理措施（负面清单）（2018 年版）》，取消了新能源汽车外资股比限制。新能源汽车的股比放开是贯彻落实中国对外开放基本国策的重要体现，符合国家经济社会发展的整体利益，将加快中国新能源汽车市场普及速度，改变中国现有新能源汽车产业格局。

在对外开放的大背景下，为了实现利益最大化，外资将加快在华投资建厂，加快新产品、新技术投放力度，加快实施本土化策略，采取依靠现有合资平台、新建合资企业、新建独资企业、收购中资企业或加大进口新能源汽车等方式加快在华布局新能源汽车产业。国外企业的进入，一方面有利于增强中国新能源汽车产业的创新动力，带动中国新能源汽车上下游行业发展，促进新能源整车研发及制造业技术的进步。另一方面，也有利于促进中国新能源汽车市场充分竞争，加速优胜劣汰，激发新能源汽车产业自主发展的动力和活力，倒逼国内企业改革，推动国内企业商业模式与理念创新，提高国内企业自身竞争力。

聚焦到燃料电池汽车领域，从全球燃料电池汽车的发展历程来看，燃料电池乘用车一直是前期燃料电池汽车的主要发展方向，但国际上以燃料电池乘用车为切入口，必须配套建设大量的加氢站，导致燃料电池乘用车的推广难度大，推广效果也不明显。2019年以来，随着中国燃料电池汽车产业发展环境的不断完善，我国氢能及燃料电池汽车产业开始步入发展提速期，未来我国的氢能产业市场预期非常明确。考虑到中国广阔的市场空间，以及良好的国家及地方政策环境，越来越多的外企开始加速进入中国市场，如丰田、现代、博世、康明斯等外资企业已经在国内布局燃料电池产业，希望借助中国制度和市场优势，在燃料电池商用车领域率先取得突破，通过扩大燃料电池应用规模，持续降低成本，从而形成全球燃料电池汽车产业发展的良性循环。

2020年，丰田和一汽、东风、广汽、北汽、亿华通成立了联合燃料电池系统研发（北京）有限公司，将对燃料电池技术开展研发工作，以加快燃料电池汽车在中国商用车市场的普及。2021年，丰田和亿华通合资成立了华丰燃料电池有限公司，目前联合燃料电池系统研发（北京）有限公司、华丰燃料电池有限公司将开始销售首个在国内面向商用车开发、生产的燃料电池系统"TL Power 100"。"TL Power 100"基于丰田第2代Mirai的燃料电池系统，使用了部分国产零部件，配合国内商用车的使用环境，提高了系统的功率以及耐久性，燃料电池系统质量功率密度达711W/kg，体积功率密度达到4.9kW/L，额定功率达到101kW，寿命超过3万h。2021年，现代在广东省正式设立了首个海外燃料电池生产销售法人现代汽车氢燃料电池系统（广州）有限公司，由现代汽车集团100%持股，初期年产能规划为6500套，2023年开始正式投入生产，将建成为包含燃料电池堆工厂、燃料电池系统生产工厂、研发中心和创新中心在内的综合型基地，并视中国市场和政策需求适时扩大生产供应能力。

2.3 对中国发展燃料电池汽车的启示

为继续保持汽车领域的国际领先优势，抢占未来汽车产业竞争的制高点，以欧洲、美国、日本、韩国等为代表的国家或地区正积极布局氢能及燃料电池汽车产业，目前已经成为全球氢能及燃料电池汽车产业的引领者。在中国氢能及燃料电池汽车产业发展初期，通过研究分析欧洲、美国、日本、韩国等在氢能及燃料电池汽车领域的成功经验，同时结合中国产业发展实际，可为中国发展氢能及燃料电池汽车产业提供有益的参考借鉴，探索出一条符合中国国情的氢能及燃料电池汽车产业化道路,将有利于中国在氢能及燃料电池汽车领域加快发展,并逐渐追赶国际领先水平。

2.3.1 国外燃料电池汽车发展的经验借鉴

从世界各国的经验来看,氢能及燃料电池汽车产业实现商业化发展需要解决技术突破、政策协调、产业配套、经济可行、社会认知等多方面问题。通过对欧洲、美国、日本、韩国等政策支持环境和行业发展情况的研究分析,相关国家及地区之所以在推动氢能及燃料电池汽车产业发展方面取得了积极成效,离不开政府的大力支持,以及龙头企业的示范带动,尤其是在以下几个方面值得中国学习借鉴。

一是注重顶层设计和系统谋划。从政府层面看,欧洲、美国、日本、韩国全部制定了氢能或燃料电池汽车的发展战略或路线图,通过在宏观战略层面制定系统的发展规划,明确了各国氢能及燃料电池汽车产业近中远期的发展路径和重点任务措施。相关氢能及燃料电池汽车战略或路线图的发布,不仅达到了鼓励产业发展的目的,同时也增强了市场、资本对发展氢能及燃料电池汽车产业的信心,消除了企业参与的不确定性等因素,提高了企业参与的积极性与热情。从企业层面看,丰田、现代等企业均制定了本企业的燃料电池汽车产业发展目标,其中韩国现代在2021年发布了现代汽车集团"FCEV 2030愿景",计划到2030年构建包含乘用车和商用车在内的50万辆燃料电池汽车产能规模的生产体系,以持续保持在燃料电池汽车领域的全球领导地位,对国内燃料电池汽车企业具备较强借鉴意义。

二是注重财政资金的投入支持。从全球来看,目前氢能及燃料电池汽车产业尚处于发展的初期阶段,未来氢能及燃料电池汽车能否全面普及,最关键的还在于燃料电池汽车自身的经济性,加氢站等基础设施的普及程度和加氢便利性,以及氢气价格是否有足够的吸引力。因此,成本高昂问题是燃料电池汽车产业发展必须跨越的鸿沟,欧洲、美国、日本、韩国均在燃料电池汽车产业的财政投入方面给予了大力支持,建立了涵盖政府采购、税收政策和财政补贴等多个方面的支持政策体系,推动了各国氢能及燃料电池汽车产业的发展。一方面对燃料电池汽车的购置给予补贴支持或税费减免,降低消费者的购车成本。另一方面,对加氢站建设运营和氢气价格予以补贴支持,推动经济便捷的氢能供给体系建设,大幅降低消费者的用车成本。

三是注重健全管理机构和完善管理体系。氢能及燃料电池汽车作为战略性新兴产业,相关配套的认证、标准和监管体系不健全,在一定程度上制约了产业的发展。因此,美国、日本、韩国均加快探索建立氢能及燃料电池汽车的管理机构和管理体系,以推动产业健康、安全、可持续发展。其中美国能源部的能效和可再生能源局下设燃料电池和基础技术处,负责协调燃料电池技术研究项目以及氢能生产、运输和存储系统研究项目。日本经济产业省是日本氢能及燃料电池汽车产业主管部门,氢气瓶、加氢站、燃料电池汽车等由日本经济产业省统一管理,同时负责制定日本《氢能及燃料电池战略路线图》等国家战略,并给予加氢站建设、部分燃料电池车型补贴支持。日本经济产业省下属新能源产业技术综合开发机构（NEDO），负责组织日本氢能与燃料电池技术研发并投入专项科研经费，其下设专门机构负责氢能项目设计、招标和验收等工作。韩国通过了《促进氢经济和氢安全管理法》，成立了由国务总理担任委员长，相关部委参与的"氢经济委员会"，为韩国氢能及燃料电池汽车产业发展提供了强有力的组织保障，并通过采用监管沙盒等方式促进市中心加氢站建设，破除了加氢站建设的体制机制障碍。此外，各国还成立了氢能及燃料电池汽车相关联盟、协会等，通过集聚产业资源，共同推动产业发展。

四是注重研发创新和产业化培育。 氢能及燃料电池汽车产业的发展，最根本的还是依赖于关键技术的创新突破，因此，欧洲、美国、日本、韩国等均加大对关键核心技术研发产业化的支持力度，确保关键技术迅速实现商业化，继而引领全球氢能及燃料电池汽车技术发展方向。其中日本燃料电池汽车技术处于世界领先水平，从20世纪90年代起，丰田、本田等企业就已经启动了燃料电池汽车的研发工作，并且一直保持着高强度持续投入。2019年10月，日本首相安倍晋三表示，未来10年将由政府和企业共同投资30万亿日元开展氢能等环境技术研究和开发。目前日本已经在乘用车、客车、物流车和叉车等领域应用了燃料电池，并建立了全球最为完善的燃料电池汽车产业链体系，在碳纸、催化剂等原材料，以及关键零部件、设备等领域形成了不少垄断，除了少数原材料还需要进口外，日本全部燃料电池汽车关键零部件都已经实现了自主化。

五是注重多领域多元化示范推广。 燃料电池汽车作为氢能产业应用的突破口，是全球氢能产业发展的重点，欧洲、美国、日本、韩国等通过积极开展燃料电池汽车的示范推广，在积累了大量经验的同时，也提升了公众的认知度，为燃料电池汽车的商业化运行培育了一定的市场需求。除了积极推广燃料电池汽车外，欧洲、美国、日本、韩国等还积极推动氢能在其他领域的示范应用，在各国家或地区的氢能战略或规划中，还提出了积极探索氢能在交通、储能、发电、工业等领域的多元化应用。其中日本从1999年开始研究家用燃料电池，2005年进入了实用化阶段，2009年开始真正进入商业化阶段，并持续给予补贴支持，逐步进入到市场化运行阶段，目前日本已经成为全球唯一在较大范围内实现家用燃料电池商业化的国家。此外，日本还在燃料电池发电、备用电源、燃料电池船舶、燃料电池叉车等领域开展了示范推广，积极探索氢能在全社会领域的应用，以加快摆脱石油依赖和实现能源独立。

六是注重协同推进加氢站建设。 目前加氢站建设难、用氢不便利等仍是制约产业发展的关键因素之一，为此，行业主要龙头企业纷纷成立联合体，共同推动加氢站建设运营，为燃料电池汽车创造良好的运营使用环境。2015年，法国液化空气集团、戴姆勒集团、林德集团、奥地利石油天然气集团、壳牌集团和道达尔集团联合组建H2 Mobility，共同推动加氢站在德国的建设和燃料电池汽车推广普及。2018年，丰田牵头，联合日产、本田、出光兴产、岩谷、东京煤气等11家企业成立了日本加氢站网络公司。在日本政府的指导下，通过11家企业合作在日本统一规划、建设和运营加氢站，从而解决日本加氢站投资主体和经营主体的分散问题，以加快推动加氢站建设，提高加氢站运营效率，提高消费者的加氢便利性，促进燃料电池汽车的销售，并形成产业发展的良性循环。

2.3.2 中国燃料电池汽车产业的发展策略

除了上述经验需要中国在发展氢能及燃料电池汽车产业时学习借鉴外，随着国外企业加快在中国布局燃料电池汽车产业，如何在扩大开放、引进外资、促进中国经济发展的同时，充分利用国外的先进技术经验，持续推动中国燃料电池汽车自主技术水平提升，成为亟待研究的重要课题。建议采取以下四方面措施加快提升中国燃料电池汽车产业竞争力，在开放过程中实现氢能及燃料电池汽车产业的高质量发展。

1. 开展高水平国际合作，提高技术及产品引进质量

鼓励开展更高层次、更高水平的国际合作。支持国内企业、高校和科研机构在燃料电池汽车基础和前沿技术领域开展国际合作研究，在国外设立研究机构。积极创造条件开展多种形式的技术交流与合作，学习和借鉴国外先进的技术和经验，扩宽技术引进来源。调整完善《鼓励进口技术和产品目录》，增加关键技术指标要求，提高技术引进质量。加快引进国际领军人才，增强自主研发能力，形成适合中国发展要求的技术成果。此外，针对质子交换膜、催化剂、碳纸、氢气循环系统等国内尚未实现规模量产，或技术水平明显落后的基础原材料或关键部件实施较低的暂定优惠税率，促进国内企业对先进技术的引进、消化和再创新。在具备一定的竞争力后，再积极鼓励中国产品出口和在海外投资设厂，将好的燃料电池产品向全球推广，形成国内国际双循环的良好发展格局。

2. 完善政策扶持体系，营造良好的产业发展环境

一是完善政策支持体系，调动全产业链积极性。目前中国燃料电池汽车政策大多分散于各项新能源汽车政策中，缺少针对燃料电池汽车的顶层设计和系统规划。建议加快完善燃料电池汽车政策体系，出台国家层面的燃料电池汽车发展战略、指导意见等。并通过财政政策、金融政策、产业组织政策、政府采购政策等手段，重点扶持关键核心技术研发，带动企业投入，培育完善燃料电池汽车产业链和氢能供应链，加快实现燃料电池汽车的商业化推广。

二是加大研发支持力度，促进关键技术产业化突破。通过国家科技计划和工业强基、增强制造业核心竞争力、技术升级改造等大幅增加研发支持经费，实施产业技术创新专项工程，重点支持燃料电池等关键核心技术研发。对研发投入给予税费减免和研发经费支持，对取得关键技术突破的企业给予资金奖励，推动关键核心技术的重大突破和产业化。

三是完善标准法规体系，积极参与国际标准制定。鼓励行业领先的相关高校、企事业单位进行氢能和燃料电池汽车相关技术标准研究，构建完善的氢能及燃料电池汽车标准法规体系，制定严格、科学、合理、符合国内产业特征的技术标准。同时，积极地参与国际制准的研究制定工作，适时引进国际标准，为中国燃料电池汽车走出去奠定基础。

四是加快破除地方保护，培育国内统一市场。中国部分地方政府为了保护本地区利益，采取"地方目录""强制配套当地零部件""强制本地设厂""重复检测"等大量显性或隐性的地方保护主义壁垒，严重影响了中国新能源汽车产业的健康成长。在中国发展燃料电池汽车产业时，必须打破地方保护主义，为产业成长壮大提供开放、自由、公平的竞

争环境，加快建立统一、有序、高效的市场。

五是提高氢能供给能力，完善检测等配套服务。研究出台氢能基础设施建设指导方案，明确加氢站设计、审批、建设及运营规范，推动修订制约氢能及加氢站发展的法律法规。鼓励示范城市群制定加氢基础设施建设运营财政补贴和税收优惠政策，推动形成适度超前、供应有力的氢能基础设施网络，促进制氢、储氢、运氢等产业规模发展，大幅降低车用氢能成本。同时，要加强相关研发、检测、认证等配套服务能力建设，为产业发展营造良好的配套服务体系。

3. 实施扶优扶强策略，加快提升中国企业竞争力

一是培育壮大龙头企业，打造国际知名品牌。坚持扶优扶强和优胜劣汰的基本原则，集中有限资源重点扶持产业链优势企业，加快突破关键核心技术，提高企业技术水平、产品质量、生产效率、售后服务和发展效益等。依靠中国潜在的巨大市场优势，逐渐实现规模经济，降低燃料电池汽车购置及使用成本，加快形成具备国际竞争力的大型企业集团。

二是加大国企改革力度，积极布局氢能产业链。目前国家能源集团、中石化等已经开始布局氢能产业和推进加氢站建设，中国东方电气集团、国电投集团、潍柴集团等企业则重点布局燃料电池产业。建议加快推进氢能及燃料电池汽车国有企业改革，有计划、有步骤推进混合所有制改革，着力破除体制机制障碍、激发发展活力，围绕提升资源配置效率和创新能力，加快建立与市场经济相适应的经营决策、选人用人、业绩考核等激励机制。

三是优化金融服务措施，扶持企业做大做强。鼓励和吸引社会资本通过战略投资、股权融资等多种形式投资氢能及燃料电池汽车产业。创新氢能及燃料电池汽车企业融资方式，鼓励有实力的企业上市融资。鼓励银行等金融机构为企业提供优质、低成本的信贷服务。鼓励成立氢能及燃料电池汽车产业发展基金，推动产业创新发展。

四是加快人才培养和引进，提升自主研发实力。鼓励中国高校、科研院所在催化剂、碳纸、质子交换膜等基础前沿和关键核心技术领域，加快培养国际知名科研专家。鼓励企业和高校、科研院所等开展联合培养，为中国产业发展培养电堆、双极板、膜电极、控制系统等关键部件核心技术研发和试验验证能力等方面的应用型人才。同时，积极对接国际资源，加大对国际领军人才的引进力度。

五是加强核心技术研发和核心专利的保护力度。目前以日本、韩国、德国等国家为代表，都在加强燃料电池核心技术的研发和专利保护力度。近年来，中国燃料电池研发与工程化方面不断取得突破，部分专利和技术垄断正在逐一被打破，部分产品性能也取得积极进展，但是总体来看，国内企业在关键部件和材料上掌握的核心专利还不够多，专利技术壁垒效应仍然存在。通过加强专利体系建设和专利保护力度，对促进中国加快突破和掌握自主核心技术具有积极意义。

4. 推动产业链协同发展，加快实现规模经济

一是鼓励建立产业联盟，促进产业链协调发展。建立氢能及燃料电池汽车产业联盟，

鼓励联盟内企业通过成立合资企业、互相持股，以及联合开发、采购、销售等方式，实现共担风险、共享资源，以谋求共同利益、寻求优势互补、提高竞争实力和增强产业凝聚力，形成相互依存、利益交融的命运共同体。

二是推动产业链协同创新，加快突破卡脖子技术瓶颈。燃料电池等属于典型的资本密集型高科技产业，具有资金投入大、技术门槛高、研发周期长等特点。目前中国产业链相关企业规模普遍偏小，不具备广泛深入开展技术研发的能力。通过产业链协同创新，可以集中优势资源、提高创新效率，促进产学研用融合、创新成果和市场需求的有效对接，提高创新质量，加快突破卡脖子技术瓶颈，从而提高产业竞争力。

三是加快打造产业集群，形成规模经济优势。产业集群对产业竞争力提升具有重要作用，通过在示范区域培育一批产业链相关企业，打造氢能及燃料电池汽车产业集群，有利于快速形成规模经济和范围经济，促进氢能及燃料电池汽车的技术创新和成本降低，加快形成完整的燃料电池汽车产业链和氢能供应链，推动实现燃料电池汽车的规模化应用。

第 3 章
中国燃料电池汽车发展的政策环境

燃料电池汽车的发展不仅是技术进步的问题，还依赖于整个氢能产业链的发展，而且还要解决管理与成本问题，比纯电动汽车的推广难度更大，障碍也更多。目前，受限于技术发展阶段，中国燃料电池汽车技术成熟度、成本和基础设施条件等还远不如纯电动汽车，与传统燃油车更没有可比性，燃料电池汽车仍有很多技术及产业化难题需要解决，市场尚处于起步期。参考国际战略性新兴产业的发展经验，在氢能及燃料电池汽车发展的初级阶段，产业政策将起到至关重要的作用，是推动产业实现从"0"到"1"突破的关键因素。中国高度重视氢能与燃料电池汽车产业的发展，近年来相继发布了一系列支持政策。目前，中国在燃料电池汽车领域已经初步形成了涵盖宏观综合政策、行业管理政策、财政补贴政策、税收优惠政策、科技创新政策等在内的支持政策体系，并专门出台了针对燃料电池汽车产业发展的示范支持政策，以及氢能产业发展的顶层战略规划，这对带动氢能及燃料电池汽车企业加大投入，推进技术进步和产业创新，培育燃料电池汽车产业链和氢能供应链，加快实现燃料电池汽车商业化推广等起到了积极作用，有效促进了中国氢能及燃料电池汽车产业发展和技术水平提升。

3.1 宏观综合政策

党中央、国务院高度重视氢能及燃料电池汽车产业发展，制定了一系列支持氢能及燃料电池汽车产业发展的战略规划。为贯彻落实党中央、国务院的决策部署，国家发展改革委、工业和信息化部、国家能源局等相关部门也大力推动氢能及燃料电池汽车产业发展，通过综合施策，中国燃料电池汽车产业发展取得了积极成效。

3.1.1 宏观综合政策介绍

2009年3月，国务院办公厅发布《汽车产业调整和振兴规划》，开始支持大中城市示范推广燃料电池汽车。2010年10月，国务院发布《关于加快培育和发展战略性新兴产业的决定》，燃料电池汽车被列为战略性新兴产业。2012年6月，国务院发布《节能与新能源汽车产业发展规划（2012—2020年）》，明确提出到2020年中国燃料电池汽车、车用氢能源产业与国际同步发展的战略目标。2014年6月，国务院办公厅发布《能源发展战略行动计划（2014—2020 年）》，氢能与燃料电池成为 20 个重点创新方向之一。2014 年 7 月，国务院办公厅印发《关于加快新能源汽车推广应用的指导意见》，明确对燃料电池汽车给予补贴、税收优惠、支持研发攻关等。2015 年 5 月，国务院发布《中国制造 2025》，推进燃料电池汽车的研究开发和示范应用。2016 年 5 月，中共中央、国务院发布《国家创新驱动发展战略纲要》，提出开发氢能、燃料电池等新一代能源技术，同年 8 月国务院发布《"十三五"国家战略性新兴产业发展规划》，提出到 2020 年实现燃料电池汽车批量生产和规模化示范应用。

2019 年两会期间，氢能被首次写进《政府工作报告》，明确提出"推进充电、加氢等设施建设"。2020 年 11 月，国务院办公厅印发《新能源汽车产业发展规划（2021—2035 年）》，明确到 2035 年，燃料电池汽车实现商业化应用，并提出有序推进氢燃料供给体系建设，提高氢燃料制储运经济性、推进加氢基础设施建设等。2020 年 12 月，国务院新闻办公室发布了《新时代的中国能源发展》，提出加速发展绿氢制取、储运和应用等氢能产业链技术装备，促进氢能燃料电池技术链、氢燃料电池汽车产业链发展。

2021 年 3 月，十三届全国人大四次会议通过了《中华人民共和国国民经济和社会发展第十四个五年规划和 2035 年远景目标纲要》，明确提出要在类脑智能、量子信息、基因技术、未来网络、深海空天开发、氢能与储能等前沿科技和产业变革领域，组织实施未来产业孵化与加速计划，谋划布局一批未来产业。2021 年 10 月，中共中央、国务院印发《关于完整准确全面贯彻新发展理念做好碳达峰碳中和工作的意见》，明确提出要统筹推进氢能"制储输用"全链条发展，推动加氢站建设，推进再生能源制氢等低碳前沿技术攻关，加强氢能生产、储存、应用关键技术研发、示范和规模化应用。同时，国务院印发了《2030 年前碳达峰行动方案》，进一步细化了氢能产业的具体行动方案，提出要探索开展氢冶金、二氧化碳捕集利用一体化等试点示范；积极扩大氢能等新能源、清洁能源在交通运输领域应用；推广电力、氢燃料、液化天然气动力重型货运车辆；有序推进加氢站等基础设施建设；鼓励高等学校加快氢能等学科建设和人才培养；开展低成本可再生能源制氢等技术创新；加快氢能技术研发和示范应用，探索在工业、交通运输、建筑等领域规模化应用；推动开展可再生能源、储能、氢能、二氧化碳捕集利用与封存等领域科研合作和技术交流；建立健全氢制、储、输、用标准。2021 年 11 月，中共中央、国务院发布《关于深入打好污染防治攻坚战的意见》，提出要推动氢燃料电池汽车示范应用。2022 年 1 月，国务院发布《"十四五"节能减排综合工作方案》，提出要有序推进充换电、加注（气）、加氢、港口机场岸电等基础设施建设。2022 年 12 月，国务院办公厅发布了《"十四五"现代物流发展规划》，提出要在运输、仓储、配送等环节积极扩大电力、氢能、天然气、先进生物液体燃料等新能源、清洁能源应用，加快建立天然气、氢能等清洁能源供应和加注体系。

整体来看，自 2020 年以来，尤其是国家碳达峰、碳中和政策的不断出台，从国家战略层面为中国未来氢能及燃料电池汽车产业发展指明了方向、绘制了蓝图，既稳定了行业发展预期，也坚定了企业发展信心。可以预见，未来十年中国氢能及燃料电池汽车产业将迎来黄金发展期。

国家宏观综合政策见表 3-1。

表 3-1 国家宏观综合政策

时间	发布部门	政策	内容
2009年3月	国务院办公厅	《汽车产业调整和振兴规划》	启动国家节能和新能源汽车示范工程，由中央财政安排资金给予补贴，支持大中城市示范推广混合动力汽车、纯电动汽车、燃料电池汽车等节能和新能源汽车
2010年10月	国务院	《关于加快培育和发展战略性新兴产业的决定》	开展燃料电池汽车相关前沿技术研发
2012年6月	国务院	《节能与新能源汽车产业发展规划（2012—2020年）》	开展燃料电池堆、系统及其关键材料核心技术研究。重点开展燃料电池汽车等关键核心技术研发。继续开展燃料电池汽车运行示范，提高燃料电池系统的可靠性和耐久性，带动氢的制备、储运和加注技术发展。到2020年，燃料电池汽车、车用氢能源产业与国际同步发展
2014年6月	国务院办公厅	《能源发展战略行动计划（2014—2020年）》	氢能与燃料电池被列入能源科技20个重点创新方向之一
2014年7月	国务院办公厅	《关于加快新能源汽车推广应用的指导意见》	以纯电驱动为新能源汽车发展的主要战略取向，重点发展纯电动汽车、插电式（含增程式）混合动力汽车和燃料电池汽车，以市场主导和政府扶持相结合，建立长期稳定的新能源汽车发展政策体系，创造良好发展环境，加快培育市场，促进新能源汽车产业健康快速发展
2015年5月	国务院	《中国制造2025》	继续支持电动汽车、燃料电池汽车发展。推进燃料电池汽车的研究开发和示范应用
2016年5月	中共中央国务院	《国家创新驱动发展战略纲要》	发展引领产业变革的关键技术，开发氢能、燃料电池等新一代能源技术
2016年11月	国务院	《"十三五"国家战略性新兴产业发展规划》	系统推进燃料电池汽车研发与产业化。到2020年，实现燃料电池汽车批量生产和规模化示范应用
2020年11月	国务院办公厅	《新能源汽车产业发展规划（2021—2035年）》	到2035年燃料电池汽车实现商业化应用；攻克氢能储运、加氢站、车载储氢等氢燃料电池汽车应用支撑技术；支持有条件的地区开展燃料电池汽车商业化示范运行 提高氢燃料制储运经济性。因地制宜开展工业副产氢及可再生能源制氢技术应用，加快推进先进适用储氢材料产业化。开展高压气态、深冷气态、低温液态及固态等多种形式储运技术示范应用，探索建设氢燃料运输管道，逐步降低氢燃料储运成本。健全氢燃料制储运、加注等标准体系。加强氢燃料安全研究，强化全链条安全监管 推进加氢基础设施建设。建立完善加氢基础设施的管理规范。引导企业根据氢燃料供给、消费需求等合理布局加氢基础设施，提升安全运行水平。支持利用现有场地和设施，开展油、气、氢、电综合供给服务

（续）

时间	发布部门	政策	内容
2020年12月	国务院新闻办公室	《新时代的中国能源发展》	加速发展绿氢制取、储运和应用等氢能产业链技术装备，促进氢能燃料电池技术链、氢燃料电池汽车产业链发展
2021年3月	全国人大	《中华人民共和国国民经济和社会发展第十四个五年规划和2035年远景目标纲要》	在类脑智能、量子信息、基因技术、未来网络、深海空天开发、氢能与储能等前沿科技和产业变革领域，组织实施未来产业孵化与加速计划，谋划布局一批未来产业
2021年10月	中共中央 国务院	《关于完整准确全面贯彻新发展理念做好碳达峰碳中和工作的意见》	统筹推进氢能"制储输用"全链条发展，推动加氢站建设，推进再生能源制氢等低碳前沿技术攻关，加强氢能生产、储存、应用关键技术研发、示范和规模化应用
2021年10月	国务院	《2030年前碳达峰行动方案》	探索开展氢冶金、二氧化碳捕集利用一体化等技术试点、示范；积极扩大氢能等新能源、清洁能源在交通运输领域应用；推广电力、氢燃料、液化天然气动力重型货运车辆；有序推进加氢站等基础设施建设；鼓励高等学校加快氢能等学科建设和人才培养；开展低成本可再生能源制氢等技术创新；加快氢能技术研发和示范应用，探索在工业、交通运输、建筑等领域规模化应用；推动开展可再生能源、储能、氢能、二氧化碳捕集利用与封存等领域科研合作和技术交流；建立健全氢制、储、输、用标准
2021年11月	中共中央 国务院	《关于深入打好污染防治攻坚战的意见》	深入实施清洁柴油车（机）行动，全国基本淘汰国三及以下排放标准汽车，推动氢燃料电池汽车示范应用，有序推广清洁能源汽车
2022年1月	国务院	《"十四五"节能减排综合工作方案》	有序推进充换电、加注（气）、加氢、港口机场岸电等基础设施建设
2022年12月	国务院办公厅	《"十四五"现代物流发展规划》	在运输、仓储、配送等环节积极扩大电力、氢能、天然气、先进生物液体燃料等新能源、清洁能源的应用。加快建立天然气、氢能等清洁能源供应和加注体系

党中央、国务院对发展氢能及燃料电池汽车产业进行了顶层设计，国家有关部门通过构建系统化的支持政策体系，切实解决氢能及燃料电池汽车推广应用中面临的各项问题，为中国燃料电池汽车产业发展奠定了良好的基础。2014年6月，国家机关事务管理局等发布《关于印发政府机关及公共机构购买新能源汽车实施方案的通知》，明确政府机关及公共机构购买新能源汽车比例要求，其中新能源汽车是指纯电动、插电式混合动力（含增程式）和燃料电池汽车。2015年3月，交通运输部发布《关于加快推进新能源汽车在交通运输行业推广应用的实施意见》，将积极推广应用燃料电池汽车。2016年5月，国家发展改革委、国家能源局发布《能源技术革命创新行动计划（2016—2030年）》《能源技术

革命重点创新行动路线图》，"氢能与燃料电池技术创新"成为15个重点任务之一，并明确了氢能与燃料电池技术路线图、战略方向、创新目标及创新行动具体内容。2016年12月，国家发展改革委、国家能源局发布《能源生产和消费革命战略（2016—2030）》，大力推进燃料电池等动力替代技术发展，发展氢燃料等替代燃料技术。2017年4月，工业和信息化部、国家发展改革委、科技部发布《汽车产业中长期发展规划》，提出要加强燃料电池汽车研发、制定氢能燃料电池汽车技术路线图、逐步扩大燃料电池汽车试点示范范围、支持燃料电池全产业链技术攻关。

2020年4月，国家能源局发布《中华人民共和国能源法（征求意见稿）》，氢能被列为能源范畴。2020年国家统计局首次将氢能纳入能源统计报表中，在国家统计局2022年能源统计里，按来源不同将氢气具体细分为9种，分别为煤制氢、天然气制氢、电解水制氢、混合气体分离制氢、石化原料制氢、工业副产氢、太阳能制氢、核能制氢、其他方式制氢。2021年8月，国家发展改革委、国家能源局发布《关于加快推动新型储能发展的指导意见》，提出开展储氢、储热及其他创新储能技术的研究和示范应用。2021年10月，国家发展改革委、生态环境部、工业和信息化部等十部门印发《"十四五"全国清洁生产推行方案》，提出实施绿氢炼化等降碳工程，支持开展氢能冶金等领域清洁生产技术集成示范应用。2021年11月，交通运输部发布《综合运输服务"十四五"发展规划》，明确要加快充换电、加氢等基础设施规划布局和建设。2021年12月，财政部办公厅发布《关于印发〈绿色数据中心政府采购需求标准（试行）〉的通知（征求意见稿）》，提出要优先采购使用氢能源、液冷、分布式供电、模块化机房等高效系统设计方案，实现节能、节水、节地、节材和环境保护的数据中心。2021年12月，工业和信息化部发布《"十四五"工业绿色发展规划》，规划中多次提到发展氢能及燃料电池，如加快氢能技术创新和基础设施建设，推动氢能多元化利用；开展可再生能源电解制氢示范工程；鼓励氢能等替代能源在钢铁、水泥、化工等行业的应用；发展氢燃料燃气轮机、超高压氢气压缩机、高效氢燃料电池等新能源装备；开展绿氢开发利用等新型污染物治理技术装备基础研究；推进绿氢炼化等技术的推广应用等。2021年12月，交通部办公厅、公安部办公厅、商务部办公厅发布《关于组织开展第三批城市绿色货运配送示范工程申报工作的通知》，提出鼓励氢燃料重型货运车辆推广，并从车辆购置、运营、路权保障及加氢配套设施等方面建立有效的支持政策体系。

2022年1月，工业和信息化部等发布《智能光伏产业创新发展行动计划（2021—2025年）》，提出要支持智能光伏制氢等试点示范项目建设。2022年1月，国家发展改革委等七部门发布《促进绿色消费实施方案》，提出要加强充换电、新型储能、加氢等配套基础设施建设，有序开展燃料电池汽车示范应用。2022年1月，交通运输部发布《绿色交通"十四五"发展规划》，提出鼓励开展氢燃料电池汽车试点应用，积极探索氢燃料动力船舶应用；在张家口等城市推进城际客运、重型货车、冷链物流车等开展氢燃料电池汽车试点示范。2022年2月，国家发展改革委、国家能源局发布《"十四五"新型储能发展实施方案》，鼓励开展氢储能技术研发和试点示范。

2022年3月，国家发展改革委、国家能源局发布了《氢能产业发展中长期规划

（2021—2035 年）》，这是中国首部针对氢能产业发展的顶层规划，不仅明确了氢能的能源属性，也为氢能产业下一阶段的发展路径指明了方向，对中国氢能产业来说具有跨时代的意义。考虑到氢能规划的重要意义，本书将在后续章节进行专门的介绍和分析。2022年7月，工业和信息化部等部门联合发布了《工业领域碳达峰实施方案》，2022年8月，科技部等部门联合发布了《科技支撑碳达峰碳中和实施方案（2022—2030 年）》，2022年10月，国家能源局发布了《能源碳达峰碳中和标准化提升行动计划》，重点围绕碳达峰、碳中和战略目标，提出了要推进氢能制储输运销用全链条发展、大力支持氢能技术创新、完善氢能相关标准等措施。2023年3月，国家能源局发布了《关于加快推进能源数字化智能化发展的若干意见》，明确提出要提升氢能基础设施智能调控和安全预警水平，探索氢能跨能源网络协同优化潜力，推动氢电融合发展。

中央部门宏观综合政策见表3-2。

表3-2　中央部门宏观综合政策

时间	发布部门	政策	内容
2014年6月	国家机关事务管理局、财政部、科技部、工业和信息化部、国家发展改革委	《政府机关及公共机构购买新能源汽车实施方案》	2014年至2016年，中央国家机关以及纳入财政部、科技部、工业和信息化部、国家发展改革委备案范围的新能源汽车推广应用城市的政府机关及公共机构购买的新能源汽车，占当年配备更新总量的比例不低于30%，以后逐年提高
2015年3月	交通运输部	《关于加快推进新能源汽车在交通运输行业推广应用的实施意见》	重点推广应用插电式（含增程式）混合动力汽车、纯电动汽车，积极推广应用燃料电池汽车，研究推广应用储能式超级电容汽车等其他新能源汽车
2016年5月	国家发展改革委、国家能源局	《能源技术革命创新行动计划（2016—2030年）》《能源技术革命重点创新行动路线图》	含"氢能与燃料电池技术创新"等15个重点任务，并明确了氢能与燃料电池技术路线图、战略方向、创新目标及创新行动具体内容
2016年12月	国家发展改革委、国家能源局	《能源生产和消费革命战略（2016—2030）》	大力推进纯电动汽车、燃料电池等动力替代技术发展，发展氢燃料等替代燃料技术。积极推动替代技术产业示范
2017年4月	工业和信息化部、国家发展改革委、科技部	《汽车产业中长期发展规划》	加强燃料电池汽车研发、制定氢能燃料电池汽车技术路线图、逐步扩大燃料电池汽车试点示范范围、支持燃料电池全产业链技术攻关
2020年4月	国家能源局	《中华人民共和国能源法（征求意见稿）》	能源，是指产生热能、机械能、电能、核能和化学能等能量的资源，主要包括煤炭、石油、天然气（含页岩气、煤层气、生物天然气等）、核能、氢能、风能、太阳能、水能、生物质能、地热能、海洋能、电力和热力以及其他直接或者通过加工、转换而取得有用能的各种资源

(续)

时间	发布部门	政策	内容
2021年8月	国家发展改革委、国家能源局	《关于加快推动新型储能发展的指导意见》	开展储氢、储热及其他创新储能技术的研究和示范应用
2021年10月	国家发展改革委、生态环境部、工业和信息化部、科技部、财政部、住房和城乡建设部、交通运输部、农业农村部、商务部、国家市场监管总局	《"十四五"全国清洁生产推行方案》	在石化化工行业，实施绿氢炼化、二氧化碳耦合制甲醇等降碳工程。开展清洁生产产业培育工程，支持开展氢能冶金等领域清洁生产技术集成示范应用
2021年11月	交通运输部	《综合运输服务"十四五"发展规划》	加快充换电、加氢等基础设施规划布局和建设
2021年12月	财政部办公厅	《关于印发〈绿色数据中心政府采购需求标准（试行）〉的通知（征求意见稿）》	优先采购使用氢能源、液冷、分布式供电、模块化机房等高效系统设计方案，实现节能、节水、节地、节材和环境保护的数据中心
2021年12月	工业和信息化部	《"十四五"工业绿色发展规划》	加快氢能技术创新和基础设施建设，推动氢能多元化利用；开展可再生能源电解制氢示范工程；鼓励氢能等替代能源在钢铁、水泥、化工等行业的应用；发展氢燃料燃气轮机、超高压氢气压缩机、高效氢燃料电池等新能源装备；开展绿氢开发利用等新型污染物治理技术装备基础研究；推进绿氢炼化等技术的推广应用
2021年12月	交通部办公厅、公安部办公厅、商务部办公厅	《关于组织开展第三批城市绿色货运配送示范工程申报工作的通知》	鼓励城市制定货运配送车辆电动化替代，电力、氢燃料、液化天然气动力重型货运车辆推广等计划，并从车辆购置、运营、路权保障及充换电、加氢、加气配套设施等方面建立有效的支持政策体系
2022年1月	工业和信息化部、住房和城乡建设部、交通运输部、农业农村部、国家能源局	《智能光伏产业创新发展行动计划（2021—2025年）》	支持智能光伏制氢等试点示范项目建设，加快开展制氢系统与光伏耦合技术研究 支持建设一批光伏储能、光伏制氢、光伏直流等系统验证平台，加强多领域横纵联合
2022年1月	国家发展改革委、工业和信息化部、住房和城乡建设部、商务部、市场监管总局、国管局、中直管理局	《促进绿色消费实施方案》	加强充换电、新型储能、加氢等配套基础设施建设，有序开展燃料电池汽车示范应用

（续）

时间	发布部门	政策	内容
2022年1月	交通运输部	《绿色交通"十四五"发展规划》	鼓励开展氢燃料电池汽车试点应用，积极探索油电混合、氢燃料、氨燃料、甲醇动力船舶应用 在张家口等城市推进城际客运、重型货车、冷链物流车等开展氢燃料电池汽车试点示范
2022年3月	国家发展改革委、国家能源局	《氢能产业发展中长期规划（2021—2035年）》	氢能是一种来源丰富、绿色低碳、应用广泛的二次能源，正逐步成为全球能源转型发展的重要载体之一。为助力实现碳达峰、碳中和目标，深入推进能源生产和消费革命，构建清洁低碳、安全高效的能源体系，促进氢能产业高质量发展，根据《中华人民共和国国民经济和社会发展第十四个五年规划和2035年远景目标纲要》，编制本规划。规划期限为2021—2035年
2022年7月	工业和信息化部、国家发展改革委、生态环境部	《关于印发工业领域碳达峰实施方案的通知》	推进氢能制储输运销用全链条发展；突破推广一批高效储能、能源电子、氢能、碳捕集利用封存、温和条件二氧化碳资源化利用等关键核心技术
2022年8月	科技部、国家发展改革委、工业和信息化部、生态环境部、住房城乡建设部、交通运输部、中科院、工程院、国家能源局	《科技支撑碳达峰碳中和实施方案（2022—2030年）》	研发可再生能源高效低成本制氢技术、大规模物理储氢和化学储氢技术、大规模及长距离管道输氢技术、气能安全技术等，探索研发新型制氢和储氢技术
2022年10月	国家能源局	《能源碳达峰碳中和标准化提升行动计划》	进一步推动氢能产业发展标准化管理，加快完善气能标准顶层设计和标准体系。重点围绕可再生能源制氢电氢耦合、燃料电池及系统等领域，增加标准有效供给。建立健全氢能质量、氢能检测评价等基础标准
2023年3月	国家能源局	《关于加快推进能源数字化智能化发展的若干意见》	提升氢能基础设施智能调控和安全预警水平，探索氢能跨能源网络协同优化潜力，推动氢电融合发展

3.1.2 宏观综合政策分析

目前，中国已经建立起较为完善的新能源汽车支持政策体系，并明确了新能源汽车产业的顶层设计和战略规划，以及氢能产业的中长期发展规划。但中国燃料电池汽车战略规划大多分散于其他产业政策中，且不全面。目前中国不少地方政府制定了本地区的燃料电池汽车产业发展规划，但国家层面尚缺少专门针对燃料电池汽车的发展战略和顶层设计。建议加快出台国家层面的燃料电池汽车战略规划，调动燃料电池汽车全产业链的积极性，加强对燃料电池汽车技术的战略储备、前瞻布局和切实投入，防止出现战略误判和关键短板。

一是进一步明确燃料电池汽车战略导向，加快出台国家层面的燃料电池汽车发展战略、指导意见等。明确发展目标、重点任务、保障措施等，调动全产业链研发和生产投入积极性，形成发展合力，推动燃料电池汽车产业加快发展。在氢能管理方面，加快推动建立、健全将氢能作为能源管理的管理体系，以及相关支持措施。在燃料电池汽车推广方面，前期以燃料电池客车和货车等商用车作为重点方向和战略突破口，培育产业链和推进产业化，大力支持燃料电池货车替代柴油货车，同时积极研究和逐步推广燃料电池乘用车。

二是尽快出台氢能基础设施建设的指导方案或意见。明确加氢站的建设审批及管理办法，破除加氢站建设障碍，推动形成适度超前的氢能基础设施网络。推进降低车用高纯氢成本，积极发展低碳氢、清洁氢和可再生氢，引导风、光、水等可再生能源电解水制氢，鼓励工业副产气提纯制氢，研究氢气定价机制，推动修订制约氢能及加氢站发展的政策法规等。

3.2　行业管理政策

目前，中国燃料电池汽车的行业管理政策主要集中在各项新能源汽车政策中，主要包括投资和准入类政策、双积分政策、产业指导目录政策等，为规范和促进中国燃料电池汽车产业健康发展起到了积极作用。

3.2.1　投资和准入政策

2017年1月，工业和信息化部发布《新能源汽车生产企业及产品准入管理规定》，明确了新能源汽车企业及产品准入管理的有关要求，其中包括燃料电池汽车的准入管理，取得燃料电池汽车产品准入的新能源汽车生产企业，申请相同类别的纯电动汽车产品准入的，只进行资料审查。2020年8月，为更好适应中国新能源汽车产业发展需要，工业和信息化部进一步修改完善了《新能源汽车生产企业及产品准入管理规定》，其中关于燃料电池汽车生产企业及产品准入的要求变动不大。2017年6月，国家发展改革委、工业和信息化部发布《关于完善汽车投资项目管理的意见》，明确燃料电池汽车投资项目参照纯电动汽车投资项目管理规定执行。2018年12月，国家发展改革委发布《汽车产业投资管理规定》，明确了燃料电池汽车、燃料电池堆和系统的投资项目要求，其中新建燃料电池堆和系统投资项目，应该具备相应的技术研发和试验验证能力，并具备相应的生产能力，产品主要技术指标达到行业领先水平。

投资和准入政策见表3-3。

表 3-3 投资和准入政策

时间	发布部门	政策	内容
2017年1月	工业和信息化部	《新能源汽车生产企业及产品准入管理规定》	包括燃料电池汽车的准入管理。取得燃料电池汽车产品准入的新能源汽车生产企业，申请相同类别的纯电动汽车产品准入的，只进行资料审查
2017年6月	国家发展改革委、工业和信息化部	《关于完善汽车投资项目管理的意见》	燃料电池汽车投资项目，参照纯电动汽车投资项目管理规定执行
2018年12月	国家发展改革委	《汽车产业投资管理规定》	新建车用燃料电池堆/系统投资项目，应符合以下条件：（一）企业法人已建立车用燃料电池产品研发机构，拥有专业研发团队，具有相关研发经历。燃料电池堆企业应具备双极板、膜电极等关键部件核心技术研发和试验验证能力。燃料电池系统企业应具备电堆控制系统等关键部件核心技术研发和试验验证能力。（二）燃料电池堆项目应建设双极板、膜电极等关键部件和电堆组装的生产能力。燃料电池系统项目应建设电堆控制系统等关键部件和电堆系统组装的生产能力。（三）产品主要技术指标应达到行业领先水平
2020年8月	工业和信息化部	《新能源汽车生产企业及产品准入管理规定》	包括燃料电池汽车的准入管理。取得燃料电池汽车产品准入的新能源汽车生产企业，申请相同类别的纯电动汽车产品准入的，只进行资料审查

3.2.2 双积分激励政策

为推动新能源汽车产业发展，加快建立市场化机制，推动市场化发展，有效承接新能源汽车补贴政策的退坡、退出，2017年9月，工业和信息化部等部门发布了《乘用车企业平均燃料消耗量与新能源汽车积分并行管理办法》，对燃料电池乘用车给予积分支持，其中燃料电池乘用车标准车型积分为 0.16× 燃料电池系统额定功率，积分上限为 5 分。在技术指标要求方面，燃料电池乘用车续驶里程不低于 300km，燃料电池系统额定功率不低于驱动电机额定功率的 30%，并且不小于 10kW 的，车型积分按照标准车型积分的 1 倍计算；其余车型按照标准车型积分的 0.5 倍计算，并且积分仅限本企业使用。2019 年 9 月，工业和信息化部等发布了关于修改《乘用车企业平均燃料消耗量与新能源汽车积分并行管理办法》的决定（征求意见稿），2020 年 6 月，工业和信息化部等部门正式联合发布《关于修改〈乘用车企业平均燃料消耗量与新能源汽车积分并行管理办法〉的决定》，进一步完善了燃料电池乘用车积分核算要求，将燃料电池乘用车标准车型积分调整为 0.08× 燃料电池系统额定功率，积分上限上调为 6 分，但在具体指标要求方面没有变化。2023 年 7 月，工业和信息化部等部门再次联合发布《关于修改〈乘用车企业平均燃料消耗量与新能源汽车积分并行管理办法〉的决定》，将燃料电池乘用车标准车型积分调整为 0.05× 燃料电池系统额定功率，并将积分上限下调为 4 分，同时将原来的燃料电池乘用车续驶里程要求调整为燃料电池乘用车纯氢续驶里程要求。

双积分激励政策见表3-4。

表3-4 双积分激励政策

时间	发布部门	政策	内容
2017年9月	工业和信息化部、财政部、商务部、海关总署、国家质量监督检验检疫总局	《乘用车企业平均燃料消耗量与新能源汽车积分并行管理办法》	燃料电池乘用车标准车型积分为0.16×燃料电池系统额定功率，积分上限为5分 燃料电池乘用车续驶里程不低于300km，燃料电池系统额定功率不低于驱动电机额定功率的30%，并且不小于10kW的，车型积分按照标准车型积分的1倍计算。其余车型按照标准车型积分的0.5倍计算，并且积分仅限本企业使用
2019年9月	工业和信息化部、财政部、商务部、海关总署、国家质量监督检验检疫总局	关于修改《乘用车企业平均燃料消耗量与新能源汽车积分并行管理办法》的决定（征求意见稿）	燃料电池乘用车标准车型积分为0.08×燃料电池系统额定功率，积分上限为6分
2020年6月	工业和信息化部、财政部、商务部、海关总署、国家质量监督检验检疫总局	《关于修改〈乘用车企业平均燃料消耗量与新能源汽车积分并行管理办法〉的决定》	燃料电池乘用车标准车型积分为0.08×燃料电池系统额定功率，积分上限为6分 燃料电池乘用车续驶里程不低于300km，当燃料电池系统额定功率不低于驱动电机额定功率的30%且不小于10kW时，车型积分按照标准车型积分的1倍计算；其余车型积分按照标准车型积分的0.5倍计算，并且积分仅限本企业使用
2023年7月	工业和信息化部、财政部、商务部、海关总署、国家市场监督管理总局	《关于修改〈乘用车企业平均燃料消耗量与新能源汽车积分并行管理办法〉的决定》	燃料电池乘用车标准车型积分为0.05×燃料电池系统额定功率，积分上限为4分 燃料电池乘用车纯氢续驶里程不低于300km，当P不低于驱动电机额定功率的30%且不小于10kW时，车型积分按照标准车型积分的1倍计算；其余车型积分按照标准车型积分的0.5倍计算，并且积分仅限本企业使用

3.2.3 产业指导目录政策

2017年1月，国家发展改革委发布《战略性新兴产业重点产品和服务指导目录（2016版）》，将燃料电池乘用车、燃料电池商用车、燃料电池系统及核心零部件、燃料电池系统分组装设备、燃料电池系统测试设备等列入到了指导目录中。2017年6月，国家发展改革委、商务部发布《外商投资产业指导目录（2017年修订）》，鼓励外商投资燃料电池汽车关键零部件，包括燃料电池系统、燃料电池低铂催化剂、复合膜、膜电极、增湿器控制阀、空压机、氢气循环泵、70MPa氢瓶等。2017年11月，燃料电池汽车关键零部件设计制造技术，大功率燃料电池堆、发动机测试设备被列入《鼓励进口技术和产品目录（2017年版）》（征求意见稿），可获得进口贴息支持。2018年6月，国家发展改革委发布《外商投资准入特别管理措施（负面清单）（2018年版）》，放开了燃料电池汽车股比限制。

2019年6月，国家发展改革委、商务部发布了《鼓励外商投资产业目录（2019年版）》，2019年11月，国家发展改革委发布了《产业结构调整指导目录（2019年本）》，这两个指导目录都将燃料电池汽车关键零部件等纳入了鼓励类，并且两个目录在燃料电池领域的鼓励内容实现了有机统一，同时鼓励国内外企业发展燃料电池汽车产业。2020年12月和2022年10月，国家发展改革委、商务部修订并发布了《鼓励外商投资产业目录（2020年版）》《鼓励外商投资产业目录（2022年版）》，继续支持国外企业在中国投资燃料电池产业，燃料电池相关鼓励领域并未变化。2021年12月，国家能源局发布了《关于2021年度能源领域首台（套）重大技术装备项目的公示》，其中35MPa快速加氢机、MW级PEM电解水制氢设备、质子交换膜燃料电池供能装备、70MPa集装箱式高压智能加氢成套装置等技术装备项目被列入到公示名单。2023年7月，国家发展改革委发布了关于《产业结构调整指导目录（2023年本，征求意见稿）》公开征求意见的公告，其中汽车章节，新能源汽车关键零部件中的燃料电池相关鼓励领域和2019年本相比并未变化，但在鼓励类中新增了氢能技术与应用，鼓励氢气制备、储运、加氢站等氢能技术推广应用，将对促进我国氢能技术攻关和产业化应用提供有力支撑。

产业指导目录政策见表3-5。

表3-5 产业指导目录政策

时间	发布部门	政策	内容
2017年1月	国家发展改革委	《战略性新兴产业重点产品和服务指导目录（2016版）》	高温燃料电池催化剂，燃料电池乘用车，燃料电池商用车，燃料电池系统及核心零部件，包括燃料电池堆、模块及系统，空压机系统、空压机电机和空压泵，燃料电池相关材料包括MEA，双极板，碳纤维纸，质子交换膜，铂催化剂及其他新型催化剂等；燃料电池系统相关辅件包括高功率DC/DC，氢喷射器，循环泵，空压机，背压阀，水分离器，节温器，散热器，调压阀，加湿器，水分离器，冷却泵，氢压力传感器，流量传感器，氢浓度传感器等；车载储氢系统包括储氢瓶塑料内胆，高强度碳纤维，高性能储氢合金及金属氢化物，高压阀及接口；燃料电池系统分组装设备；燃料电池系统测试设备等被列入指导目录
2017年6月	国家发展改革委、商务部	《外商投资产业指导目录（2017年修订）》	鼓励外商投资燃料电池系统、燃料电池低铂催化剂、复合膜、膜电极、增湿器控制阀、空压机、氢气循环泵、70MPa氢瓶
2017年11月	国家发展改革委	《鼓励进口技术和产品目录（2017年版）》（征求意见稿）	燃料电池汽车关键零部件设计制造技术（燃料电池汽车DC/DC技术、燃料电池汽车空压机技术、氢燃料电池技术等）；大功率燃料电池堆、系统测试设备

（续）

时间	发布部门	政策	内容
2018年6月	国家发展改革委、商务部	《外商投资准入特别管理措施（负面清单）（2018年版）》	放开新能源汽车股比限制
2019年6月	国家发展改革委、商务部	《鼓励外商投资产业目录（2019年版）》	燃料电池系统（质量功率密度≥350W/kg）、燃料电池堆（体积功率密度≥3kW/L）、膜电极（铂用量≤0.3g/kW）、质子交换膜（质子电导率≥0.08S/cm）、双极板（金属双极板厚度≤1.2mm，其他双极板厚度≤1.6mm）、低铂催化剂、碳纸（电阻率≤3mΩ·cm）、空气压缩机、氢气循环泵、氢气引射器、增湿器、燃料电池控制系统、升压DC/DC、70MPa氢瓶、车载氢气浓度传感器
2019年11月	国家发展改革委	《产业结构调整指导目录（2019年本）》	燃料电池系统（质量功率密度≥350W/kg）、燃料电池堆（体积功率密度≥3kW/L）、膜电极（铂用量≤0.3g/kW）、质子交换膜（质子电导率≥0.08S/cm）、双极板（金属双极板厚度≤1.2mm，其他双极板厚度≤1.6mm）、低铂催化剂、碳纸（电阻率≤3mΩ·cm）、空气压缩机、氢气循环泵、氢气引射器、增湿器、燃料电池控制系统、升压DC/DC、70MPa氢瓶、车载氢气浓度传感器
2020年12月	国家发展改革委、商务部	《鼓励外商投资产业目录（2020年版）》	燃料电池系统（质量功率密度≥350W/kg）、燃料电池堆（体积功率密度≥3kW/L）、膜电极（铂用量≤0.3g/kW）、质子交换膜（质子电导率≥0.08S/cm）、双极板（金属双极板厚度≤1.2mm，其他双极板厚度≤1.6mm）、低铂催化剂、碳纸（电阻率≤3mΩ·cm）、空气压缩机、氢气循环泵、氢气引射器、增湿器、燃料电池控制系统、升压DC/DC、70MPa氢瓶、车载氢气浓度传感器
2021年12月	国家能源局	《关于2021年度能源领域首台（套）重大技术装备项目的公示》	35MPa快速加氢机、MW级PEM电解水制氢设备、质子交换膜燃料电池供能装备、70MPa集装箱式高压智能加氢成套装置等技术装备项目列入
2022年10月	国家发展改革委、商务部	《鼓励外商投资产业目录（2022年版）》	燃料电池系统（质量功率密度≥350W/kg）、燃料电池堆（体积功率密度≥3kW/L）、膜电极（铂用量≤0.3g/kW）、质子交换膜（质子电导率≥0.08S/cm）、双极板（金属双极板厚度≤1.2mm，其他双极板厚度≤1.6mm）、低铂催化剂、碳纸（电阻率≤3mΩ·cm）、空气压缩机、氢气循环泵、氢气引射器、增湿器、燃料电池控制系统、升压DC/DC、70MPa氢瓶、车载氢气浓度传感器

（续）

时间	发布部门	政策	内容
2023年7月	国家发展改革委	《产业结构调整指导目录（2023年本，征求意见稿）》	氢能技术与应用：高效经济制氢、运氢及高密度储氢技术开发、应用及设备制造，加氢站及车用清洁替代燃料加注站，移动新能源技术开发及应用，新一代氢燃料电池技术研发与应用，可再生能源制氢，液态、固态和气态储氢，管道拖车运氢，管道输氢，加氢站，氢电耦合等氢能技术推广应用

此外，2021年3月，国家标准化管理委员会印发了《2021年国家标准立项指南》，提出要推进燃料电池相关标准研究制定，以及推进氢能制、储、运用等能源领域标准制修订工作。同月，为适应新阶段的加氢站建设需求，住房和城乡建设部发布了国家标准《加氢站技术规范》局部修订的公告，增加并修改完善了液氢、加氢站等级划分及技术要求、氢储存系统及设备技术要求、氢管道及附件技术要求等内容。2021年4月，工业和信息化部装备工业发展中心发布了《关于实施四项新能源汽车国家标准的通知》，将新发布的GB/T 18386.1—2021《电动汽车能量消耗量和续驶里程试验方法 第1部分：轻型汽车》、GB/T 19753—2021《轻型混合动力电动汽车能量消耗量试验方法》、GB/T 26779—2021《燃料电池电动汽车加氢口》、GB/T 32694—2021《插电式混合动力电动乘用车 技术条件》四项标准列为新能源汽车产品准入专项检验项目的依据标准，与《新能源汽车生产企业及产品准入管理规定》（工信部令第39号）中新能源汽车产品专项检验项目依据标准并行实施。

2021年6月，住房和城乡建设部发布了《汽车加油加气加氢站技术标准》，对高压储氢加氢工艺及设施、液氢储存工艺及设施以及氢气、液氢管道工程施工等制定了相关标准规定。2021年8月，国家能源局综合司发布了《关于对2021年能源领域拟立项行业标准制修订计划及外文版翻译计划项目征求意见的公告》，其中加氢站压力设备监测技术要求、加氢站压力设备风险评价与检验、可再生能源电力制氢设计规范等被列入。2021年11月，国家市场监管总局批准发布的三项液氢国家标准，即GB/T 40045—2021《氢能汽车用燃料 液氢》、GB/T 40060—2021《液氢贮存和运输技术要求》、GB/T 40061—2021《液氢生产系统技术规范》，进一步完善了氢能标准体系，使液氢民用有标可依，为指导液氢生产、贮存和运输，加强氢燃料质量管理，促进氢能产业高质量发展提供了重要标准支撑。氢能及燃料电池汽车相关国家标准的完善，也为中国氢能及燃料电池汽车产业发展提供了有力支撑。2023年5月，国家标准GB/T 42612—2023《车用压缩氢气塑料内胆碳纤维全缠绕气瓶》正式发布，由TC31（全国气瓶标准化技术委员会）归口，TC31SC8（全国气瓶标准化技术委员会车用高压燃料气瓶分会）执行，主管部门为国家标准化管理委员会，为我国推广应用四型瓶提供了标准依据。

3.2.4 行业管理政策分析

燃料电池汽车产业链较为复杂，包括制氢、储氢、运氢、加氢、零部件及整车生产、车辆运营等，行业管理更是涉及诸多部门。目前，燃料电池汽车投资、准入等行业管理政策已较为明确，但与充电基础设施建设不同，氢能供应体系技术难度更大、涉及环节更多，目前从氢源到储运、加氢站建设、运营、管理的多个环节尚未打通，仍面临加氢站建设用地难、建设审批主管部门不明确、氢能被归类为危化品而非能源管理、加氢站不能采取现场制氢、缺少安全监管措施等问题，尚未形成分工明确和权责清晰的管理体系。

我们在此建议依托国家燃料电池汽车示范，自下而上推动形成职责清晰和分工明确的氢能管理体系。一是通过开展燃料电池汽车示范应用，对氢能及燃料电池汽车进行技术考核、验证与提升，完善零部件配套产业链，打通氢能供应链，探索燃料电池汽车商业化运营模式和发展路径，加快解决产业发展中面临的各项问题。二是通过一定规模的试点示范，探索、研究和完善燃料电池汽车推广应用的相关政策、标准法规和管理体系，自下而上推动明确氢能产业主管部门、加氢站规划和监管部门等各相关部门的职责和分工，科学有序推动产业发展。三是研究制定燃料电池汽车推广应用工作方案，明确政府机关及公共机构购买燃料电池汽车的比例要求，建立示范推广及氢能基础设施建设运营安全监管机制等，为后续燃料电池汽车更大规模推广奠定基础。四是研究完善氢能及燃料电池汽车碳交易、双积分等市场化激励政策，加快出台商用车积分政策，支持燃料电池汽车早日市场化发展。

3.3 财税优惠政策

通过各种财政补贴或税收优惠等来支持发展特定产业是国际上通行的做法，特别是在产业发展初期，其作用与效果非常明显。中国燃料电池汽车财税优惠政策主要分为财政补贴政策和税收优惠政策两类。其中燃料电池汽车财政补贴政策主要包括购置补贴政策、运营补贴政策和加氢站建设补贴政策等。税收优惠政策主要包括购置税、车船税、进口关税优惠政策等。中国实施燃料电池汽车财税优惠政策，主要还是希望能够激活市场，实现燃料电池汽车产业从"0"到"1"的跨越，促进中国燃料电池汽车技术成熟度提升、加快缩小与传统燃油车综合成本差距，不断培育和提高燃料电池汽车的市场竞争力。

3.3.1 财政补贴政策

在购置补贴政策方面，财政部等部委自2009年就开始给予燃料电池汽车购置补贴支持，当时的补贴标准为乘用车和轻型商用车每辆补贴25万元，10m以上城市公交客车每辆补贴60万元。2013年，燃料电池汽车购置补贴有所调整，按照燃料电池乘用车和商用车两类分别补贴20万元和50万元，并规定2014年、2015年补助标准在2013年基础上分别退坡10%和20%。2014年，根据产业发展实际情况，又重新优化了补贴退坡幅度，改为2014年、2015年补助标准在2013年基础上分别退坡5%和10%。2015年，财政部发布了2016年的燃料电池汽车补贴标准，将车型细化为乘用车，轻型客车、货车，大中型客车、中重型货车三类，分别补贴20万元、30万元和50万元，并明确2017—2020年补贴标准不退坡。2016年，发布了2017年补贴标准，增加了燃料电池额定功率与驱动电机额定功率比值、燃料电池系统额定功率、纯电续驶里程要求，调整了乘用车补贴方式，持续推动燃料电池汽车技术水平提升。2018年，发布了2018年补贴标准，将乘用车补贴方式调整为按燃料电池系统的额定功率线性补贴，同时增加了储存温度要求，按照燃料电池额定功率与驱动电机额定功率比值分段补贴。2019年的补贴政策中提出，过渡期期间销售上牌的燃料电池汽车按2018年对应标准的0.8倍补贴，燃料电池汽车和新能源公交车补贴政策另行公布。

2020年4月，财政部、工业和信息化部、科技部、国家发展改革委联合发布了《关于完善新能源汽车推广应用财政补贴政策的通知》，明确提出将对燃料电池汽车的购置补贴调整为选择部分城市或区域开展示范应用。2020年9月，财政部、工业和信息化部、科技部、国家发展改革委、国家能源局联合发布了《关于开展燃料电池汽车示范应用的通知》，将对燃料电池汽车的购置补贴政策，调整为燃料电池汽车示范应用支持政策，对符合条件的城市群开展燃料电池汽车关键核心技术产业化攻关和示范应用给予奖励。2021年8月，财政部、工业和信息化部、科技部、国家发展改革委、国家能源局正式发布了《关于启动燃料电池汽车示范应用工作的通知》，批复京津冀、上海、广东城市群启动示范。2021年12月，财政部、工业和信息化部、科技部、国家发展改革委、国家能源局再次发布了《关于启动新一批燃料电池汽车示范应用工作的通知》，批复郑州、河北城市群启动示范。2023年4月，财政部发布了关于修改《节能减排补助资金管理暂行办法》的通知，在节能减排补助资金重点支持范围中新增了"燃料电池汽车示范应用"，进一步明确了燃料电池汽车示范应用的奖补资金来源。

购置补贴政策见表3-6。

表3-6 购置补贴政策

时间	发布部门	政策	内容
2009年1月	财政部、科技部	《关于开展节能与新能源汽车示范推广试点工作的通知》	对燃料电池汽车开始给予财政补贴支持，公共服务用燃料电池乘用车和轻型商用车每辆补贴25万元，10m以上燃料电池城市公交客车每辆补贴60万元
2013年9月	财政部、科技部	《关于继续开展新能源汽车推广应用工作的通知》	2013年燃料电池乘用车每辆补贴20万元，商用车每辆补贴50万元。2014年和2015年，燃料电池汽车补助标准在2013年标准基础上分别下降10%和20%
2014年1月	财政部、科技部、工业和信息化部、国家发展改革委	《关于进一步做好新能源汽车推广应用工作的通知》	调整燃料电池汽车退坡幅度，2014年在2013年标准基础上下降5%，2015年在2013年标准基础上下降10%
2015年4月	财政部、科技部、工业和信息化部、国家发展改革委	《关于2016—2020年新能源汽车推广应用财政支持政策的通知》	燃料电池乘用车每辆补贴20万元，燃料电池轻型客车、货车每辆补贴30万元，燃料电池大中型客车、中重型货车每辆补贴50万元。2017—2020年除燃料电池汽车外其他车型补助标准适当退坡

（续）

时间	发布部门	政策	内容
2016年12月	财政部	《关于调整新能源汽车推广应用财政补贴政策的通知》	燃料电池汽车补贴上限不退坡，增加技术指标要求。①燃料电池系统的额定功率不低于驱动电机额定功率的30%，且不小于30kW。燃料电池系统额定功率大于10kW但小于30kW的燃料电池乘用车，按燃料电池系统额定功率6000元/kW给予补贴。②燃料电池汽车纯电续驶里程不低于300km
2018年2月	财政部、工业和信息化部、科技部、国家发展改革委	《关于调整完善新能源汽车推广应用财政补贴政策的通知》	燃料电池汽车补贴上限不退坡。燃料电池乘用车按燃料电池系统的额定功率进行补贴，燃料电池客车和专用车采用定额补贴方式。提高燃料电池汽车技术门槛和增加新的技术要求。①燃料电池系统的额定功率与驱动电机的额定功率比值不低于30%，比值介于0.3（含）~0.4的车型按0.8倍补贴，比值介于0.4（含）~0.5的车型按0.9倍补贴，比值在0.5（含）以上的车型按1倍补贴。②乘用车燃料电池系统的额定功率不小于10kW，商用车燃料电池系统的额定功率不小于30kW。③燃料电池汽车纯电续驶里程不低于300km。④燃料电池汽车所采用的燃料电池应满足《道路车辆用质子交换膜燃料电池模块》标准中的储存温度要求
2019年3月	财政部、工业和信息化部、科技部、国家发展改革委	《关于进一步完善新能源汽车推广应用财政补贴政策的通知》	地方应完善政策，过渡期后不再对新能源汽车（新能源公交车和燃料电池汽车除外）给予购置补贴，转为用于支持充电（加氢）基础设施"短板"建设和配套运营服务等方面 过渡期期间销售上牌的燃料电池汽车按2018年对应标准的0.8倍补贴。燃料电池汽车和新能源公交车补贴政策另行公布
2020年4月	财政部、工业和信息化部、科技部、国家发展改革委	《关于完善新能源汽车推广应用财政补贴政策的通知》	将当前对燃料电池汽车的购置补贴，调整为选择有基础、有积极性、有特色的城市或区域，重点围绕关键零部件的技术攻关和产业化应用开展示范，中央财政将采取"以奖代补"方式对示范城市给予奖励（有关通知另行发布）
2020年9月	财政部、工业和信息化部、科技部、国家发展改革委、国家能源局	《关于开展燃料电池汽车示范应用的通知》	将对燃料电池汽车的购置补贴政策，调整为燃料电池汽车示范应用支持政策，对符合条件的城市群开展燃料电池汽车关键核心技术产业化攻关和示范应用给予奖励，形成布局合理、各有侧重、协同推进的燃料电池汽车发展新模式

（续）

时间	发布部门	政策	内容
2021年8月	财政部、工业和信息化部、科技部、国家发展改革委、国家能源局	《关于启动燃料电池汽车示范应用工作的通知》	同意北京、上海、广东所报送的城市群启动实施燃料电池汽车示范应用工作，示范期为4年。财政部、工业和信息化部、科技部、国家发展改革委、国家能源局等五部门将依托专家委员会和第三方机构，对示范应用工作进行指导，并按照《燃料电池汽车示范城市群考核评价规则》予以考核，考核结果作为中央财政对示范城市群安排奖励资金的依据
2021年12月	财政部、工业和信息化部、科技部、国家发展改革委、国家能源局	《关于启动新一批燃料电池汽车示范应用工作的通知》	同意河南、河北所报送的城市群启动实施燃料电池汽车示范应用工作，示范期为4年。财政部、工业和信息化部、科技部、国家发展改革委、国家能源局等五部门将依托专家委员会和第三方机构，对示范应用工作进行指导，并按照《燃料电池汽车示范城市群考核评价规则》予以考核，考核结果作为中央财政对示范城市群安排奖励资金的依据
2023年4月	财政部	关于修改《节能减排补助资金管理暂行办法》的通知	将第三条第一款"节能减排补助资金重点支持范围"中的"（一）节能减排体制机制创新；（二）节能减排基础能力及公共平台建设；（三）重点领域、重点行业、重点地区节能减排；（四）重点关键节能减排技术示范推广和改造升级；（五）其他经国务院批准的支持范围"修改为"（一）新能源汽车推广应用补助资金清算；（二）充电基础设施奖补清算；（三）燃料电池汽车示范应用；（四）循环经济试点示范项目清算；（五）节能降碳省级试点；（六）报经国务院批准的相关支出

在运营补贴政策方面，2015年5月，财政部、工业和信息化部、交通运输部发布了《关于完善城市公交车成品油价格补助政策加快新能源汽车推广应用的通知》，对符合技术、运营要求的节能与新能源公交车在2015—2019年期间每年提供运营补贴，其中燃料电池公交车给予6万元/辆/年的运营补助。

城市公交车运营补贴政策见表3-7。

表3-7 城市公交车运营补贴政策

时间	发布部门	政策	内容
2015年5月	财政部、工业和信息化部、交通运输部	《关于完善城市公交车成品油价格补助政策加快新能源汽车推广应用的通知》	对燃料电池公交车给予6万元/辆/年的运营补助（2015—2019年）

在加氢站建设补贴政策方面，2014年，财政部、科技部、工业和信息化部、国家发展改革委联合发布了《关于新能源汽车充电设施建设奖励的通知》，2013—2015年，对符合国家技术标准且日加氢能力不少于200kg的新建燃料电池汽车加氢站每个站奖励400万元。2016年，财政部、科技部、工业和信息化部、国家发展改革委、国家能源局联合发布了《关于"十三五"新能源汽车充电基础设施奖励政策及加强新能源汽车推广应用的通知》，调整了加氢站的补贴方式，给予燃料电池汽车更高的标准车折算比例，中央财政充电基础设施建设运营奖补资金可由地方统筹用于加氢站建设运营补贴。

加氢站建设补贴政策见表3-8。

表3-8 加氢站建设补贴政策

时间	发布部门	政策	内容
2014年11月	财政部、科技部、工业和信息化部、国家发展改革委	《关于新能源汽车充电设施建设奖励的通知》	对符合国家技术标准且日加氢能力不少于200kg的新建燃料电池汽车加氢站每个站奖励400万元，政策执行期限为2013—2015年
2016年1月	财政部、科技部、工业和信息化部、国家发展改革委、国家能源局	《关于"十三五"新能源汽车充电基础设施奖励政策及加强新能源汽车推广应用的通知》	中央财政充电基础设施建设运营奖补资金是对充电基础设施配套较为完善、新能源汽车推广应用规模较大的省（区、市）政府的综合奖补。燃料电池乘用车与标准车折算比例为30:1，燃料电池客车与标准车的折算比例为50:1

3.3.2 税收优惠政策

在车船税优惠政策方面，自2012年1月1日起，中国就开始对新能源商用车免征车船税，对于燃料电池汽车来说，燃料电池商用车免征车船税，燃料电池乘用车不属于车船税征收范围。2018年7月，财政部、国家税务总局、工业和信息化部发布了《关于节能新能源车船享受车船税优惠政策的通知》，继续对燃料电池商用车免征车船税，燃料电池乘用车不属于车船税征税范围，对其不征车船税，并增加了对燃料电池商用车的具体技术要求，为燃料电池系统的额定功率不低于驱动电机额定功率的30%，且燃料电池系统额定功率不小于30kW。

车船税优惠政策见表3-9。

表3-9 车船税优惠政策

时间	发布部门	政策	内容
2011年12月	国务院	《中华人民共和国车船税法实施条例》	节约能源、使用新能源的车船可以免征或者减半征收车船税。免征或者减半征收车船税的车船的范围，由国务院财政、税务主管部门商国务院有关部门制订，报国务院批准

（续）

时间	发布部门	政策	内容
2012年3月	财政部、国家税务总局、工业和信息化部	《关于节约能源使用新能源车船车船税政策的通知》	自2012年1月1日起，对使用新能源的车船，免征车船税，产品需进入《享受车船税减免优惠的节约能源使用新能源汽车车型目录》。纯电动、燃料电池乘用车不属于车船税征收范围
2015年5月	财政部、国家税务总局、工业和信息化部	《关于节约能源使用新能源车船车船税优惠政策的通知》	纯电动乘用车和燃料电池乘用车不属于车船税征税范围，对其不征车船税。燃料电池商用车免征车船税，需进入《享受车船税减免优惠的节约能源使用新能源汽车车型目录》。提出免征车船税的使用新能源汽车应同时符合的标准
2018年7月	财政部、国家税务总局、工业和信息化部	《关于节能新能源车船享受车船税优惠政策的通知》	纯电动乘用车和燃料电池乘用车不属于车船税征税范围，对其不征车船税。燃料电池商用车免征车船税，需进入《享受车船税减免优惠的节约能源使用新能源汽车车型目录》 技术要求：燃料电池系统的额定功率不低于驱动电机额定功率的30%，且商用车燃料电池系统额定功率不小于30kW

在购置税优惠政策方面，2014年7月，国务院办公厅发布《关于加快新能源汽车推广应用的指导意见》，明确提出对包括燃料电池汽车在内的新能源汽车免征车辆购置税。2014年8月，财政部、国家税务总局、工业和信息化部正式发布了《关于免征新能源汽车车辆购置税的公告》，对燃料电池汽车给予免征车辆购置税的优惠政策。2017年12月，发布了新的新能源汽车购置税优惠政策，继续给予燃料电池汽车免征车辆购置税的优惠政策，同时对燃料电池汽车提出了技术要求，包括乘用车、商用车纯电续驶里程不低于300km，燃料电池系统的额定功率不低于驱动电机额定功率的30%，且乘用车燃料电池系统额定功率不小于10kW，商用车不小于30kW等。2020年4月，财政部、国家税务总局、工业和信息化部联合发布了《关于新能源汽车免征车辆购置税有关政策的公告》，将对燃料电池汽车免征车辆购置税的优惠政策延续到了2022年12月31日，技术指标要求未作调整。2023年6月，财政部、国家税务总局、工业和信息化部联合发布了《关于延续和优化新能源汽车车辆购置税减免政策的公告》，将新能源汽车购置税优惠政策延续到了2027年12月31日，对购置日期在2024年1月1日至2025年12月31日期间的新能源汽车免征车辆购置税，其中，每辆新能源乘用车免税额不超过3万元；对购置日期在2026年1月1日至2027年12月31日期间的新能源汽车减半征收车辆购置税，其中，每辆新能源乘用车减税额不超过1.5万元。

购置税优惠政策见表3-10。

第3章 中国燃料电池汽车发展的政策环境

表 3-10 购置税优惠政策

时间	发布部门	政策	内容
2014年7月	国务院办公厅	《关于加快新能源汽车推广应用的指导意见》	对包括燃料电池汽车在内的新能源汽车免征车辆购置税
2014年8月	财政部、国家税务总局、工业和信息化部	《关于免征新能源汽车车辆购置税的公告》	自2014年9月1日至2017年12月31日免征车辆购置税,包括燃料电池汽车,产品需进入《免征车辆购置税的新能源汽车车型目录》
2017年12月	财政部、国家税务总局、工业和信息化部	《关于免征新能源汽车车辆购置税的公告》	自2018年1月1日至2020年12月31日免征车辆购置税,包括燃料电池汽车,产品需进入《免征车辆购置税的新能源汽车车型目录》。提出技术要求:乘用车、商用车纯电续驶里程不低于300km,燃料电池系统的额定功率不低于驱动电机额定功率的30%,且乘用车燃料电池系统额定功率不小于10kW,商用车不小于30kW
2020年4月	财政部、国家税务总局、工业和信息化部	《关于新能源汽车免征车辆购置税有关政策的公告》	自2021年1月1日至2022年12月31日,对购置的新能源汽车免征车辆购置税,包括燃料电池汽车,产品需进入《免征车辆购置税的新能源汽车车型目录》;技术指标要求同2017年第172号《关于免征新能源汽车车辆购置税的公告》
2021年4月	工业和信息化部、财政部、国家税务总局	《关于调整免征车辆购置税新能源汽车产品技术要求的公告》	免征车辆购置税新能源汽车产品的其他技术要求继续适用第172号规定
2023年6月	财政部、国家税务总局、工业和信息化部	《关于延续和优化新能源汽车车辆购置税减免政策的公告》	对购置日期在2024年1月1日至2025年12月31日期间的新能源汽车免征车辆购置税,其中,每辆新能源乘用车免税额不超过3万元;对购置日期在2026年1月1日至2027年12月31日期间的新能源汽车减半征收车辆购置税,其中,每辆新能源乘用车减税额不超过1.5万元

在进出口关税方面,通过深入分析中国燃料电池汽车关键零部件及材料发展情况、现行关税、进口需求等,研究提出科学、合理、可行的暂定优惠税率建议。一方面,有利于国内企业深度利用国际创新资源,加快对国际先进技术及产品的引进,然后通过消化、吸收和再创新,加快形成适合中国产业发展要求的技术成果,提升中国自主企业研发创新实力,提高中国核心零部件技术水平和工程化能力。另一方面,也有利于降低燃料电池汽车成本,加速中国燃料电池汽车的示范运行和推广应用,推进中国技术进步和产业创新,提高产业国际竞争力,加快培育零部件供应链和氢能产业链,实现燃料电池汽车商业化应用,缩小与国际先进水平差距。2020年12月,国务院关税税则委员会发布了《关于2021年关税调整方案的通知》,自2021年1月1日起,对部分商品的进口关税进行调整,其中新增了燃料电池增压器、燃料电池循环泵、燃料电池用碳电极片等暂定优惠税率,分别

为 5%、2% 和 5%。2021 年 12 月，国务院关税税则委员会发布了《关于 2022 年关税调整方案的通知》，在 2021 年版本基础上，除继续给予燃料电池增压器、燃料电池循环泵、燃料电池用碳电极片等暂定优惠税率支持外，又新增了燃料电池用膜电极组件、燃料电池用双极板的暂定优惠税率，均给予 4% 的暂定优惠税率。

3.3.3 财税优惠政策分析

财税政策支持对尚处于发展初级阶段的燃料电池汽车产业至关重要，建议继续给予稳定的财政补贴和税收优惠，推动燃料电池汽车产业技术进步和成本下降，促进中国燃料电池汽车产业健康可持续发展。值得注意的是，2020 年 9 月，财政部、工业和信息化部、科技部、国家发展改革委、国家能源局联合发布了《关于开展燃料电池汽车示范应用的通知》，将对燃料电池汽车的购置补贴政策，调整为选择部分城市群开展燃料电池汽车示范应用，重点支持燃料电池汽车关键核心技术突破和产业化应用，推动形成布局合理、各有侧重、协同推进的燃料电池汽车发展格局。中央财政将通过对新技术示范应用以及关键核心技术产业化应用给予奖励，加快带动相关基础材料、关键零部件和整车核心技术研发创新。争取用 4 年左右时间，逐步实现关键核心技术突破，构建完整的燃料电池汽车产业链，为燃料电池汽车规模化产业化发展奠定坚实基础。

2021 年 8 月和 12 月，财政部、工业和信息化部、科技部、国家发展改革委、国家能源局分别发布了《关于启动燃料电池汽车示范应用工作的通知》和《关于启动新一批燃料电池汽车示范应用工作的通知》，分别批复了京津冀、上海、广东城市群，以及郑州、河北城市群启动燃料电池汽车示范应用工作，并明确了下一步示范城市群的具体考核评价规则，国家燃料电池汽车示范开始正式进入到了落地实施阶段。燃料电池汽车示范政策是中国第一个专门针对燃料电池汽车产业发展的支持政策，是对中国燃料电池汽车财税支持政策的重大创新，翻开了中国氢能及燃料电池汽车产业发展的新篇章，将对未来中国氢能及燃料电池汽车产业发展产生积极深远影响，考虑到该政策的重要意义，后面将作为单独章节进行详细分析论述。

3.4 科技创新政策

中国十分重视燃料电池汽车的研究与开发，于 20 世纪 50 年代就开始开展燃料电池的有关研究，"九五"期间，燃料电池技术和燃料电池汽车就已经被提升到国家战略规划层次。"十五"期间开始燃料电池汽车的研究，并在"十一五"到"十三五"期间持续进行科技攻关。在国家科技创新政策支持下，经过十几年的技术攻关与研发，中国燃料电池汽车技术取得了明显进步，已经初步具备了规模推广的条件。

3.4.1 技术创新政策

2012 年 10 月，财政部、工业和信息化部发布了《关于组织开展新能源汽车产业技术创新工程的通知》，支持 25 个整车和动力电池技术创新项目，其中包括一个燃料电池汽车项目（上汽荣威燃料电池汽车开发项目），支持燃料电池汽车技术创新突破。2016年7月，国务院发布了《"十三五"国家科技创新规划》，明确提出要突破燃料电池动力系统的基础前沿和核心关键技术。2017年5月，科技部、交通运输部发布了《"十三五"交通领域科技创新专项规划》，燃料电池汽车核心专项技术成为重点发展领域之一。2021年6月，国家能源局发布了《关于组织开展"十四五"第一批国家能源研发创新平台认定工作的通知》，包括新型电力系统、新型储能、氢能与燃料电池、碳捕集利用与封存（CCUS）、能源系统数字化智能化、能源系统安全等重点领域，在氢能与燃料电池技术领域，研究内容包含但不限于高效氢气制备、储运、加注和燃料电池关键技术，氢能与可再生能源协同发展关键技术等。

技术创新政策见表3-11。

表3-11 技术创新政策

时间	发布部门	政策	内容
2012年10月	财政部、工业和信息化部	《关于组织开展新能源汽车产业技术创新工程的通知》	奖励资金支持对象包括新能源汽车整车项目（包括纯电动、插电式混合动力、燃料电池汽车）和动力电池项目两大类
2016年7月	国务院	《"十三五"国家科技创新规划》	突破燃料电池动力系统的基础前沿和核心关键技术
2017年5月	科技部、交通运输部	《"十三五"交通领域科技创新专项规划》	燃料电池汽车核心专项技术成为重点发展领域之一
2021年6月	国家能源局	《关于组织开展"十四五"第一批国家能源研发创新平台认定工作的通知》	包括高效氢气制备、储运、加注和燃料电池关键技术；氢能与可再生能源协同发展关键技术

3.4.2 重点专项政策

科技部大力支持燃料电池汽车技术发展，2010年国家高技术研究发展计划（863计划）开始大力支持发展以燃料电池汽车为代表的高端前沿技术。2012年，科技部发布了《电动汽车科技发展"十二五"专项规划》，确定了"三纵三横"的研发布局，其中三纵指纯电动汽车、混合动力汽车、燃料电池汽车，三横指电池、电机、电控，燃料电池汽车作为"三纵"之一成为重点支持领域。2015—2021年，科技部先后实施"新能源汽车"重点专项，支持燃料电池动力系统研发和燃料电池汽车示范。2018—2021年，科技部先后实施"可再生能源与氢能技术"重点专项，支持氢能技术发展及产业化。2021年2月，科技部印发了《关于对"十四五"国家重点研发计划"氢能技术"等18个重点专项2021年度项目申报指南征求意见的通知》，拟围绕氢能绿色制取与规模转存体系、氢能安全存储与快速输配体系、氢能便捷改质与高效动力系统及"氢进万家"综合示范4个技术方向，启动19个指南任务。

2021年9月，科技部发布了《关于发布国家重点研发计划"氢能技术"重点专项

2021 年度定向项目申报指南的通知》，提出由山东省科技厅作为推荐单位组织申报"氢进万家"综合示范技术，拟安排国拨经费 1.5 亿元。单位自筹经费、地方财政资金与国拨经费比例不低于 3∶1∶1，项目实施周期不超过 4 年。通过示范，掌握并验证一批自主关键核心技术与系统产品，形成一批氢气的制储运、工业应用、居民家庭利用的引领性标准规范，培育一批氢能利用的新模式新业态，带动山东地区经济高质量发展；为全国提供氢能进家入户的示范样本，为更大范围氢能利用探索有效途径；推动能源高效清洁转型，降低传统化石能源消耗，为保障能源安全和实现"碳达峰、碳中和"目标贡献力量。2021 年 12 月，科技部高技术研究发展中心发布了《关于国家重点研发计划"氢能技术"重点专项 2021 年度项目安排公示的通知》，其中共 17 个项目列入了 2021 年度拟立项支持项目。2022 年 4 月，科技部再次发布了国家重点研发计划"氢能技术"等重点专项 2022 年度项目申报指南，继续支持氢能技术研发突破。2022 年 12 月，国家科技部发布《关于国家重点研发计划"氢能技术"重点专项 2022 年度项目安排公示的通知》，包含氢能技术专项共 24 项，分为氢能绿色制取与规模转存体系、氢能安全存储与快速输配体系、氢能便捷改质与高效动力、"氢进万家"综合示范四大方向。2023 年 6 月，科技部发布了《关于国家重点研发计划"氢能技术"等 7 个重点专项 2023 年度项目申报指南的通知》，其中《"氢能技术"重点专项 2023 年度项目申报指南》将围绕氢能绿色制取与规模转存体系、氢能安全存储与快速输配体系及氢能便捷改质与高效动力系统 3 个技术方向，拟启动 19 项任务、安排国拨经费 3.4 亿元。

重点专项见表 3-12。

表 3-12 重点专项

时间	发布部门	政策	内容
2010 年 10 月	科技部	《国家高技术研究发展计划（863 计划）现代交通技术领域电动汽车关键技术与系统集成（一期）重大项目课题申请指南》	支持发展以燃料电池汽车为代表的高端前沿技术
2012 年 3 月	科技部	《电动汽车科技发展"十二五"专项规划》	确定"三纵三横"的研发布局，继续开展电动大客车与燃料电池 - 动力蓄电池的电 - 电混合式大客车的研发和示范，突破燃料电池关键技术和系统集成，推进工程实用化，建立以技术链为纽带的燃料电池汽车等前沿技术创新联盟
2015 年 11 月	科技部	《"新能源汽车"试点专项 2016 年度第一批项目申报指南》	支持燃料电池动力系统研发
2016 年 10 月	科技部	《国家重点研发计划新能源汽车等重点专项 2017 年度项目申报指南》	支持燃料电池动力系统研发和中德燃料电池汽车国际科技合作
2018 年 3 月	科技部	《"新能源汽车"重点专项 2018 年度项目申报指南建议》	支持燃料电池动力系统研发和燃料电池汽车示范

（续）

时间	发布部门	政策	内容
2019年6月	科技部	《关于发布国家重点研发计划"可再生能源与氢能技术"等重点专项2019年度项目申报指南的通知》	本重点专项按照太阳能、风能、生物质能、地热能与海洋能、氢能、可再生能源耦合与系统集成技术6个创新链（技术方向），共38个重点研究任务。专项实施周期为5年（2018—2022年）
2021年2月	科技部	《关于对"十四五"国家重点研发计划"氢能技术"等18个重点专项2021年度项目申报指南征求意见的通知》	拟围绕氢能绿色制取与规模转存体系、氢能安全存储与快速输配体系、氢能便捷改质与高效动力系统及"氢进万家"综合示范4个技术方向，启动19个指南任务
2021年9月	科技部	《关于发布国家重点研发计划"氢能技术"重点专项2021年度定向项目申报指南的通知》	2021年拟在"氢进万家"综合示范技术方向，启动1个定向项目，拟安排国拨经费1.5亿元。单位自筹经费、地方财政资金与国拨经费比例不低于3:1:1，项目实施周期不超过4年。该定向项目将由山东省科技厅作为推荐单位组织申报
2021年12月	科技部	《关于国家重点研发计划"氢能技术"重点专项2021年度项目安排公示的通知》	科技部高技术研究发展中心公示了包括"氢能技术"在内的重点专项2021年度项目，并列出了拟立项的2021年度项目公示清单。其中"氢能技术"重点专项共17个项目
2022年12月	科技部	《关于国家重点研发计划"氢能技术"重点专项2022年度项目安排公示的通知》	氢能技术"专项共24项，其中企业牵头的6项，其余牵头单位均为大学或研究所，项目实施周期为36~48个月
2023年6月	科技部	《关于发布国家重点研发计划"氢能技术"等7个重点专项2023年度项目申报指南的通知》	围绕氢能绿色制取与规模转存体系、氢能安全存储与快速输配体系及氢能便捷改质与高效动力系统3个技术方向，拟启动19项任务、安排国拨经费3.4亿元。其中，拟部署3个青年科学家项目，拟安排国拨经费1500万元，每个项目不超过500万元。应用示范类项目要求由企业牵头申报。企业牵头申报项目配套经费与国拨经费比例不低于2:1

3.4.3 技术路线图

在工信部指导下，2016年10月，节能与新能源汽车发展战略咨询委员会发布了《节能与新能源汽车技术路线图》，提出了中国燃料电池汽车2020年、2025年和2030年的技术路线和发展目标等。到 2020 年，以小功率燃料电池与大容量动力电池的动力构型为技术特征，将整车成本降低到与纯电动车相当的水平，实现氢燃料电池汽车在特定地区的公共服务用车领域 5000 辆规模示范应用；到 2025 年，提高燃料电池功率，以大功率燃料电池与中等容量动力电池的电－电混合为特征，整车成本达到与混合动力相当的水平，实现燃料电池汽车较大区域的应用，规模达到 5 万辆；到 2030 年，以全功率燃料电池为动力特征，汽车动力性、经济性、耐久性、环境适应性及成本等五方面的关键指标达到产业化要求，在私人乘用车、大型商用车领域实现大规模商业化推广，推广数量达到 100 万辆。

2020 年 10 月，节能与新能源汽车发展战略咨询委员会发布了《节能与新能源汽车技术路线图 2.0》，调整了燃料电池汽车推广目标，计划 2030—2035 年，实现氢能及燃料电池汽车的大规模推广应用，燃料电池汽车保有量将达到 100 万辆左右，完全掌握燃料电池核心关键技术，建立完备的燃料电池材料、部件、系统的制备与生产产业链。

技术路线图见表 3-13。

表 3-13 技术路线图

时间	发布部门	政策	内容
2016 年 10 月	节能与新能源汽车发展战略咨询委员会	《节能与新能源汽车技术路线图》	2020—2030 年燃料电池汽车逐渐由示范运行向大规模推广应用发展，2020 年、2025 年、2030 年燃料电池汽车规模分别达 5000 辆、5 万辆和 100 万辆
2020 年 10 月	节能与新能源汽车发展战略咨询委员会	《节能与新能源汽车技术路线图 2.0》	2030—2035 年，实现氢能及燃料电池汽车的大规模推广应用，燃料电池汽车保有量将达到 100 万辆左右，完全掌握燃料电池核心关键技术，建立完备的燃料电池材料、部件、系统的制备与生产产业链

3.4.4 科技创新政策分析

整体来看，在国家政策扶持和行业共同努力下，中国燃料电池汽车技术水平和产业化能力有所提高，但和国际先进水平相比，中国在燃料电池关键材料、关键零部件、整车集成及耐久性等方面还有一定差距，一些关键材料和核心部件仍然依赖进口。整体来看，中国燃料电池汽车产业链比较薄弱，尚未形成稳定的零部件供应体系，工程化和工艺流程创新能力不足，燃料电池整车制造及使用成本仍然较高，与传统汽车、电动汽车相比仍不具备市场优势。建议加快形成以企业为主体的研发创新体系，提高核心零部件技术水平和工程化能力。一是通过扶持重点领先企业和研发机构，集中有限资源加快攻克前瞻性基础研究和关键技术。二是充分调动企业研发积极性，对率先开发生产性能媲美国际水平燃料电池汽车的企业给予奖励，鼓励企业加大在关键技术方面的研发投入。三是深度利用国际创新资源，加快培育和引进国际创新型领军人才，鼓励开展高层次、高水平国际合作，学习和借鉴国外先进技术和经验，加强对引进技术的消化吸收和创新，形成适合中国发展要求的技术成果。四是加快建立以企业为主体、市场为导向、产学研深度融合的研发创新体系，促进实验室成果加速向产品化、产业化转化，带动整个氢能及燃料电池汽车产业链发展。

3.5 燃料电池汽车示范政策

2020年4月，财政部、工业和信息化部、科技部、国家发展改革委联合发布了《关于完善新能源汽车推广应用财政补贴政策的通知》，明确提出要"调整补贴方式，开展燃料电池汽车示范应用"。2020年9月，财政部、工业和信息化部、科技部、国家发展改革委、国家能源局正式对外发布了《关于开展燃料电池汽车示范应用的通知》，将对燃料电池汽车的购置补贴，调整为选择部分城市群开展示范，通过采取"以奖代补"方式，对完成示范目标的城市群给予资金支持，重点支持积极性高、经济基础好、具备氢能和燃料电池汽车产业基础、产业链上企业技术水平高的城市群。

2020年12月以来，经过多轮的示范城市群评审，2021年8月，财政部、工业和信息化部、科技部、国家发展改革委、国家能源局联合发布了《关于启动燃料电池汽车示范应用工作的通知》，正式批复京津冀、上海、广东城市群启动示范；2021年12月，财政部、工业和信息化部、科技部、国家发展改革委、国家能源局再次发布了《关于启动新一批燃料电池汽车示范应用工作的通知》，批复了郑州、河北城市群启动示范。目前中国燃料电池汽车示范已经启动实施，京津冀、上海、广东、郑州、河北城市群正在按照政策要求推动具体示范工作，燃料电池汽车示范的启动将对中国氢能供给体系建设、加氢站建设布局、车辆推广应用、技术研发创新、政策法规及管理体系建设等产生积极影响，为氢能及燃料电池汽车全产业链加快发展营造了良好的政策环境，被看作是中国燃料电池汽车产业发展的重要转折点和新起点。当然，要详细研究燃料电池汽车示范政策，就必须先清楚燃料电池汽车购置补贴政策的有关情况。

3.5.1 中国燃料电池汽车补贴政策

2009年开始，中国开展了新能源汽车试点示范，对推广应用的新能源汽车给予购置补贴支持，燃料电池汽车也被列入到了试点示范车型范围。近几年，中国持续加大了燃料电池汽车的支持力度，在科技专项、创新工程等方面进行了重点布局，并对推广应用的燃料电池汽车维持较大力度的补贴、免税等支持，燃料电池汽车产业发展取得了一定的积极进展，尤其是2016年以来，中国燃料电池汽车产业发展开始持续升温，且呈现出加速发展的态势。目前，中国已经初步建立了燃料电池汽车产业链体系的雏形，形成了从燃料电池堆、系统到整车的研发体系和制造能力。在诸多支持政策中，燃料电池汽车购置补贴政策对推动中国氢能及燃料电池汽车产业创新发展起到了至关重要的作用，同时也为燃料电池汽车示范应用政策的出台，以及后续燃料电池汽车示范工作的启动奠定了良好的基础。

1. 燃料电池汽车补贴政策实施背景

氢能及燃料电池技术是优化能源消费结构、深入推进节能减排、保障能源安全供应的重要途径。燃料电池汽车是氢能及燃料电池技术应用的最佳场景，具有续驶里程长、加氢时间短等特点,是全球汽车产业转型升级的重要方向之一,也是未来汽车产业技术竞争的制高点。相比纯电动汽车,燃料电池汽车产业链更长、技术水平更高、发展障碍也更多。想要发展好燃料电池汽车,不仅需要做好原材料、关键零部件、整车等的生产制造,还需要打通制氢、储氢、运氢、加氢等氢能供应链,是一项复杂的系统工程。

从国际上看,燃料电池汽车尚处于产业化初期,产业发展离不开各国的政策和资金支持。欧洲、美国、日本、韩国等地区及国家纷纷将发展氢能作为能源技术革命的重要方向,高度重视燃料电池汽车产业发展。其中日本计划2050年建成氢能社会,并全面普及燃料电池汽车,韩国则将燃料电池汽车确定为下一代经济增长引擎,对燃料电池汽车产业进行重点支持。在国际经验介绍章节我们也提到过,欧洲、美国、日本、韩国等地区及国家均出台了购车补贴、税费减免、加氢站建设补贴、研发支持等系列政策,支持燃料电池汽车产业发展,其中美国对购置燃料电池汽车提供税收抵免,日本提供和购买同级别燃油车增加成本三分之二的购置补贴。在国际燃料电池汽车产业发展过程中,之所以丰田、现代等企业能够成为全球燃料电池汽车产业变革的领导力量,其中很重要的原因就在于日本和韩国财税政策的大力支持。

从国内看,中国燃料电池汽车产业同国际先进水平相比较落后,在技术成熟度、成本、加氢基础设施等方面同国际先进水平仍存在一定差距。此外,加氢难、用氢贵等问题已成为阻碍中国燃料电池汽车产业发展的关键制约因素,燃料电池汽车的便利性、性价比等同纯电动汽车和传统燃油车相比,尚不具备竞争优势。因此,单纯地依靠市场驱动难以推动中国燃料电池汽车产业技术水平提升和规模化发展,必须充分利用财政补贴和税收优惠等支持政策,加快培育产业技术创新能力,以及良好的推广应用环境,从而激发企业积极性和创新活力,推动中国燃料电池汽车产业高质量发展。因此,中国从2009年起就开始对燃料电池汽车推广应用给予购置补贴支持,前瞻布局氢能及燃料电池汽车产业。

2. 燃料电池汽车历年补贴政策情况

为充分发挥政策对战略性新兴产业的指导和推动作用,中国自2009年起就开始给予燃料电池汽车购置补贴支持。整体来看,中国燃料电池汽车购置补贴政策主要经历了经验摸索、发展实践和示范创新三个阶段。

(1)经验摸索阶段,产业缓慢起步(2009—2015年)

第一阶段的燃料电池汽车购置补贴政策较为简单、支持力度最大,但受限于当时的技术成熟度、成本、推广环境等因素,中国燃料电池汽车产业发展相对缓慢。该阶段重点是开展了小规模的燃料电池汽车示范运行,初步解决了燃料电池汽车可靠性、实用化等问题,初步完成了燃料电池汽车从实验室向实际应用的转变。

从具体政策来看,2009年中国开始给予燃料电池汽车补贴支持,其中燃料电池乘用车和轻型商用车每辆补贴25万元,10m以上城市公交客车每辆补贴60万元。2013年调整为按乘用车、商用车两类分别补贴20万元和50万元,并规定2014年、2015年补助标准在2013年基础上分别退坡10%和20%。2014年重新调整退坡幅度,改为2014年、2015年补助标准在2013年基础上分别退坡5%和10%。此外,在加氢站补贴政策方面,

2013—2015年，中国还曾对符合要求的新建加氢站给予400万元/座补贴。

（2）发展实践阶段，产业热度日益提升（2016—2019年）

第二阶段的燃料电池汽车补贴政策进一步将补贴车型细化为乘用车，轻型客车、货车，大中型客车、中重型货车三类，分别给予20万元/辆、30万元/辆和50万元/辆的高额补贴，且新增和提高了相关技术指标要求。该阶段的燃料电池车型和推广数量开始大幅增多，产业投资热度也日益提升，但行业发展所面临的问题和障碍也逐渐凸显。

从具体政策来看，2015年，中国发布2016年补贴标准，将燃料电池汽车补贴车型细化为了乘用车，轻型客车、货车，大中型客车、中重型货车三类，分别补贴20万元、30万元和50万元，并明确2017—2020年补贴标准不退坡。2016年发布了2017年的燃料电池汽车补贴标准，增加了燃料电池额定功率与驱动电机额定功率比值、燃料电池系统额定功率、纯电续驶里程要求，并调整了乘用车补贴方式。2018年2月，财政部等部门发布了2018年的燃料电池汽车补贴标准，将乘用车补贴方式调整为按燃料电池系统的额定功率线性补贴，同时增加了储存温度要求，并按照燃料电池系统额定功率与驱动电机额定功率比值分段补贴。

2018年燃料电池汽车补贴标准和技术要求见表3-14。

表3-14 2018年燃料电池汽车补贴标准和技术要求

车辆类型	补贴标准/（元/kW）	补贴上限/（万元/辆）
乘用车	6000	20
轻型客车、货车	—	30
大中型客车、中重型货车	—	50

注：1. 燃料电池系统的额定功率与驱动电机的额定功率比值不低于30%，比值介于0.3（含）~0.4的车型按0.8倍补贴，比值介于0.4（含）~0.5的车型按0.9倍补贴，比值在0.5（含）以上的车型按1倍补贴。

2. 乘用车燃料电池系统的额定功率不小于10kW，商用车燃料电池系统的额定功率不小于30kW。

3. 燃料电池汽车纯电续驶里程不低于300km。

4. 燃料电池汽车所采用的燃料电池应满足《道路车辆用质子交换膜燃料电池模块》（GB/T 33978—2017）中的储存温度要求。

2019年以来，中国对燃料电池汽车的支持力度持续加大，《政府工作报告》首次列入了加氢等设施建设，李克强总理多次提到要发展氢能产业，万钢副主席也建议要及时把新能源汽车产业化重点向燃料电池汽车拓展。2019年3月，中国发布了2019年的新能源汽车补贴标准，明确提出"燃料电池汽车补贴政策将另行公布"，并规定过渡期期间（2019年3月26日至6月25日）销售上牌的燃料电池汽车按2018年对应标准的0.8倍补贴，且继续允许地方给予地方购置补贴支持。

2019年过渡期燃料电池汽车补贴标准和技术要求见表3-15。

表 3-15　2019 年过渡期燃料电池汽车补贴标准和技术要求

车辆类型	补贴标准/(元/kW)	补贴上限/(万元/辆)
乘用车	4800	16
轻型客车、货车	—	24
大中型客车、中重型货车	—	40

注：1. 燃料电池系统的额定功率与驱动电机的额定功率比值不低于30%，比值介于0.3（含）~0.4的车型按0.8倍补贴，比值介于0.4（含）~0.5的车型按0.9倍补贴，比值在0.5（含）以上的车型按1倍补贴。

2. 乘用车燃料电池系统的额定功率不小于10kW，商用车燃料电池系统的额定功率不小于30kW。

3. 燃料电池汽车纯电续驶里程不低于300km。

4. 燃料电池汽车所采用的燃料电池应满足《道路车辆用质子交换膜燃料电池模块》（GB/T 33978—2017）中的储存温度要求。

（3）示范创新阶段，全产业链协同发展（2020 年开始）

随着燃料电池汽车产业的快速发展，消费端的购置补贴政策对推动产业链和基础设施建设的局限性日益显现。2020年4月，财政部等发布了《关于调整完善新能源汽车补贴政策的通知》，明确提出将当前对燃料电池汽车的购置补贴政策，调整为选择一部分城市围绕燃料电池汽车关键零部件核心技术攻关，开展燃料电池产业化示范应用，形成布局合理、各有侧重、协同推进的燃料电池汽车发展模式。示范为期4年，示范期间中央财政将按照结果导向，采取"以奖代补"方式对示范城市给予奖励，支持地方组织企业开展新技术研发攻关和产业化、人才引进和团队建设以及新技术在燃料电池汽车上的示范应用等。这一阶段的发展重点转向了关键核心技术研发产业化，政策更加注重培育产业发展环境，鼓励企业加大研发创新力度，着力破除政策、标准和管理体系等障碍，推动完善氢能供应链和燃料电池汽车产业链，希望通过示范应用为下一步燃料电池汽车规模化产业化发展奠定基础。

历年燃料电池汽车补贴标准汇总见表3-16。

表 3-16　历年燃料电池汽车补贴标准汇总　（单位：万元/辆）

车辆类型	2009—2012年	2013年	2014年	2015年	2016年	2017年	2018年	2019年过渡期
乘用车	25	20	19	18	20	20	20	16
轻型商用车	25	—	—	—	—	—	—	—
10m以上城市公交客车	60	—	—	—	—	—	—	—
商用车	—	50	47.5	45	—	—	—	—
轻型客车、货车	—	—	—	—	30	30	30	24
大中型客车、中重型货车	—	—	—	—	50	50	50	40

3.5.2 开展燃料电池汽车示范的有关背景

1. 产业发展进入新阶段

2009年以来，财政部、工业和信息化部、科技部、国家发展改革委等部门就开始对消费者购买燃料电池汽车给予购置补贴，促进了中国燃料电池汽车产业发展。在国家政策大力支持下，中国燃料电池汽车产业从零起步，产业化能力和技术水平显著提高，基本形成了从电堆、系统到整车的研发创新体系和生产制造能力，并在北京奥运会、上海世博会等重大活动期间进行了小规模的示范考核，推动了中国燃料电池汽车研发和产业化水平的加快提升，初步形成了京津冀、长三角、珠三角、华中地区等产业集群，促进中国燃料电池汽车从基础研究进入到了工程化、商品化的发展新阶段。

但与国际先进水平相比，中国燃料电池汽车产业仍面临研发创新能力薄弱，关键核心技术依赖进口，加氢基础设施建设难，政策、标准和管理体系不完善等突出问题，燃料电池汽车产业化和商业化进度相对滞后。一方面是因为燃料电池汽车大规模推广的条件尚不成熟。中国燃料电池汽车相关企业的研发创新能力还不够强，产业链相对薄弱，一些关键材料和部件仍依赖进口。同时，氢能在能源体系中的定位尚未明确，氢能供应和加氢站建设面临制度障碍，车用氢能供应体系建设缓慢，燃料电池汽车的使用便利性难以有效保障。不管是购置还是使用成本，燃料电池汽车的经济性都无法和纯电动汽车及传统燃油车相竞争。此外，氢能及燃料电池汽车相关的标准法规仍不健全，试验能力也有待进一步提升。另一方面是中国燃料电池汽车的政策体系还不完善，原有政策已难以适应燃料电池汽车产业发展的新形势。单纯地依靠购置补贴等以促进市场消费为目的的支持政策已难以撬动产业发展，亟须加强政策间协同效应，系统解决氢能及燃料电池汽车产业化的推广难题。此外，燃料电池汽车产业开始呈现"一哄而上"倾向，部分不具备发展条件的地区也开始盲目跟风上马项目，结构性产能过剩和低水平重复建设的风险开始显现。

整体来看，燃料电池汽车购置补贴政策对前期产业发展起到了至关重要的作用，但不同的产业发展阶段，需要适合的政策加以实施支持。目前中国燃料电池汽车产业渡过了起步萌芽期，正处于由导入期向产业化过渡的新阶段，需要新的政策支持方式，才能支撑形成有效的创新和产业化发展环境。因此，需要在政策层面进一步引导与支持，探索实施真正适合新阶段氢能及燃料电池汽车产业发展的政策支持体系。此外，在推动中国氢能及燃料电池汽车产业发展的同时，还需要避免"干预市场""干预技术路线""透支消费""骗补谋补""补贴依赖症"等问题出现，这也是实现中国燃料电池汽车产业高质量发展所必须思考和防范的难题。为加快解决中国燃料电池汽车产业发展面临的各项突出问题，单纯依靠购置补贴等以促进市场消费为目的的支持政策，已难以适应产业发展的新形势，必须创新政策支持方式，推动形成系统性的政策支持体系，才能加快促进中国燃料电池汽车技术创新突破，培育形成良好的产业发展环境。为此，有必要将原单纯的购置补贴政策，调整为选择部分城市群开展燃料电池汽车示范应用，以推动中国燃料电池汽车产业持续健康、科学有序发展。

2. 产业政策进入改革期

当然，任何政策的研究制定除了考虑产业发展的实际情况外，还需要充分考虑国内外的宏观发展形势。当前国际形势波谲云诡，国际格局加速演化，国内经济进入新常态，经济社会主要矛盾发生深刻变化，实现高质量发展成为现实而紧迫的任务，多种因素都将加快推进汽车补贴政策体制机制改革，而燃料电池汽车补贴政策的调整，是在疫情后和某种程度上逆全球化的情况下开展的，政策的研究需要考虑多方面的影响因素。

一是要适应中国作为经济大国的地位。中国是世界第二大经济体、第一大工业国，近年来对世界经济增长的贡献率不断攀升，已经成为全球经济增长的主要稳定器和动力源。对于汽车补贴政策体制来说，也必须要适应大国经济地位。未来一段时间，国际竞争格局和力量对比将加速演变，这要求中国汽车补贴体制要适应国际格局的不断变化需要，更加注重包容普惠。中国汽车补贴体制改革创新需要进一步统筹国内和国际，拓宽国际视野，增强与国际政策的协调。2018年中国积极履行加入WTO的承诺，大幅降低汽车进口关税，并深化对外开放。全球治理体系的深刻重塑，也要求汽车财税体制要适应开放型世界经济需要，着重在开放合作上下功夫。

二是要适应中国社会主要矛盾变化。党的十九大做出"中国特色社会主义进入了新时代"的重大论断，指出中国社会主要矛盾已经转化为人民日益增长的美好生活需要和不平衡不充分的发展之间的矛盾，确定了决胜全面建成小康社会、开启全面建设社会主义现代化国家新征程的目标，做出了新时代的战略部署，从而对财税体制改革提出了新的要求，汽车补贴政策体制改革必须从满足人民日益增长的美好生活需要和解决发展不平衡不充分问题入手，尊重经济的客观规律，紧扣时代脉搏，真正推动汽车产业发展。

三是要满足高质量发展的根本需要。新时代中国社会主要矛盾变化要求财税体制必须适应高质量发展的根本需要。目前中国汽车产业技术水平、品牌知名度同国际先进水平仍存在较大差距，必须坚持以供给侧结构性改革为主线，选择适合汽车高质量发展动力变革的补贴政策，推动汽车产业质量变革，激发高质量发展新动力，推进汽车产业结构调整。

四是要符合深化改革的方向。党的十九大报告明确财税改革的任务是"加快建立现代财政制度，建立权责清晰、财力协调、区域均衡的中央和地方财政关系。建立全面规范透明、标准科学、约束有力的预算制度，全面实施绩效管理""深化税收制度改革，健全地方税体系"，汽车补贴政策调整必须符合深化改革的方向，更加规范透明、标准科学。

五是要满足市场经济体制建设要求。中国经济已经进入"新常态"，经济由高速增长转向高质量发展新阶段。党的十九大提出了"贯彻新发展理念，建设现代化经济体系"目标，要求深化供给侧结构性改革，加快完善社会主义市场经济体制。汽车补贴体制要把握住新常态经济的表现，适应经济社会发展的新特征，综合考虑财政收入下行和供给侧结构性改革所要求的减税降费，加快建设统一开放、竞争有序的市场体系。

六是要迎接汽车产业变革的挑战。开放经济条件下，汽车产业国际竞争加剧，不仅不能取消支持政策，反而应在符合国际规则和惯例前提下，更加注重对汽车产业的支持。汽车产业是制造业的典型代表，是体现国家竞争力和制造业实现创新驱动转型升级、由大变强的标志性领域，对实现汽车强国和制造强国意义重大。世界各国对汽车产业都给予大量补贴、税收等支持政策，开放经济条件下国际竞争加剧，中国不支持就会落后于人。而且国际汽车产业正处于大变革期，新一轮科技革命所带来的新技术、新趋势将颠覆和重塑整个汽车产业，应继续发挥"看得见的手"的撬动和推动作用，才能在全球价值链体系中占据优势、抢占制高点。

3. 示范总体思路和内容

2020年9月，财政部、工业和信息化部、科技部、国家发展改革委、国家能源局正式对外发布了《关于开展燃料电池汽车示范应用的通知》，将对燃料电池汽车的购置补贴政策，调整为燃料电池汽车示范应用支持政策，对符合条件的城市群开展燃料电池汽车关键核心技术产业化攻关和示范应用给予奖励，形成布局合理、各有侧重、协同推进的燃料电池汽车发展新模式。示范期暂定为四年。示范期间，五部门将采取"以奖代补"方式，对入围示范的城市群按照其目标完成情况给予奖励。奖励资金由地方和企业统筹用于燃料电池汽车关键核心技术产业化、人才引进及团队建设，以及新车型、新技术的示范应用等，不得用于支持燃料电池汽车整车生产投资项目和加氢基础设施建设。

燃料电池汽车示范的总体思路是"支持燃料电池汽车关键核心技术突破和产业化应用，推动形成布局合理、各有侧重、协同推进的燃料电池汽车发展格局。中央财政通过对新技术示范应用以及关键核心技术产业化应用给予奖励，加快带动相关基础材料、关键零部件和整车核心技术研发创新。争取用4年左右时间，逐步实现关键核心技术突破，构建完整的燃料电池汽车产业链，为燃料电池汽车规模化产业化发展奠定坚实基础"。

从中国燃料电池汽车示范的主要内容看，示范城市群应聚焦技术创新，找准应用场景，构建完整的产业链。一是构建燃料电池汽车产业链条，促进链条各环节技术研发和产业化。要依托龙头企业，以客户需求为导向，组织相关企业打造产业链，加强技术研发，实现相关基础材料、关键零部件和整车产品研发突破及初步产业化应用，在示范中不断完善产业链条、提升技术水平。二是开展燃料电池汽车新技术、新车型的示范应用，推动建立并完善相关技术指标体系和测试评价标准。要明确合适的应用场景，重点推动燃料电池汽车在中远途、中重型商用车领域的产业化应用。要运用信息化平台，实现燃料电池汽车示范全过程、全链条监管，积累车辆运行数据，完善燃料电池汽车和氢能相关技术指标、测试标准。三是探索有效的商业运营模式，不断提高经济性。要集中聚焦优势企业产品推广，逐步形成规模效应，降低燃料电池汽车成本。要为燃料电池汽车示范应用提供经济、安全稳定的氢源保障，探索发展绿氢，有效降低车用氢能成本。四是完善政策制度环境。要建立氢能及燃料电池核心技术研发、加氢站建设运营、燃料电池汽车示范应用等方面较完善的支持政策体系。要明确氢的能源定位，建立健全安全标准及监管模式，确保生产、运输、加注、使用安全，明确牵头部门，出台加氢站建设审批管理办法。

2021年6月，为规范燃料电池汽车检测工作，支撑燃料电池汽车示范应用，工业和信息化部装备工业发展中心发布了《燃料电池汽车测试规范》，明确了燃料电池系统额定功率、燃料电池系统质量功率密度、燃料电池堆体积功率密度、燃料电池系统低温冷启动、燃料电池汽车纯氢续驶里程等测试方法。《燃料电池汽车测试规范》是燃料电池汽车示范政策的重要配套政策之一，参与示范的燃料电池汽车需要按照《燃料电池汽车测试规范》

进行测试，并满足示范政策的技术指标要求，才能够获得国家奖励资金的支持。

2021年8月，财政部、工业和信息化部、科技部、国家发展改革委、国家能源局联合发布了《关于启动燃料电池汽车示范应用工作的通知》，正式批复京津冀、上海、广东城市群启动示范。京津冀、上海、广东三大示范城市群启动后，2021年12月，财政部、工业和信息化部、科技部、国家发展改革委、国家能源局发布了《关于启动新一批燃料电池汽车示范应用工作的通知》，正式批复郑州、河北城市群启动示范，这标志着中国五大燃料电池汽车示范城市群的全面启动。随着中国燃料电池汽车示范工作的启动实施，财政部、工业和信息化部、科技部、国家发展改革委、国家能源局将依托专家委员会和第三方机构对示范应用工作进行指导，并按照《燃料电池汽车示范城市群考核评价规则》予以考核，考核结果作为中央财政对示范城市群安排奖励资金的依据。并要求示范城市群要切实加强燃料电池汽车示范应用工作组织实施，建立健全示范应用统筹协调机制，推动牵头城市人民政府不断提升示范应用水平，加快形成燃料电池汽车发展可复制可推广的先进经验；要建立健全安全管理制度，确定牵头责任部门，加强燃料电池汽车运行安全监管，制定相关应急预案；要充分依托全国范围内产业链上的优秀企业实施示范，立足建立完整产业链供应链，畅通国内大循环，切实避免地方保护和低水平重复建设；要合理确定示范目标，探索合理商业模式，加强燃料电池汽车运行管理，防止出现车辆闲置等现象。

3.5.3 关于燃料电池汽车示范的理解与思考

1. 关于示范政策的总体认识

从中国燃料电池汽车示范的总体思路和内容看，为推动有条件地区技术创新、车辆推广应用、氢能供应、政策法规等全产业链协同加快发展，示范城市群需要围绕技术创新和产业链建设、应用新技术的车辆推广和运行使用、有效商业模式探索、政策制度环境建设等方面，明确具体任务和推进措施，确保实现示范预期目标。通过开展燃料电池汽车示范应用，一方面，能够继承中国新能源汽车领域已经形成的体制、政策和市场经验，总结借鉴新能源汽车推广初期"十城千辆"的做法，鼓励先行先试，充分调动地方和企业的积极性。另一方面，通过支持开展燃料电池汽车和车用供氢体系的全产业链系统示范，也有利于加快突破关键核心技术、补齐燃料电池汽车产业发展短板。同时，还能够统筹推进基础设施建设，研发创新能力培育，政策、标准和管理体系建设等，营造有利于氢能及燃料电池汽车全产业链发展的推广应用环境，加快推动形成燃料电池、纯电动等各类新能源汽车优势互补、协同发展的格局，促进中国新能源汽车产业高质量发展和汽车产业的转型升级，加快形成具有国际竞争力的产业体系。整体来看，燃料电池汽车示范政策有几项重要的突出创新。

一是提高奖励资金效率，确保"扶优扶强"。通过开展燃料电池汽车示范能够提高财政资金的使用效益，避免撒胡椒面和大水漫灌，可集中有限资金支持重点有潜力的地区和企业。示范政策对参与示范的燃料电池汽车提出了技术指标要求，有利于防止支持低水平产品示范，能够将有限的财政资金重点用于支持先进企业和高端产品，倒逼企业不断提升技术水平和产品安全可靠性，并持续降低产品成本，加快培育中国燃料电池汽车产业链和氢能供应链，探索形成布局合理、互融共生、协同推进的燃料电池汽车发展新模式。

二是成熟一个实施一个，防止"一哄而上"。 示范政策对申报城市群的产业基础、氢能供给及经济性基础、车辆推广和加氢站建设基础、政策基础等提出了门槛要求，目的就是防止部分不具备发展条件的地方盲目申报。通过采用成熟一个实施一个的政策方针，选择具备发展条件的城市群开展示范，有利于各地因地制宜，更加科学、合理、有节奏地推进氢能及燃料电池汽车产业发展，将有限的政策资源集中支持基础条件好、产业链上企业技术水平高的城市群，能够有效防止产业基础薄弱、缺乏推广经验的城市一哄而上，造成资源浪费和低水平重复建设，促进中国氢能及燃料电池汽车产业科学有序发展。

三是鼓励关键技术攻关，推动产业链建设。 经过多年努力，中国燃料电池汽车产业取得了积极进展，部分燃料电池企业已经从最初的引进国外技术和产品，开始逐步消化吸收再创新，形成了自主的知识产权技术，但部分核心材料和部件仍依赖进口。为促进中国燃料电池汽车长远健康发展，示范政策重点鼓励电堆、膜电极、双极板、质子交换膜、催化剂、碳纸、空气压缩机、氢气循环系统等关键技术研发创新，通过新技术的产业化示范应用，能够激励企业加快突破燃料电池汽车领域"卡脖子"的核心技术，建立健全产业链，实现关键材料和零部件国产化，加快培育并健全中国燃料电池汽车产业链和氢能供应链。

四是采取"以奖代补"，科学考核示范成效。 为确保示范效果和资金效益，财政部等五部门从关键零部件技术创新、车辆推广应用、氢能供应以及政策环境等方面提出了示范目标，各地方需要结合自身实际情况，科学论证实现目标的可能性，自愿申请试点示范。同时，财政部等五部门还对关键考核指标进行了量化，建立了燃料电池汽车示范应用积分评价体系，将安排奖励资金的原则明确为科学评价基础上的结果导向，作为示范考核评价和资金奖励拨付的重要依据。此外，财政部等五部门还将依托第三方机构和专家委员会深度参与示范考核评价工作，对完成任务的示范城市群才会给予奖励资金支持。

五是注重产业合理布局，协同、互补发展。 燃料电池汽车产业链条长、涉及主体多、系统化程度高，较为复杂，为防止"一哄而上"造成资源浪费和无序发展，通过选择部分具备基础条件的城市群，围绕燃料电池汽车关键零部件核心技术攻关，重点在中重型、中远途等纯电动汽车难以覆盖的领域，开展燃料电池汽车产业化示范应用，能够加快突破关键核心技术并实现国产化，不断提升技术成熟度和产业化发展水平，既有利于集中资源打造若干氢能及燃料电池汽车产业集群，也有利于实现纯电动汽车和燃料电池汽车优势互补、协同发展，促进形成科学合理的氢能及燃料电池汽车产业布局。

六是鼓励绿色低碳发展，推动双碳目标实现。 燃料电池汽车具有环保性能佳、转化效率高、加注时间短、续驶里程长、载重性能好等优势，更适用于城际客车、中重型货车等行驶里程长、载重负荷大、行驶路线相对固定的商用车领域。一方面，燃料电池汽车示范从二氧化碳排放量较大的商用车领域开始着手，重点促进燃料电池汽车对中远途、中重型商用车的替代，有利于推动解决燃油客车，尤其是重型货车的节能减排问题。另一方面，示范政策鼓励低碳氢、清洁氢的示范应用，支持绿氢的发展和应用，从能源端就确保了燃料电池汽车全生命周期的绿色低碳。

七是注重商业模式探索，提升产业竞争力。 示范政策采取年度积分标准退坡机制，倒逼氢能企业和整车企业不断提升经济性。示范政策不仅明确提出了车用氢能终端售价不超过 35 元 /kg 的示范目标，同时还要求示范城市群破除氢能供给和加氢站建设障碍、保障提供经济安全稳定的氢源、推动氢气成本不断降低、明确加氢站规划布局等，对提高燃料电池汽车使用经济性和便利性等具有积极意义。此外，随着燃料电池汽车示范启动，关键零部件的国产化，以及燃料电池汽车的推广上量，都将进一步促进燃料电池汽车购置成本的大幅下降，不断提升竞争力。

八是成立专家委员会，全程跟踪指导示范。 考虑到燃料电池汽车技术专业性很高，包括车辆推广、氢能供应、加氢设施、技术创新、产业链建设等内容，涉及组织实施、监督考核、资金发放等诸多环节，需要开展示范项目申报、评审、过程管理、资金核算等管理工作，以及技术进展跟踪、示范效果评估等，需要更加专业、科学、合理的管理。为更好开展工作，财政部等五部门成立了燃料电池汽车示范专家委员会，并依托第三方机构深度参与、全程指导示范工作。同时，专家委员会还将对示范城市群完成目标的可能性、实施方案的科学性以及示范进度等进行评估，为财政部等五部门确定示范城市群、发放奖励资金等提供参考。

九是搭建信息化平台，实现示范全过程监管。 考虑到燃料电池汽车的技术独特性，现有纯电动汽车运行监控方案已不能完全适用到燃料电池汽车示范过程中，且监控平台需要融入更多的审核清算、技术开发服务、产业链提升等功能，还需要监控氢能及加氢站等上游环节，因此需要依托专门机构建立全新、有针对性的示范信息化平台，并要求参与示范的企业上传示范数据，为示范城市群考核评价提供数据支撑，并将部分数据面向社会公开，接受社会监督，防止出现数据造假、骗补谋补等问题。

当然，做好燃料电池汽车示范还必须从顶层战略层面进行系统思考，厘清发展的基本原则，为燃料电池汽车示范提供根本遵循。而希望燃料电池汽车示范能够实现既定目标，就需要示范城市群深刻认识并理解以下基本原则。

一是要坚持创新驱动和产业协同。 注重试点示范与技术创新的有效衔接、统筹谋划和一体化实施，加快建立以企业为主体、市场为导向、产学研深度融合的研发创新体系。着力解决关键技术和突破薄弱环节，实现氢能、基础设施、核心零部件、整车、运营等全产业链协同发展。

二是要坚持统筹规划和因地制宜。 示范地区应统筹规划氢能及燃料电池汽车产业发展布局，做好试点示范和产业发展的顶层设计。同时，根据本地区发展实际，因地制宜、发挥优势，科学确定本地区试点示范的发展目标和重点任务，努力探索差异化、特色化、高端化的产业集群发展模式。

三是要坚持组织协调和统筹推进。 加强相关部门之间的协同，形成牵头部门负责，相关部门配合的权责一致、规范有序、互相协调、运行高效的协同联动机制。建立有效、及时、顺畅的沟通渠道，强化组织实施，加大资金投入力度，建立城市群内部的考核评价体系，统筹推进燃料电池汽车示范有序进行。

四是要坚持市场导向和政府推动。 坚持用市场的办法解决氢能及燃料电池汽车产业发展遇到的问题，技术创新、产品推广等市场资源配置以企业和科研院所为主体。同时，强化政策引导、资金支持的推动作用，集聚政府、行业企业、科研院所等多方优势资源，协同推进燃料电池汽车示范。

五是坚持改革创新和安全发展。 示范城市群应大胆实践、勇于创新，积极探索解决制约氢能及燃料电池汽车产业发展的体制机制障碍，形成可复制、可推广的发展经验。如果示范城市群能够在氢能及加氢站建设方面开拓创新，通过改革释放市场能量，那对燃料电池汽车产业发展的贡献将远大于给予短期的补贴支持。同时，示范城市群也要坚守安全底线、提高安全意识、加强安全管理，构建氢能及燃料电池汽车安全运营长效机制。

2. 示范政策希望实现的效果

前面章节也有提到，相比纯电动汽车，燃料电池汽车的产业链更长、技术要求更高、发展障碍也更多，是一项复杂的系统工程，中国相对落后的工业基础和创新能力，也导致培育氢能及燃料电池汽车产业的难度更大、周期更长，仅靠消费端的补贴难以撬动产业链协同发展，无法调动地方积极性，难以系统解决加氢设施建设、政策制度障碍等难题，财政资金也容易分散。中国通过开展燃料电池汽车示范应用，选择符合条件的城市群，并依托产业链上优秀企业开展示范应用，希望能够实现以下的效果，保障燃料电池汽车产业持续健康、科学有序发展。

一是希望各地产业互补、企业强强联合，合力构建产业链。 考虑到各地区资源能源禀赋、产业基础、技术优势、应用场景等存在差异，政策要求在全国范围内选择产业链上优秀企业，由优秀企业所在城市联合申报示范，充分发挥城市和企业各自优势，实现产业互补、强强联合。政策不希望各城市限制外地企业，或要求外地企业在本地投资建厂作为合作前提，避免盲目招商引资、重新打造产业链，造成低水平重复建设和结构性产能过剩。

二是希望城市群中的各城市功能定位要清晰合理，避免同质化竞争。 政策明确要求，牵头城市应发挥主体作用，组织各城市共同制定实施方案并签订合作协议，明确各自任务分工。各城市应根据自身具备的优势，明确在示范应用中的功能定位和责任，如氢能供给、研发产业化、推广应用等。各城市间的定位要实现衔接、互补，避免出现同质化竞争和低水平重复建设等问题。

三是希望示范城市群应选出适合燃料电池汽车的应用场景，和纯电动汽车优势互补、协同发展。 考虑到燃料电池汽车技术特点及优势，政策提出重点推动中远途、中重型商用车示范应用，将其作为纯电动汽车的有益补充，而绝非替代关系。示范城市群应结合本地实际及应用需求，分析该场景推广燃料电池汽车的可行性和必要性，在实施方案中明确适合的整车和关键零部件企业、车辆类型、技术参数、应用模式等，防止为了推广燃料电池汽车而推广，避免出现推广车辆跑不动、技术上不去、成本下不来的尴尬局面。

四是希望示范城市群打通产业链，促进相关企业紧密合作，构建产业生态体系，抓住契机支持优势企业做大做强。 燃料电池汽车示范应用涉及氢能供应、零部件研发生产、系统配套、整车研发生产、终端场景应用等类型企业，示范城市群应整合上下游产业链、优化资源配置，建立健全政府搭台、企业唱戏、合作共赢的发展机制，加速培育区域氢能及燃料电池汽车产业生态。因此，政策要求牵头城市和参与城市应签订合作协议，参与城市还应出具示范任务承诺函，参与示范的企业应通过签订合同或合作意向书方式，加强上下游合作，加大产品推广力度，不断降低产品成本，加快实现关键核心技术突破及产业化应用。

五是希望示范城市群建立完善的政策体系，为企业发展营造良好的政策环境。政策支持体系，尤其是氢能管理、加氢站建设等方面，一直是产业发展的短板。示范城市群应积极创新、有所作为，加快建立支持燃料电池汽车相关研发攻关产业化、推广应用、安全监管、加氢站建设运营、资金投入保障等较为完善的政策体系，并明确各项政策的具体牵头负责单位，做好政策制定规划，确保及时出台相关支持政策，为企业发展营造良好的政策环境。

六是希望示范城市群要加强监管、细化考核，在确保安全的基础上完成示范任务。各城市群应科学有序、安全稳妥推进燃料电池汽车示范应用，提高安全风险意识，建立健全安全管理制度，确定具体责任部门、明确安全监管机制和管理措施、制定突发事件应急预案等，有效防止安全事故发生，促进产业持续健康发展。

总体来看，不同的发展阶段需要相应的政策环境，燃料电池汽车作为战略性新兴产业，虽然具有较好的经济社会效益，但在产业发展初期，投资风险大、不确定性较强，完全靠市场机制很难有效发挥作用，其成本与效益的不对称需要通过政府活动，也就是产业、财税等政策来进行弥补和矫正。目前中国燃料电池汽车已经进入由基础研发向产业化过渡的关键阶段，但产业发展仍面临关键核心技术缺失、氢能供给体系建设缓慢、政策标准法规不健全等问题，已成为制约中国燃料电池汽车产业发展的关键瓶颈。将原来单纯的购置补贴政策调整为选择部分城市群开展示范应用，给予示范地区综合奖补，由地方统筹用于给予购置补贴、氢能补贴、企业研发创新补贴等，将对中国燃料电池汽车产业发展产生积极、深远影响，有利于促进燃料电池汽车产业高质量发展，并为未来燃料电池汽车规模化推广奠定坚实基础，将是中国燃料电池汽车产业发展的重要拐点。值得一提的是，开展燃料电池汽车示范应用不仅是中国新能源汽车支持政策的一次大胆创新尝试，也是贯彻落实习近平总书记"逐步形成以国内大循环为主体、国内国际双循环相互促进的新发展格局"指示精神的一个鲜活样本。若本次燃料电池汽车示范效果好，也将为中国发展壮大其他战略性新兴产业，尤其是在市场经济下，政策如何培育新兴产业集群探索出一条崭新的发展道路，为下一步政策改革创新，探索政策边界与市场边界提供有益借鉴。

3.6 氢能产业中长期发展规划

2021年10月发布的《中共中央 国务院关于完整准确全面贯彻新发展理念做好碳达峰碳中和工作的意见》，是中国碳达峰、碳中和"1+N"政策体系的"1"，"N"则代表为助力实现碳达峰、碳中和目标而发布的各项其他政策措施。2022年1月24日，习近平总书记在中共中央政治局就努力实现碳达峰碳中和目标第三十六次集体学习上强调，要把促进新能源和清洁能源发展放在更加突出的位置，积极有序发展光能源、硅能源、氢能源、可再生能源。其中，氢能作为一种来源丰富、绿色低碳、应用广泛的二次能源，日益受到各国政府的重视，正逐步成为全球能源转型发展的重要载体之一。2022年3月23日，国家发展改革委、国家能源局发布了《氢能产业发展中长期规划（2021—2035年）》。氢能规划不仅是中国实现碳达峰、碳中和目标的"1+N"政策体系"N"项配套政策之一，将为中国实现碳达峰、碳中和目标提供有力支撑，也是中国首个氢能产业的中长期发展规划，明确了氢能的能源属性，并为中国氢能产业中长期发展描绘了宏伟蓝图。氢能规划的发布是中国氢能产业发展的重要里程碑，标志着中国氢能产业开始进入全面加速发展的新阶段。

为推动中国氢能产业规范有序高质量发展，氢能规划在科学分析中国氢能产业面临的国内外形势基础上，对中国氢能产业发展进行了顶层设计、统筹谋划和系统部署，明确了到2035年中国氢能产业发展的总体布局。氢能规划不仅从宏观上明确了氢能在中国能源绿色低碳转型中的战略定位、总体要求，还从微观上提出了系统构建支撑氢能产业高质量发展创新体系、统筹推进氢能基础设施建设、稳步推进氢能多元化示范应用、加快完善氢能发展政策和制度保障体系四项具体重点任务，并在最后明确了氢能规划组织实施的相关保障措施，确保实现规划目标和落实规划重点任务。

3.6.1 氢能及氢能产业的战略定位

氢能作为战略性新兴产业之一，其战略定位如何将直接影响产业的后续发展，也将影响后续各类资源要素在氢能产业的实际投入。氢能规划从三个方面给予了氢能及氢能产业极高的战略定位，首次明确了氢能的能源属性，将发展氢能产业上升到了国家能源体系和能源战略的高度，为中国未来氢能产业发展指明了方向，具有重要的历史意义。

1. 战略定位一

首先，氢能规划的原文明确了氢能的第一个战略定位："氢能是未来国家能源体系的重要组成部分。充分发挥氢能作为可再生能源规模化高效利用的重要载体作用及其大规模、长周期储能优势，促进异质能源跨地域和跨季节优化配置，推动氢能、电能和热能系统融合，促进形成多元互补融合的现代能源供应体系。"

2020年4月，国家能源局发布了关于《中华人民共和国能源法（征求意见稿）》公开征求意见的公告，将氢能纳入了能源定义，本次发布的氢能规划则进一步明确了氢能的能源属性。氢能与电能类似，都需要通过一次能源转化才能获得，都属于二次能源，是可再生能源的主要载体。但和电能不同，正如氢能规划中所说的，氢能具备大规模、长周期储能优势，这是氢能相比电能最为突出的优势之一，从而决定氢能可以成为多种能源融合的关键节点，通过"风光氢储"一体化融合发展，既能够为可再生能源规模化消纳提供解决方案，也能够实现氢能、电能、热能的灵活转化和融合发展。而且从长远来看，氢能将与电能协同互补，成为中国未来清洁能源体系中重要的二次能源之一，也将成为中国未来多元化能源体系的重要组成部分。

目前中国已经成为全球最大的氢气产销国，但氢气主要还是作为工业原料，用于石油化工等各类传统产业，同时由于氢气的易燃易爆特性，在中国长期被按照危险化学品来管理，其能源属性并未受到广泛认同，导致氢能基础设施建设面临较多困难，氢能产业发展相对缓慢，如氢气制备被严格限制在化工园区、加氢站不能采取现场制氢方式等。因此，为推动氢能产业健康持续发展,需要加快将氢能纳入国家能源体系进行管理。氢能规划的发布,明确了"氢能是未来国家能源体系的重要组成部分",进一步明确了氢气的能源属性,这为中国未来发展氢能产业提供了非常重要的制度支撑。未来,随着氢能规划的落地实施,中国还需要加快研究出台相关配套政策,加强对氢能产业的规范管理,氢能作为能源的管理体系也将会加快建立,这将有利于破解制约氢能产业发展的各项制度性障碍,更好地推动中国氢能基础设施建设,进一步降低氢气的制备、储运、加注和利用成本,提高氢能的使用便利性,对促进中国氢能产业实现高质量快速发展具有重要意义。

2. 战略定位二

其次,氢能规划的原文明确了氢能的第二个战略定位:"氢能是用能终端实现绿色低碳转型的重要载体。以绿色低碳为方针,加强氢能的绿色供应,营造形式多样的氢能消费生态,提升中国能源安全水平。发挥氢能对碳达峰、碳中和目标的支撑作用,深挖跨界应用潜力,因地制宜引导多元应用,推动交通、工业等用能终端的能源消费转型和高耗能、高排放行业绿色发展,减少温室气体排放。"

为实现碳达峰碳中和战略目标,中国必须大幅提升可再生能源在终端能源消费中的占比,降低对化石能源的依赖。氢能是一种清洁、低碳和可再生能源,但要成为用能终端实现绿色低碳转型的重要载体,其前提是要实现制氢等环节的清洁低碳化,以及实现在诸多领域的规模化应用。这就决定中国在发展氢能产业的时候,一方面要明确低碳清洁氢的发展路径,严格限制化石能源制氢等高碳排放制氢方式,重点发展以可再生能源电解水制氢为主的可再生氢,从源头上确保实现绿色氢能的有效供给,推动建立绿色、低碳、经济的氢能供给体系。而且中国可再生能源装机量位居全球首位,在绿氢供给上具备天然优势,未来随着中国可再生能源的大规模推广,电解水制氢的成本也将持续下降,氢能使用的经济性将会大幅提升,从而为中国氢能的规模化应用提供有效支撑,促进中国用能终端的绿色低碳转型。另一方面,正如氢能规划所说,氢能具备跨界应用潜力,通过逐步扩大清洁低碳氢能在交通、工业等用能终端的应用,将氢能作为高耗能、高排放行业的优质替代能源,既能够促进相关高碳领域脱碳和低碳化转型,降低用能终端二氧化碳等温室气体排放,促进高耗能行业的绿色低碳发展,也能够有效降低对汽柴油等化石能源的依赖,对保障中国能源安全也具有重要意义。

3. 战略定位三

最后,氢能规划的原文明确了氢能的第三个战略定位:"氢能产业是战略性新兴产业和未来产业重点发展方向。以科技自立自强为引领,紧扣全球新一轮科技革命和产业变革发展趋势,加强氢能产业创新体系建设,加快突破氢能核心技术和关键材料瓶颈,加速产业升级壮大,实现产业链良性循环和创新发展。践行创新驱动,促进氢能技术装备取得突破,加快培育新产品、新业态、新模式,构建绿色低碳产业体系,打造产业转型升级的新增长点,为经济高质量发展注入新动能。"

氢能的产业链条很长,包括制氢、储氢、加氢、零部件和装备制造、终端应用等多个环节,涉及能源、交通、发电、工业等多个行业,具有技术门槛高、覆盖范围广、带动能力强等特点。氢能规划在明确氢能的能源属性，以及氢能在中国碳达峰碳中和战略中的重要地位后，进一步提出了氢能产业是战略性新兴产业和未来产业的重点发展方向。这里面总共有两层含义，第一层含义是指氢能是中国的战略新兴产业，当然作为战略性新兴产业，一方面说明国家对氢能产业的高度重视和期望，氢能产业的发展前景好、潜力大，另一方面也预示着氢能产业自身发展还面临各项需要攻关或突破的难题，必须坚持创新驱动，加快突破氢能产业关键"卡脖子"技术，建立自主可控产业链体系，为中国氢能产业高质量发展打牢基础。第二层含义是指氢能是中国未来产业的重点发展方向，通过氢能技术的自主突破将促进中国氢能产业加快培育新产品、新业态和新模式，推动氢能在交通、工业、电力等领域规模化应用，进而为中国经济高质量、绿色低碳发展注入新动能，培育形成一个全新的万亿级大产业。根据氢能联盟预计，"到2025年，中国氢能产业产值将达到1万亿元；到2050年，氢气需求量将接近6000万t，实现二氧化碳减排约7亿t，氢能在中国终端能源体系中占比超过10%，产业链年产值达到12万亿元，成为引领经济发展的新增长极"。氢能产业的第三个定位给行业一个明确的信号，那就是发展氢能产业是国家重点的鼓励方向，可以预见，氢能产业规划发布后，越来越多的企业或地方政府将会着手布局氢能产业，越来越多的资本也将投入到氢能产业，未来中国氢能产业将迎来难得的发展机遇期。

3.6.2 氢能产业发展的总体要求

氢能规划要求：紧扣实现碳达峰、碳中和目标，贯彻"四个革命、一个合作"能源安全新战略，着眼抢占未来产业发展先机，统筹氢能产业布局，提升创新能力，完善管理体系，规范有序发展，提高氢能在能源消费结构中的比重，为构建清洁低碳、安全高效的能源体系提供有力支撑。同时，氢能规划也提出了发展氢能产业应遵循的基本原则，并描绘了到2025年、2030年和2035年中国氢能产业的发展目标。

1. 基本原则

面对氢能产业发展新形势、新挑战和新机遇，氢能规划提出了要坚持"创新引领、自立自强""安全为先、清洁低碳""市场主导、政府引导""稳慎应用、示范先行"的基本原则，从产业发展、研发创新、安全低碳、政策制定、示范应用等角度，明确了未来一段时间，中国氢能产业发展应持有的发展策略和方针，对推动中国氢能产业健康持续、规范高质量发展具有重要指导意义。

（1）创新引领，自立自强

氢能规划原文提出要"坚持创新驱动发展，加快氢能创新体系建设，以需求为导向，带动产品创新、应用创新和商业模式创新。集中突破氢能产业技术瓶颈，建立健全产业技术装备体系，增强产业链供应链稳定性和竞争力。充分利用全球创新资源，积极参与全球氢能技术和产业创新合作。"

氢能属于典型的技术密集型产业，不仅产业链长、应用领域广，其涉及的技术难度也非常大、难点也多，对氢能的制备、储存、运输、加注到终端利用等全产业链环节都有着较高的技术要求。近年来,中国氢能产业取得了积极进展,技术水平也实现了显著进步,但整体来看,目前中国氢能产业还处于从"0"到"1"的发展阶段。与国际领先水平相比,中国在关键基础材料、核心零部件、装备制造等方面还存在一定差距,部分管阀件、加氢设备等仍依赖进口,尚未形成自主可控的产业链体系。此外,除了技术问题外,氢能全产业链还面临着成本过高、基础设施不健全等问题,目前来看,氢能还不能完全满足大规模实用需求。

因此,必须将创新引领和自立自强摆在氢能产业发展的核心位置,这是中国构建氢能产业高质量发展格局的前提和基础条件。通过创新驱动发展,带动创新体系建设,加快实现氢能制备、储存、输运、加注、应用全链条创新突破,并通过产品创新、应用创新和模式创新,在提升氢能产业整体经济性的同时,促进自主技术在市场应用中迭代升级,尤其是要重点突破关键"卡脖子"技术,提升全产业链关键核心技术和装备自主可控能力,从而保持中国氢能产业链、供应链的安全稳定,以及氢能产业整体竞争力的持续提升。目前全球经济形势复杂多变,地缘政治风险持续上升,能源安全已经成为全球重点关注问题,主要国家纷纷加大对可再生能源的支持和投入力度,尤其以欧洲为代表,将发展氢能作为降低油气能源对外依存度的重要手段,大力推动氢能产业发展。而从中国氢能产业发展的现实需要进行客观考虑,我们也必须要坚定走自立自强的道路,同时,也要处理好国际合作与自主创新的关系,加强同国际先进水平和地区的交流合作,共同推动全球氢能产业的发展。

(2)安全为先,清洁低碳

氢能规划原文提出要"把安全作为氢能产业发展的内在要求,建立健全氢能安全监管制度和标准规范,强化对氢能制、储、输、加、用等全产业链重大安全风险的预防和管控,提升全过程安全管理水平,确保氢能利用安全可控。构建清洁化、低碳化、低成本的多元制氢体系,重点发展可再生能源制氢,严格控制化石能源制氢。"

一是要坚持安全为先。氢气无色无味、易燃易爆,一旦发生泄漏并积累到一定浓度,就极易发生爆炸等安全事故。近年来,全球发生了多起氢气爆炸事故,为各国发展氢能产业敲响了警钟。尤其是在产业发展的初级阶段,如果氢能相关的安全事故频发,将会对还处于萌芽期的氢能产业造成毁灭性打击。目前氢能规划已经明确了氢能的能源属性,这预示着越来越多的氢能项目可以走出化工园区,氢能作为能源的应用场景将会进一步丰富,普通人民群众也将会有越来越多的机会接触到氢能。由于氢能在制备、储运、加注和使用的过程都有可能发生泄漏和爆炸的风险,这就要求我们要比之前更加重视氢能的安全问题,一旦放松对氢能安全的管理,就有可能带来无法估量的损失。因此,氢能规划提出必须"把安全作为氢能产业发展的内在要求",必须建立健全安全监管制度和标准规范,强化对氢能全产业链重大安全风险的预防和管控,确保氢能制、储、输、用等全产业链环节都符合安全要求,这是氢能大规模商业化推广使用的底线和前提条件。此外,氢能规划通篇多处强调了氢能安全的重要性,除了基本原则外,还在技术创新、安全监管、宣传引导等方面提出氢能安全相关要求,并从安全技术创新、全产业链安全监管等方面部署了一系列任务措施。整体看,在氢能作为能源管理的同时,氢能本身的危险化学品属性并不会改变，这就要求氢能也同时需要按照危险化学品进行管理，从而最大限度地降低氢能安全风险的发生。

二是要坚持绿色低碳。未来随着氢能产业的规模化发展，氢气的需求量将与日俱增，因此，必须解决氢气来源的问题，这是发展氢能产业的基础保障。中国是全球最大的制氢国，但大部分氢气都来自化石能源制氢，可再生能源制氢的规模还很小，在制氢过程中会导致大量的二氧化碳排放，容易造成环境污染等问题。在碳达峰、碳中和战略目标引领下，不新增碳排放是发展氢能产业的前提条件，目前中国可再生能源的装机量位居世界首位，在低碳氢、清洁氢和可再生氢的供给上具有巨大潜力，因此，发展氢能产业必须构建清洁化、低碳化、低成本的多元制氢体系，重点推动可再生能源制氢的规模化发展，并严格控制化石能源制氢。从发展趋势看，可再生能源制氢将成为中国未来氢源的重要组成部分，但要实现可再生能源制氢的规模化开发利用，还需要不断提升可再生能源制氢的经济性。目前可再生能源制氢的成本偏高，已成为制约可再生能源制氢大规模推广的主要因素，未来随着可再生能源制氢的规模化生产，以及可再生能源制氢技术进步，可再生氢的成本将有望进一步降低，其经济性也将日益凸显。此外，和基本原则对应，氢能规划在发展目标、技术创新、氢能基础设施建设等方面，不仅对可再生能源制氢提出了具体的发展目标，还部署了相关领域的关键核心技术攻关任务，以及政策与制度保障措施，系统推动可再生能源制氢发展。

(3) 市场主导，政府引导

氢能规划原文提出要"发挥市场在资源配置中的决定性作用，突出企业主体地位，加强产学研用深度融合，着力提高氢能技术经济性，积极探索氢能利用的商业化路径。更好发挥政府作用，完善产业发展基础性制度体系，强化全国一盘棋，科学优化产业布局，引导产业规范发展。"

目前中国氢能产业还处于发展的初级阶段，技术成熟度、经济性仍待进一步提升，单纯地依靠市场力量，很难快速有效地激活市场，促进氢能的商业化应用。因此，在氢能产业发展的初期，必须充分发挥好政府的引导作用，通过政府完善氢能产业发展的基础性制度体系，为氢能产业发展提供良好的政策环境，引导各类资源要素向氢能产业聚集，促进氢能产业加快发展。同时，政府还需要注意加强对氢能产业的规范管理，以市场应用为牵引，科学合理布局氢能产业，促进氢能产业健康、规范发展。另外，还需要充分发挥市场在资源配置中的决定性作用，行业企业是氢能产业发展的中坚力量，要依托行业企业，加强同高校、科研院所等机构的产学研合作，通过协同创新、联合攻关等方式，促进氢能相关核心技术研发和科研成果转化，不断提升氢能技术水平，降低氢能成本，探索形成有效的氢能商业化发展路径。

(4) 稳慎应用，示范先行

氢能规划原文提出要"积极发挥规划引导和政策激励作用，统筹考虑氢能供应能力、产业基础和市场空间，与技术创新水平相适应，有序开展氢能技术创新与产业应用示范，避免一些地方盲目布局、一拥而上。坚持点线结合、以点带面，因地制宜拓展氢能应用场景，稳慎推动氢能在交通、储能、发电、工业等领域的多元应用。"

近年来，中国氢能产业的投资热情持续高涨，越来越多的地方政府也开始布局氢能产业，这在推动中国氢能产业快速发展的同时，也出现了盲目跟风、同质化竞争、低水平重复建设等苗头。目前中国氢能产业仍处于起步阶段，不管是技术水平，还是经济性，都不具备竞争优势，同时氢能基础设施建设还相对滞后，这些因素都决定中国氢能产业还远未达到大规模应用阶段。可以说，发展氢能产业一定是一项长期的事业，不可能立竿见影，马上见到收益。这就需要我们在发展氢能产业时，要把握好产业的实际发展进展，客观认识产业发展所处阶段，各地方要因地制宜、理性、稳慎地发展氢能产业，绝不能盲目跟风上马项目、一哄而上，造成同质化竞争、低水平重复建设和结构性产能过剩，一定要坚持审慎应用的原则，要把技术创新和安全放在首位，尤其是不能对安全掉以轻心，要在确保安全的基础上，集中突破氢能产业链关键核心技术，增强中国产业链、供应链的稳定性和竞争力，为后续氢能大规模推广应用打好基础。在氢能产业的发展初期，通过启动氢能产业试点示范，选择产业基础好、技术创新能力强、资源禀赋好、氢能供应能力足、市场空间大、应用场景丰富、财政能力强的地区，在交通、储能、发电、工业等领域审慎推进氢能的多元化示范应用，并依托示范加快突破氢能核心技术和关键装备瓶颈，对于中国优化氢能产业布局、引导氢能产业规范发展等具有重要意义，有利于中国氢能产业行稳致远。

2. 发展目标

氢能规划在明确氢能及氢能产业的战略定位，以及氢能产业发展的基本原则后，提出了中国氢能产业发展各阶段的目标，主要包括三个阶段，分别为 2025 年、2030 年和 2035 年的发展目标，其中，针对 2025 年，氢能规划提出了具体量化指标。

氢能规划原文明确提出："到 2025 年，形成较为完善的氢能产业发展制度政策环境，产业创新能力显著提高，基本掌握核心技术和制造工艺，初步建立较为完整的供应链和产业体系。氢能示范应用取得明显成效，清洁能源制氢及氢能储运技术取得较大进展，市场竞争力大幅提升，初步建立以工业副产氢和可再生能源制氢就近利用为主的氢能供应体系。燃料电池车辆保有量约 5 万辆，部署建设一批加氢站。可再生能源制氢量达到 10 万～20 万 t/ 年，成为新增氢能消费的重要组成部分，实现二氧化碳减排 100 万 ~200 万 t/ 年"。"再经过 5 年的发展，到 2030 年，形成较为完备的氢能产业技术创新体系、清洁能源制氢及供应体系，产业布局合理有序，可再生能源制氢广泛应用，有力支撑碳达峰目标实现"。"到 2035 年，形成氢能产业体系，构建涵盖交通、储能、工业等领域的多元氢能应用生态。可再生能源制氢在终端能源消费中的比重明显提升，对能源绿色转型发展起到重要支撑作用"。

到 2025 年，氢能规划在氢能产业发展制度政策环境、氢能产业创新能力、氢能示范应用等方面提出了发展要求，并提出了初步建立较为完整的供应链和产业体系，以及初步建立以工业副产氢和可再生能源制氢就近利用为主的氢能供应体系两大目标，这为短期内中国氢能产业发展指明了具体方向。有两点需要着重强调，一方面是要加快建立氢能产业的供应链和产业链体系，另一方面则是要建立低碳清洁的氢能供给体系，如果这两个目标能够实现，将为 2025 年后中国氢能产业加速发展奠定坚实基础。

氢能规划也提出了到 2025 年的具体量化指标，共包括燃料电池车辆保有量约 5 万辆、可再生能源制氢量达到 10 万 ~20 万 t/ 年、实现二氧化碳减排 100 万 ~200 万 t/ 年三项。其中对氢能在交通领域提出了具体指标要求，主要是因为中国燃料电池汽车产业发展预期较为可靠，当前氢能产业的重要突破口还在于燃料电池汽车产业。从 5 万辆的保有量规模看，截至 2023 年 6 月，已推广的燃料电池汽车加上京津冀、上海、广东、郑州、河北城市群示范期间拟推广的燃料电池汽车，基本可以达到燃料电池汽车累计保有量达到 5 万辆的要求。如果再算上其他非示范地区拟推广的燃料电池汽车数量，那么燃料电池汽车保有量将有望超过 5 万辆，甚至更多。当然，燃料电池汽车的推广情况也会和技术进步情况、成本下降情况、氢能基础设施建设情况息息相关，这对燃料电池汽车的推广能否达到或超过预期也会有一定的影响。

此外，氢能规划也提出了可再生能源制氢量的具体发展目标，再一次明确了可再生能源制氢是未来发展重点，对加快推动可再生能源制氢等技术进步具有重要导向作用。目前中国可再生能源制氢的规模还很小，但近两年可再生能源制氢项目增长较快，氢能规划提出了可再生能源制氢量达到 10 万 ~20 万 t/ 年的发展目标，这是结合中国可再生能源制氢产业发展现状、技术水平、成本问题、市场需求等提出的具体目标。单纯地从数量来看，10 万 ~20 万 t/ 年的可再生能源制氢规模和 5 万辆燃料电池汽车保有量的用氢需求基本对应，可再生能源制氢产量已经可以满足中国燃料电池汽车示范运营的需要。同时氢能规划也明确了利用中国丰富的工业副产氢发展氢能产业，这也是结合中国氢能产业现状提出的科学、合理路径，能够充分发挥工业副产氢量大、经济性好等突出优势，和可再生能源制氢在短期内形成互补效应。

氢能规划在到 2030 年和 2035 年的发展目标中，并没有提出可量化的要求，主要以定性描述为主，这是产业发展规划类政策的通用做法，主要是因为时间太过长远，而氢能产业技术进步快、发展不好预测有关。其中 2030 年提出了要形成两个较为完备的体系，一个是氢能产业技术创新体系，另一个是清洁能源制氢及供应体系。在 2035 年则提出了一个体系和一个生态的发展目标，分别是形成氢能产业体系，构建涵盖交通、储能、工业等领域的多元氢能应用生态，从产业体系和应用生态方面为中国氢能产业发展绘制了蓝图。此外，不管是 2030 年还是 2035 年的规划目标，都强调了要发展可再生能源制氢，到 2035 年可再生能源制氢在终端能源消费中的比重要明显提升，这对发展可再生能源制氢是巨大利好，可再生能源制氢将成为行业发展布局的重点方向。未来，随着氢能产业发展、技术积淀和成本下降，中国氢能产业的发展目标将越来越清晰。

3.6.3 氢能产业发展的具体任务

在明确了氢能及氢能产业战略定位，以及氢能产业发展的总体要求后，氢能规划围绕氢能产业链各关键环节提出了四方面的具体任务，包括系统构建支撑氢能产业高质量发展创新体系、统筹推进氢能基础设施建设、稳步推进氢能多元化示范应用、加快完善氢能发展政策和制度保障体系等，这四方面的任务互为支撑、缺一不可，将共同推动中国氢能产业高质量发展。

1. 系统构建支撑氢能产业高质量发展创新体系

氢能规划将氢能产业创新体系建设放在重要位置，明确提出要"围绕氢能高质量发展重大需求，准确把握氢能产业创新发展方向，聚焦短板弱项，适度超前部署一批氢能项目，持续加强基础研究、关键技术和颠覆性技术创新，建立完善更加协同高效的创新体系，不断提升氢能产业竞争力和创新力"，并在持续提升关键核心技术水平、着力打造产业创新支撑平台、推动建设氢能专业人才队伍、积极开展氢能技术创新国际合作四方面提出了具体任务，加快推动建设氢能产业创新体系。

一是持续提升关键核心技术水平。氢能规划提出了要聚焦燃料电池、关键部件及装备、氢能等关键核心技术，持续推动氢能先进技术研发及产品示范应用，加快建设氢能产业高质量发展的技术体系。目前中国氢能产业在制备、储存、运输、加注和应用等环节还存在着诸多技术难点问题，与国际先进水平还存在一定差距，需要中国加大力度进行攻关。一方面，要加快突破燃料电池相关技术，以质子交换膜燃料电池技术为重点，加快补齐关键材料短板，持续提升燃料电池的可靠性、稳定性、耐久性，推动形成批量化量产能力，提高燃料电池经济性，为氢能在多领域应用提供基本载体。另一方面，要围绕氢能全产业链，加大研发投入力度，尤其是要提高可再生能源制氢的效率和单台设备规模，为中国可再生能源制氢规模应用提供技术支撑，同时也需要高度关注氢能安全相关技术，为中国氢能产业安全发展保驾护航。目前，在国家政策引导下，地方政策支持下，尤其是行业企业努力下，中国氢能全产业链的研发投入持续加大，未来几年，中国氢能关键核心技术水平有望实现大幅提升，氢能产业关键材料及核心技术装备瓶颈也有望加快突破。

持续提升关键核心技术水平的重点任务见表3-17。

表3-17 持续提升关键核心技术水平的重点任务

序号	领域	主要任务/支持方向
1	燃料电池	质子交换膜燃料电池技术，关键材料，提高主要性能指标和批量化生产能力，提升燃料电池可靠性、稳定性、耐久性
		新型燃料电池技术
2	零部件及装备	核心零部件以及关键装备研发制造
3	氢能	提高可再生能源制氢转化效率和单台装置制氢规模，突破氢能基础设施环节关键核心技术
		临氢设备关键影响因素监测与测试技术，制、储、输、用氢全链条安全技术开发应用
		绿色低碳氢能制取、储存、运输和应用等各环节关键核心技术
		光解水制氢、氢脆失效、低温吸附、泄漏/扩散/燃爆等氢能科学机理，氢能安全基础规律研究

注：根据氢能规划政策整理。

二是着力打造产业创新支撑平台。目前氢能产业还处于研发和示范阶段，需要整合中国氢能产业政产学研用各方面资源，聚焦氢能重点领域和关键环节，构建多层次、多元化创新平台,加快集聚人才、技术、资金等创新要素,为中国氢能产业发展营造良好的创新环境。在基础研究和前沿技术研究方面,要充分发挥高校、科研院所的科研能力优势,搭建重点实验室或研发平台,开展相关研究工作。在技术开发和工程化应用方面,需要充分发挥行业企业的研发生产优势,布局相关创新中心等平台,推动关键技术研发产业化,加快关键技术的国产化进程。在第三方支撑服务方面,要充分依托行业服务机构优势,搭建知识产权、检测认证、回收利用、氢能安全等平台,为行业创新发展提供各项服务。此外,支持"专精特新"中小企业发展创新,培育一批自主创新能力强的单项冠军企业。从氢能产业创新平台的支持方向看,行业企业在各个平台方面都有参与,明确了行业企业是中国氢能研发创新的主体,相关企业能否加大研发创新力度,将成为中国氢能关键技术突破的决定性因素。

着力打造产业创新支撑平台的重点任务见表3-18。

表3-18 着力打造产业创新支撑平台的重点任务

序号	领域	主要任务/支持方向
1	高校、科研院所、企业	建设重点实验室、前沿交叉研究平台,开展氢能应用基础研究和前沿技术研究
2	龙头企业	整合行业优质创新资源,布局产业创新中心、工程研究中心、技术创新中心、制造业创新中心等创新平台,构建高效协作创新网络,支撑行业关键技术开发和工程化应用
3	优势企业、服务机构	搭建氢能产业知识产权运营中心、氢能产品检验检测及认证综合服务、废弃氢能产品回收处理、氢能安全战略联盟等支撑平台,结合专利导航等工作服务行业创新发展
4	"专精特新"中小企业	参与氢能产业关键共性技术研发,培育一批自主创新能力强的单项冠军企业,促进大中小企业协同创新、融通发展

注:根据氢能规划政策整理。

三是推动建设专业人才队伍。人才队伍建设是氢能产业发展的核心和关键,由于氢能属于新兴产业,而且专业门槛相对较高,目前中国的氢能人才较为紧缺,随着中国氢能产业的发展进入换挡提速期,中国氢能人才的紧缺程度将进一步加剧。如何保障氢能产业拥有足够的人才支撑,将关系到中国氢能产业能否长期稳定发展,以及氢能规划能否有效落实。因此,加强专业人才队伍建设已经迫在眉睫,需要政府、高校、企业和社会共同努力,为中国氢能产业持续健康发展提供人才保障。一方面,需要高端定位,通过引进和培育国内外关键材料、技术、装备等领域高端人才,提升中国氢能基础研究和前沿技术研发能力。另一方面,需要加快推进氢能相关学科专业的建设,一直以来,中国高等院校缺少氢能相关专业,随着氢能产业发展热度提升,华北电力大学等高校开始开设氢能相关专业,这将有效壮大中国氢能创新研发人才群体。此外,还需要鼓励职业学院开设相关专业,为中国氢能产业培育高素质的技能人才和其他从业人员。通过以上措施,加快形成体系化、层次化的氢能人才输送体系,支撑中国氢能产业的高质量发展。

推动建设专业人才队伍的重点任务见表3-19。

表 3-19 推动建设专业人才队伍的重点任务

序号	领域	主要任务/支持方向
1	引进和培育人才	引进和培育高端人才,提升氢能基础前沿技术研发能力
1	引进和培育人才	培育氢能技术及装备专业人才队伍,夯实氢能产业发展的创新基础
2	人才培养培训	推进氢能相关学科专业建设,壮大氢能创新研发人才群体
3	职业院校(含技工院校)	开设相关专业,培育高素质技术技能人才及其他从业人员

注:根据氢能规划政策整理。

四是积极开展氢能技术创新国际合作。为应对全球气候变化、降低化石能源依赖,越来越多的国家开始布局氢能产业,但受制于技术成熟度、应用场景、氢能资源等问题,不少国家围绕氢能产业积极开展国际合作,共同推动全球氢能产业发展。中国是全球最大的氢气生产国,同时也拥有丰富的氢能应用场景,具备全球最大的氢能应用市场空间,在中国发展氢能产业时,如何抓住机遇、实现突破,也需要中国在产业发展、技术创新等方面加强国际交流和合作。一方面,要充分利用全球创新资源,在氢能关键核心技术、材料、装备等领域开展氢能技术创新的国际合作,积极构建国际氢能创新链和产业链。另一方面,要积极参与国际氢能标准化活动,为氢能国际标准制定贡献中国力量和中国方案,提升中国在氢能国家标准制定中的话语权。此外,还需要统筹国内和国际市场,加快氢能产业走出去,与氢能技术领先国家和地区开展国际合作,共同推动氢能产业市场化发展。

积极开展氢能技术创新国际合作的重点任务见表 3-20。

表 3-20 积极开展氢能技术创新国际合作的重点任务

序号	领域	主要任务/支持方向
1	联合研发	推动氢能全产业链关键核心技术、材料和装备创新合作,积极构建国际氢能创新链、产业链
2	标准合作	参与国际氢能标准化活动
3	共商共建共享	探索与共建"一带一路"国家开展氢能贸易、基础设施建设、产品开发等合作
4	项目合作	加强与氢能技术领先的国家和地区开展项目合作,共同开拓第三方国际市场

注:根据氢能规划政策整理。

2. 统筹推进氢能基础设施建设

氢能基础设施是氢能产业发展的先决条件,氢能规划明确提出要"统筹全国氢能产业布局,合理把握产业发展进度,避免无序竞争,有序推进氢能基础设施建设,强化氢能基础设施安全管理,加快构建安全、稳定、高效的氢能供应网络",并从合理布局制氢设施、稳步构建储运体系、统筹规划加氢网络等方面提出了具体任务,明确了氢能基础设施的发展方向和发展重点。

一是合理布局制氢设施。中国地大物博,不同地区的氢能资源禀赋也不尽相同,在各地方发展氢能产业的时候,就需要结合本地区的资源禀赋特点和产业布局,因地制宜选择制氢技术路线,逐步推动构建清洁化、低碳化、低成本的多元制氢体系。现阶段,中国拥有丰富的工业副产氢资源,且工业副产氢成本较低,是短期内中国理想的氢气来源。氢能规划也明确提出,在工业副产氢资源丰富的地区,可以优先利用工业副产氢,鼓励就近消纳。目前中国可再生能源制氢的规模较小且成本较高,尚不具备大规模推广应用的条件。但在部分风光水电资源丰富地区,其风、光、水等清洁能源资源丰富且成本较低,可以考虑开展风电、光伏、水电等可再生能源制氢,并逐步扩大示范规模,探索季节性储能和电网调峰。此外,也鼓励探索固体氧化物电解池制氢、光解水制氢、海水制氢、核能高温制氢等新型的电解水制氢技术,在氢能应用规模大的地区设立制氢基地,在实现氢能规模供给的同时,提升氢能经济性。

合理布局制氢设施的重点任务见表 3-21。

表 3-21　合理布局制氢设施的重点任务

序号	领域	主要任务/支持方向
1	工业副产氢	在焦化、氯碱、丙烷脱氢等行业集聚地区,优先利用工业副产氢,鼓励就近消纳,降低工业副产氢供给成本
2	可再生能源制氢	在风光水电资源丰富地区,开展可再生能源制氢示范,逐步扩大示范规模,探索季节性储能和电网调峰
3	其他制氢技术研发	固体氧化物电解池制氢、光解水制氢、海水制氢、核能高温制氢等
4	制氢基地	在氢能应用规模较大的地区设立制氢基地

注:根据氢能规划政策整理。

二是稳步构建储运体系。氢气储运是氢能供给体系的关键环节,对氢气储运的安全性、稳定性和经济性都有着较高要求,同时也需要具备优秀的储氢密度,提高氢气的储运效率。目前中国氢气储运以高压气态储运为主,未来需要在确保安全的基础上,积极推进技术材料工艺创新,支持开展多种储运方式的探索和实践,逐步构建高密度、轻量化、低成本、多元化的氢能储运体系。一方面,要提高高压气态储运效率,如提高储运压力,使用更加轻量化的高压气态储氢容器材料等,通过储运效率的提升推动储运成本降低。另一方面,低温液氢储运已经成为氢气储运技术的重点发展方向,国外液氢储运已经实现小规模应用,中国部分企业也在加快开展液氢储运技术研发和示范推广,随着液氢技术进步和成本下降,液氢储运将对中国氢能规模应用起到重要作用。此外,固态、深冷高压、有机液体、管道等新型长距离氢气储运技术也是重要发展趋势,需要加大研发投入力度,推动提升氢能储运效率。

稳步构建储运体系的重点任务见表 3-22。

表 3-22　稳步构建储运体系的重点任务

序号	领域	主要任务/支持方向
1	高压气态储运	提高高压气态储运效率,加快降低储运成本,有效提升高压气态储运商业化水平

(续)

序号	领域	主要任务/支持方向
2	液氢储运	推动低温液氢储运产业化应用
3	管道储运	开展掺氢天然气管道、纯氢管道等试点示范
4	其他储运	探索固态、深冷高压、有机液体等储运方式应用

注：根据氢能规划政策整理。

三是统筹规划加氢网络。加氢站是面向终端消费者的重要基础设施，是连接氢能和终端应用场景的桥梁，是发展氢能产业和实现氢能产业规模应用的前提和基础，如果加氢站无法满足终端消费者的用氢需求，将导致用氢难、使用不便利，会直接降低消费者购买使用氢能的欲望，这对氢能产业发展将造成不利影响。因此，必须要根据氢能的需求，合理规划加氢站布局，加快推动形成加氢网络体系。一方面，可以通过合建站或改扩建站等方式，提高现有加油加气站土地使用效率，缩短加氢站选址建设周期。另一方面，氢能规划将氢能作为能源管理，也扫清了站内制氢、储氢和加氢一体化站的建设障碍，有利于促进一体化站的示范运营，能够避免产生氢气储运成本，进而促进氢气终端售价的降低。

统筹规划加氢网络的重点任务见表3-23。

表3-23　统筹规划加氢网络的重点任务

序号	领域	主要任务/支持方向
1	合建站	支持依法依规利用现有加油加气站的场地设施改扩建加氢站
2	一体化站	探索站内制氢、储氢和加氢一体化的加氢站等新模式

注：根据氢能规划政策整理。

3. 稳步推进氢能多元化示范应用

氢能规划明确提出要"坚持以市场应用为牵引，合理布局、把握节奏，有序推进氢能在交通领域的示范应用，拓展在储能、分布式发电、工业等领域的应用，推动规模化发展，加快探索形成有效的氢能产业发展的商业化路径"，并从有序推进交通领域示范应用、积极开展储能领域示范应用、合理布局发电领域多元应用、逐步探索工业领域替代应用等方面提出了具体任务，为中国未来氢能产业发展描绘了多种应用场景。

氢能具有清洁低碳的属性，以及跨界应用的潜力，同时还具备调节周期长、储能容量大等优势，能够广泛应用于交通、储能、发电、冶金、化工等领域，有利于减少二氧化碳等温室气体排放，是支撑中国实现碳达峰、碳中和战略目标的重要路径。因此，需要积极探索氢能作为低碳能源在不同领域的应用场景，稳步推进氢能的多元化应用，这不仅关系着氢能产业的发展前景，还将直接决定着氢能最终的市场应用规模。同时，氢能示范应用场景的好坏也将直接决定氢能商业化进程的快慢。氢能规划明确提出了要在交通、储能、发电、工业等领域开展示范应用，通过在相关应用场景的示范应用，并持续积累示范经验，在示范中推动解决氢能产业发展面临的技术、成本、基础设施等问题，将有利于中国加快探索形成氢能产业发展的商业化路径，尽早实现氢能的规模化推广应用。

考虑到氢能产业的发展实际，短期内，氢能在各领域的应用还是以示范应用为主，其中交通领域，尤其是燃料电池汽车将成为中国氢能产业发展的重要突破口。目前中国燃料电池汽车产业的市场化步伐持续加速，并依托燃料电池汽车示范，在中远途、中重型燃料电池商用车领域开展了一定规模的示范运行。燃料电池汽车产业的加速发展，一方面，将促进氢能与燃料电池技术迭代，推动氢能产业链各环节的成本不断下降。另一方面，通过燃料电池汽车的规模运营，也将带动氢能基础设施建设，推动完善氢能供给体系，这将为扩展氢能在其他领域的应用打下基础，对推动中国氢能产业发展意义重大。但从长期看，氢能的应用不应该仅仅局限在交通领域，燃料电池汽车也仅仅是氢能应用的一个场景而已，氢气作为能源还将有更加广阔的应用空间，在储能、热电联供、分布式发电、氢冶金等领域都有广泛的用途。未来随着氢在交通、储能、发电、工业等领域的多元化应用，将对推动中国能源绿色低碳转型、行业绿色低碳发展等起到重要支撑作用，助力中国实现碳达峰、碳中和战略目标。同时，也将对完善氢能基础设施布局，提高氢能供给质量和经济性等意义重大，反过来促进中国更好地开展燃料电池汽车示范推广。此外，氢能产业的多元化示范应用，也将会吸引更多领域的企业和行业资本进入到氢能领域，推动中国氢能产业更快发展，能够早日真正融入大众生活的方方面面。

"十四五"时期氢能产业创新应用示范工程见表3-24。

表3-24 "十四五"时期氢能产业创新应用示范工程

专栏"十四五"时期氢能产业创新应用示范工程	
交通	①在矿区、港口、工业园区等运营强度大、行驶线路固定区域，探索开展氢燃料电池货车运输示范应用及70MPa储氢瓶车辆应用验证 ②在有条件的地方，可在城市公交车、物流配送车、环卫车等公共服务领域，试点应用燃料电池商用车 ③结合重点区域生态环保需求和电力基础设施条件，探索氢燃料电池在船舶、航空器等领域的示范应用
储能	①重点在可再生能源资源富集、氢气需求量大的地区，开展集中式可再生能源制氢示范工程，探索氢储能与波动性可再生能源发电协同运行的商业化运营模式 ②鼓励在燃料电池汽车示范线路等氢气需求量集中区域，布局基于分布式可再生能源或电网低谷负荷的储能/加氢一体站，充分利用站内制氢运输成本低的优势，推动氢能分布式生产和就近利用
发电	①结合增量配电改革和综合能源服务试点，开展氢电融合的微电网示范，推动燃料电池热电联供应用实践 ②鼓励结合新建和改造通信基站工程，开展氢燃料电池通信基站备用电源示范应用，并逐步在金融、医院、学校、商业、工矿企业等领域引入氢燃料电池应用
工业	结合国内冶金和化工行业市场环境和产业基础，探索氢能冶金示范应用，探索开展可再生能源制氢在合成氨、甲醇、炼化、煤制油气等行业替代化石能源的示范

注：根据氢能规划政策整理。

4. 加快完善氢能发展政策和制度保障体系

氢能规划明确提出要"牢固树立安全底线，完善标准规范体系，加强制度创新供给，着力破除制约产业发展的制度性障碍和政策性瓶颈,不断夯实产业发展制度基础,保障氢能产业创新可持续发展",并从建立健全氢能政策体系、建立完善氢能产业标准体系、加强全链条安全监管等方面提出了具体任务。

一是建立健全氢能政策体系。对于战略性新兴产业,完善的政策支持体系对产业发展至关重要。就氢能产业而言,一方面,需要建立完善的氢能管理政策,针对目前氢能制备、储运、加注等环节管理制度不明确等问题,需要加快明确相关管理办法和管理流程,同时还要加快建立氢能安全监管机制,确保氢能在多领域的安全示范。另一方面,需要重点完善氢能基础设施建设运营的有关规定,明确建设要求、审批流程和监管方式,提升氢能基础设施的安全运营水平。此外,还需要完善可再生能源制氢支持性电价政策、市场化机制,降低可再生能源电解水制氢的成本,提升可再生能源制氢的经济性,并完善氢储能价格机制,带动氢储能行业发展。

建立健全氢能政策体系的重点任务见表3-25。

表3-25 建立健全氢能政策体系的重点任务

序号	领域	主要任务/支持方向
1	完善氢能管理政策	规范氢能制备、储运和加注等环节建设管理程序,落实安全监管责任,加强产业发展和投资引导,推动氢能规模化应用,促进氢能生产和消费,为能源绿色转型提供支撑
2	完善氢能基础设施建设运营有关规定	注重在建设要求、审批流程和监管方式等方面强化管理,提升安全运营水平
3	价格和市场化机制	研究探索可再生能源发电制氢支持性电价政策,完善可再生能源制氢市场化机制,健全覆盖氢储能的储能价格机制,探索氢储能直接参与电力市场交易

注:根据氢能规划政策整理。

二是建立完善氢能产业标准体系。氢能产业还处于发展初期,目前中国氢能制、储、输、用相关标准还不完善,现有的部分标准也难以适应氢能产业发展的新形势。为保障氢能产业规范发展,需要加快开展氢能产业链相关标准研究工作,重点包括氢能质量、氢安全等基础标准,以及制氢、储运氢装置、加氢站等基础设施标准,交通、储能等氢能应用标准,通过标准研究增加氢能相关标准的有效供给。同时,也需要鼓励行业企业积极参与各项标准制定工作,在产业发展中推动相关标准应用。此外,还需要加强氢能检测和认证能力建设,推进氢能产品检验检测和认证公共服务平台建设,推动氢能产品质量认证体系建设。

建立完善氢能产业标准体系的重点任务见表3-26。

表3-26 建立完善氢能产业标准体系的重点任务

序号	领域	主要任务/支持方向
1	增加标准有效供给	完善氢能制、储、输、用标准体系,重点围绕建立健全氢能质量、氢安全等基础标准,制氢、储运氢装置、加氢站等基础设施标准,交通、储能等氢能应用标准,增加标准有效供给

(续)

序号	领域	主要任务/支持方向
2	鼓励参与标准制定	鼓励龙头企业积极参与各类标准研制工作,支持有条件的社会团体制定发布相关标准
3	支持标准应用	在政策制定、政府采购、招投标等活动中,严格执行强制性标准,积极采用推荐性标准和国家有关规范
4	检测和认证	推进氢能产品检验检测和认证公共服务平台建设,推动氢能产品质量认证体系建设

注:根据氢能规划政策整理。

三是加强全链条安全监管。氢能规划不仅将"安全为先"作为基本原则,还在氢能产业发展的具体任务中多次强调氢能安全的重要性,要加强氢能安全管理制度和标准研究,加强氢能制、储、输、用全链条的安全监管。其中企业是安全生产的责任主体,需要提高氢能安全意识,制定本企业的氢能安全管理规范,加强对员工的安全培训,最大限度降低氢能安全事故的发生;安全监管部门承担安全监管责任,地方政府承担氢能产业发展属地管理责任,落实氢能安全管理职责。同时,还应该加强氢能检验检测技术研发,并积极利用互联网、大数据、人工智能等先进技术,为氢能产业安全发展提供技术支撑。此外,还需要加强应急能力建设,确保能够及时有效应对各类氢能安全风险。

加强全链条安全监管的重点任务见表3-27。

表3-27 加强全链条安全监管的重点任务

序号	领域	主要任务/支持方向
1	氢能安全管理制度和标准研究	建立健全氢能全产业安全标准规范,强化安全监管,落实企业安全生产主体责任和部门安全监管责任,落实地方政府氢能产业发展属地管理责任,提高安全管理能力水平
2	安全技术	推动氢能产业关键核心技术和安全技术协同发展,加强氢气泄漏检测报警以及氢能相关特种设备的检验、检测等先进技术研发
3	数字化技术	积极利用互联网、大数据、人工智能等先进技术手段,及时预警氢能生产储运装置、场所和应用终端的泄漏、疲劳、爆燃等风险状态,有效提升事故预防能力
4	应急能力建设	研究制定氢能突发事件处置预案、处置技战术和作业规程,及时有效应对各类氢能安全风险

注:根据氢能规划政策整理。

氢能规划明确了氢能及氢能产业的战略定位,以及氢能产业发展的总体要求和具体任务,不仅为中国氢能产业中长期发展描绘了美好蓝图,也为中国氢能产业创新体系、生态系统、供给体系、应用体系建设指明了方向,对中国加快构建清洁低碳、安全高效的能源体系,以及支撑实现碳达峰、碳中和战略目标等具有重要意义。而且,氢能规划的发布不仅翻开了中国氢能产业发展的新篇章,也坚定了行业发展氢能产业的信心。可以预期,越来越多的企业、资本将集聚到氢能产业，未来氢能产业将成为推动中国产业转型升级的新动力，以及国民经济新的增长点。为确保各项目标和重点任务落到实处，氢能规划从充分发挥统筹协调机制作用、加快构建"1+N"政策体系、积极推动试点示范、强化财政金融支持、深入开展宣传引导、做好规划督导评估等方面提出了具体保障措施，这对保障氢能规划落地实施具有重要作用，考虑到发展氢能产业是一项涉及面广、综合性强、高度复杂的系统性工程，要重点做好以下几方面工作。

首先是在组织领导方面，要加快建立部级协调机制，确保各项任务能够按要求落地实施。氢能产业链长、应用场景众多，其发展更是涉及发改、能源、生态、住建、交通、工信、财政、科技、应急、市场监管、气象等诸多部门，包括众多管理环节。现阶段，氢能作为一种新兴产业，其管理体系尚未建立，各部门间的管理分工也存在诸多模糊地带，而且在氢能产业发展过程中肯定也会出现以前没有过的各类问题和挑战。因此，在氢能规划的实施过程中，必须做好各个部门间的协同配合，共同推动氢能产业健康持续发展。以新能源汽车发展为例，为更好推动中国新能源汽车产业发展，加强部门间协同联动，中国建立了新能源汽车部际协调机制，为中国新能源汽车高速发展提供了制度保障，新能源汽车发展的先进经验对中国发展氢能产业也具有较大的借鉴意义。建议加快建立中国氢能产业发展的部际协调机制，按照氢能规划的统一部署，研究制定相关配套政策，协调解决氢能发展重大问题和重大事项，推动中国氢能产业实现规范有序、高质量发展。

其次是在制度保障方面，要加快研究制定相关政策，形成氢能产业的"1+N"政策体系。氢能产业具有广阔的发展前景，未来有望发展成为亿万级的大市场，但目前氢能产业还处于发展前期，无论是技术成熟度，还是经济性都不具备优势，而且氢能项目的投资回报周期普遍较长，其发展还离不开国家政策的支持。氢能规划是氢能"1+N"政策体系中的"1"，后面还需要围绕氢能产业发展的关键短板和弱项，研究出台"N"个相应的配套政策，为中国氢能产业发展营造良好的政策环境。一方面，要研究制定鼓励氢能技术攻关类支持政策，采用"揭榜挂帅"等方式促进关键技术研发产业化。另一方面，要在氢能规范管理、氢能基础设施建设运营管理等方面出台相关管理办法，明确氢能管理归口单位，推进氢能基础设施建设，为中国氢能产业规范有序发展提供保障。此外，还要加强氢能标准体系建设，选择具备发展基础的地区开展试点示范，通过示范带动氢能的多元化应用。

最后是在落地实施方面，要加快启动氢能产业的试点示范，通过示范推动中国氢能产业高质量发展。目前中国氢能产业还处于发展的起步期，关键核心技术水平同国际先进水平还存在一定差距，相关政策、标准、安全监管体系还不完善，氢能供给体系尚不健全，商业化发展路径也不清晰，氢能产业整体上还处于初步示范阶段，距离真正实现大规模商业化应用还有较长的路要走。通过在重点地区开展氢能产业发展试点示范，统筹推动氢能在交通、储能、发电、工业等领域多元化应用，并依托示范加快突破氢能产业关键核心技术，推动氢能产业链建设，促进氢能产业各环节成本持续降低，既能加快解决氢能产业发展面临的各项问题，也可以形成各项先进经验，从而加快中国氢能产业的发展进程，这对中国氢能产业高质量发展具有重要意义。

第4章
中国燃料电池汽车产业发展态势

中国高度重视氢能及燃料电池汽车产业发展，已经初步建立起了支持氢能及燃料电池汽车产业发展的政策体系，并在"十五"到"十四五"期间，连续五个五年计划给予氢能及燃料电池汽车研发支持。在国家政策的大力支持下，以及行业的共同努力下，中国燃料电池汽车产业取得了长足进步，目前已经从基础研究阶段进入到了示范应用阶段，燃料电池汽车的产业链体系雏形初步建立，技术研发也取得积极进展，初步掌握了关键材料、核心部件及动力系统等部分核心技术，并结合奥运会、世博会、冬奥会、冬残奥会等开展了示范验证，其中燃料电池商用车基本能够满足商业化运营的需求。同时，中国燃料电池汽车产业集群已经初步形成，市场化步伐也正在持续加快推进。未来，随着中国燃料电池汽车示范政策和氢能规划的落地实施，燃料电池汽车成本较高、核心技术水平薄弱、加氢站配套不足等问题将逐步得到解决，中国氢能及燃料电池汽车产业将迎来黄金发展期。

4.1 中国燃料电池汽车产业进展

近年来，随着燃料电池汽车技术水平快速提升、成本逐步下降、地方政府大力支持，多方资本加快转入氢能及燃料电池汽车领域，不仅推动了氢能基础设施建设，也带动了燃料电池汽车市场规模快速增长。尤其是2020年示范政策发布后，新的政策对关键零部件研发产业化、车辆推广、氢能供给等采取综合奖补支持，进一步调动了地方政府和行业企业积极性，目前中国氢能及燃料电池汽车产业已经进入发展提速期。

4.1.1 技术研发取得积极进展，部分领域实现自主化

近年来，在国家政策大力支持和行业企业的共同努力下，我国氢能及燃料电池产业快速发展、技术水平快速提升。尤其是示范政策明确提出，示范期间将对电堆、膜电极、双极板、质子交换膜、催化剂、碳纸、空气压缩机、氢气循环系统等领域取得研发产业化突破的产品给予奖励，进一步调动了中国相关产业链企业研发产业化的积极性。目前，中国已基本掌握了原材料、燃料电池堆、燃料电池系统及其辅助部件、燃料电池整车集成和氢能基础设施等关键技术，建立了具有自主知识产权的燃料电池汽车动力系统技术平台，实现了电堆、催化剂、膜电极、质子交换膜、双极板、DC/DC等部分关键部件及原材料的

国产化，也初步形成了燃料电池堆、燃料电池系统、储氢与供氢系统等关键零部件的配套研发体系，具备了万辆级燃料电池汽车整车及其动力系统的生产和试验能力。尤其是在燃料电池商用车领域，中国基本实现了与国际并行并小幅领跑。

燃料电池系统额定输出功率明显提高、集成程度显著上升、控制策略得到了进一步优化，并带动整车的行驶氢耗、续驶里程、系统功率、使用寿命等关键技术指标不断提升。与2015年相比，中国车用燃料电池系统的额定功率由30kW提升到了100kW以上，提高了约230%；石墨双极板电堆功率密度从1.5kW/L上升到了3.5kW/L以上，提高了约130%，金属双极板电堆功率密度从2.0kW/L上升到了4.0kW/L以上，提高了100%；燃料电池冷启动温度从−20℃进一步探低到了−30℃；燃料电池寿命也从3000h延长到了15000h左右。

整体来看，近几年中国氢能和燃料电池核心技术取得了较大突破，燃料电池等核心零部件的国产化率也开始显著提升，燃料电池汽车产业逐步驶入了发展快车道。目前中国部分领先企业的燃料电池产品已经和丰田的第一代技术基本持平，并在部分性能上实现赶超，但与丰田、现代等国际先进水平相比，中国产品性能与技术成熟度仍有一定差距，企业规模普遍不大，技术水平和产品质量还需要不断提升。丰田、现代等企业在燃料电池汽车领域的技术研发积累超过20年，技术水平一直处于领先位置，在功率密度、冷启动温度、耐久性等方面均领先国内企业，且丰田、现代不管是燃料电池系统还是燃料电池整车，已经商业化运营较长时间，在产品稳定性和可靠性方面已经得到了充分验证。目前国内企业还处于加快追赶阶段，100kW以上高功率燃料电池系统也大多这两年才装车配套，整体上仍处于产品性能提升与批量化验证阶段，实车运营情况如何仍待进一步考核验证。单纯地从技术角度分析，中国燃料电池技术距离丰田第二代技术至少还有2~5年的差距，还需要不断的提升和改进。

4.1.2 产业投资热度持续高涨，产品经济性明显提升

目前京津冀、上海、广东、郑州、河北城市群正加快推动示范工作，示范期间拟推广的燃料电池汽车将达到3万~4万辆，预计到2025年我国燃料电池汽车市场保有量将达到5万~10万辆，未来市场规模确定性很高，因此氢能产业链成为产业投资基金布局和投资的重点。在国家政策的大力支持下，中国燃料电池汽车产业发展持续升温，越来越多的企业通过收购、兼并、入股、新建等方式快速介入燃料电池汽车产业，中国燃料电池汽车产业链正逐渐完善。据不完全统计，目前中国共有涉及氢能及燃料电池汽车产业链的企业近5000家，初步建立了涵盖制氢、储氢、加氢、燃料电池、关键部件、整车的产业链体系，但从企业规模看，大部分企业仍为中小型企业。

在燃料电池整车方面，目前进入工信部新能源汽车推荐车型目录的燃料电池整车企业超过40家，涵盖了客车、货车和乘用车等系列产品；主要整车企业包括北汽福田、宇通客车、上汽集团、东风、佛山飞驰等，其中多数为燃料电池客车和货车生产企业。此外，上汽集团、广汽集团、长安汽车等燃料电池乘用车产品已经进入公告，并初步实现了小规模示范运行，北汽、长城等企业也在加快研发燃料电池乘用车。在燃料电池方面，中国已

经初步具备了燃料电池系统的研发和产业化能力,掌握了大功率燃料电池堆生产和集成技术,目前进入推荐车型目录的燃料电池企业数量超过60家,主要企业包括北京亿华通、上海重塑、山东潍柴、上海捷氢、未势能源、新源动力、广东国鸿、武汉雄韬等。

燃料电池汽车示范的启动,直接带动了我国关键零部件的研发产业化,同时较大的市场预期,也进一步推动了燃料电池成本下降。随着燃料电池系统中主要的关键部件,如膜电极、质子交换膜、碳纸、双极板的生产技术和核心工艺逐步突破并实现产业化,关键零部件及燃料电池系统产品成本逐渐降低。与2020年前相比,2023年我国燃料电池系统价格已经由15000元/kW降到了4000元/kW以下,下降幅度超过70%;空压机价格由10万元/台以上降到了2万元/台以下,下降幅度超过80%;贵金属铂用量减少了70%;气体扩散层成本下降40%。整体来看,我国燃料电池的经济性明显提升,成本下降幅度远超行业预期。

4.1.3 地方政府加大布局力度,初步形成若干产业集群

目前汽车产业正加速向电动化转型,作为新能源汽车重要技术路线之一的燃料电池汽车,也日益受到中国地方政府重视。据公开资料统计,中国已有50多个地方发布了氢能及燃料电池汽车产业相关支持政策,积极抢占氢能及燃料电池汽车等战略性新兴产业培育和发展机遇,希望在氢能及燃料电池汽车领域实现跨越式发展和产业引领,形成新的经济增长点,打造新的城市名片。在国家政策引领下,以及地方政府积极实践下,推动了中国燃料电池汽车产业的快速发展,燃料电池汽车在上海、北京、广东等地开展了小规模的示范运行,其中2008年北京奥运会仅有3辆燃料电池客车实现了示范运行,到2010年上海世博会,燃料电池汽车的示范规模达到了196辆。同时,联合国开发计划署(UNDP)"中国燃料电池公共汽车商业化示范项目"也在国内多个城市推广了数百辆燃料电池汽车。2022年北京冬奥会期间,燃料电池汽车的示范规模更是达到了1000多辆,车型包括燃料电池客车、燃料电池乘用车、燃料电池雪蜡车等,此外,冬奥会"飞扬"火炬首次采用清洁低碳氢能作为燃料,既向全球展示了最大规模的燃料电池汽车示范运营,也增加了人们对氢能的全新认知。

经过十几年的发展,中国燃料电池汽车产业取得了可喜的进步,产业发展正步入快车道。燃料电池整车动力性、续驶里程等基本性能指标取得了较大进展,续驶里程达到500km以上,最高车速达到100km/h。形成了以城市客运、物流等商用车为先导,以小功率燃料电池与大容量动力电池的动力构型为技术特征的小规模示范运营,初步形成了京津冀、长三角、珠三角、华中地区等燃料电池汽车产业集群,并围绕当地研发情况及工业基础形成了各自配套及商业应用模式。在燃料电池汽车产业发展过程中,中国各地方政府不断加大政策支持力度,创新政策支持方式,对推动中国燃料电池汽车产业快速发展起到了重要作用,也形成了一系列的先进经验和措施。可以说,未来几年中国燃料电池汽车产业能否取得更大突破,最为重要的推动力量之一就是各地方政府,因此,后面的章节将详细介绍中国燃料电池汽车典型地方的发展情况,这里不再深入展开。

4.1.4 燃料电池车型日渐丰富，市场化步伐正不断加快

自 2016 年开始，中国燃料电池汽车推广步伐明显提速。从车型应用来看，目前中国推广的燃料电池汽车主要为商用车，部分乘用车企业也在积极研发布局。2022 年第 1 批到 2022 年第 12 批共 289 款燃料电池车型入选新能源汽车推荐目录，其中燃料电池乘用车 1 款、燃料电池客车 74 款、燃料电池货车 214 款。按产量看，截至 2022 年底，中国燃料电池汽车累计产量达 16038 辆，其中燃料电池客车 6118 辆、燃料电池货车 9609 辆、燃料电池乘用车 311 辆，占比分别为 38%、60% 和 2%。分年度看，2022 年中国燃料电池汽车产量达到 5438 辆，同比增长 107.4%，其中燃料电池客车 1274 辆、燃料电池货车 3954 辆、燃料电池乘用车 210 辆，占比分别为 23%、73% 和 4%，如图 4-1 所示。

图 4-1 中国燃料电池汽车分年度产量

注：新能源汽车产量数据。

2022 年中国燃料电池汽车分车型产量情况见表 4-1。

表 4-1 2022 年中国燃料电池汽车分车型产量情况 （单位：辆）

车辆类型	车辆名称	产量合计
乘用车	上汽大通 EUNIQ 7	205
	东风氢舟 $H_2 \cdot e$	5
客车	燃料电池城市客车	474
	燃料电池低入口城市客车	448
	燃料电池客车	352
货车	燃料电池半挂牵引车	1314
	燃料电池冷藏车	889
	燃料电池自卸汽车	532
	燃料电池厢式运输车	528

（续）

车辆类型	车辆名称	产量合计
货车	燃料电池保温车	189
	燃料电池翼开启厢式车	102
	燃料电池洗扫车	94
	燃料电池混凝土搅拌运输车	64
	燃料电池厢式垃圾车	63
	燃料电池清洗车	49
	燃料电池自卸式垃圾车	34
	其他	96
总计		5438

注：新能源汽车产量数据。

按销量看，截至2022年底，中国燃料电池汽车累计上险量达13639辆，其中燃料电池客车5378辆、燃料电池货车7913辆、燃料电池乘用车348辆，占比分别为39%、58%和3%。分年度看，2009年到2020年4月，中国对燃料电池汽车长期实行高额的购车补贴支持，且补贴强度不低于纯电动汽车，但由于技术不成熟、经济性差、加氢难等原因，2016年前仅有数十辆燃料电池汽车开展了小规模示范运行。2016年以来，随着燃料电池汽车技术水平的快速提升、成本的逐步下降，以及在中国地方政府的大力支持下，多方资本开始加快布局中国燃料电池汽车产业，带动了燃料电池汽车市场的快速增长。2019年，中国燃料电池汽车销量更是达到了3190辆，同比增长268%。但伴随着产销量的快速增长，中国燃料电池汽车产业发展面临的关键核心技术缺失、氢能基础设施建设滞后、低水平重复建设、盲目扩张等问题开始逐渐凸显，若相关问题无法得到有效解决，将影响未来中国燃料电池汽车产业的健康可持续发展。2020年，受新冠疫情影响，同时中国将对燃料电池汽车的购置补贴政策调整为燃料电池汽车示范政策，行业企业为了等待示范政策落地，纷纷放缓了市场推广步伐，因此，2020年中国燃料电池汽车销量约1497辆，同比下滑了53%。2021年，随着疫情得到有效控制，以及中国正式批复京津冀、上海、广东、郑州、河北城市群启动示范，燃料电池汽车市场开始回暖。2021年，中国燃料电池汽车销量达到了1897辆，同比增长26.7%，其中燃料电池客车1049辆、燃料电池货车830辆、燃料电池乘用车18辆，占比分别为55%、44%和1%。2022年，随着中国燃料电池汽车示范工作的有序推进，中国燃料电池汽车产销量实现了快速增长，全年燃料电池汽车销量达到了5037辆，同比增长165.5%，其中燃料电池客车1259辆、燃料电池货车3522辆、燃料电池乘用车256辆，占比分别为25%、70%和5%，如图4-2所示。同时，丰田Mirai和现代NEXO也实现了国内销售，分别为27辆和3辆。

2022年中国燃料电池汽车分车型上险情况见表4-2。

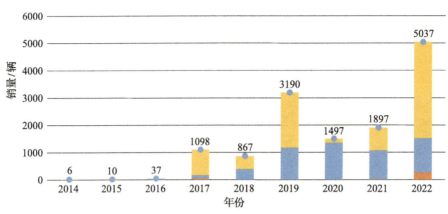

图 4-2 中国燃料电池汽车分年度销量

注：机动车保险数据。

表 4-2 2022 年中国燃料电池汽车分车型上险情况　（单位：辆）

车辆类型	车辆名称	上险量合计
乘用车	上汽大通 EUNIQ 7	204
	丰田 Mirai	27
	红旗 H5	19
	东风氢舟 $H_2 \cdot e$	3
	现代 NEXO	3
客车	燃料电池城市客车	461
	燃料电池低入口城市客车	406
	燃料电池客车	392
货车	燃料电池半挂牵引车	1293
	燃料电池冷藏车	663
	燃料电池自卸汽车	458
	燃料电池厢式运输车	439
	燃料电池保温车	228
	燃料电池翼开启厢式车	102
	燃料电池厢式垃圾车	63
	燃料电池洗扫车	62
	燃料电池清洗车	54
	燃料电池混凝土搅拌运输车	51
	其他	109
总计		5037

注：机动车保险数据。

4.1.5 加氢基础设施建设加速，加氢站数量位居全球第一

近年来，随着氢能制备、储运、加注等主要技术和生产工艺水平快速提升，车用氢气成本逐步下降。尤其是在中央及地方政府大力支持下，多方资本加快转向氢能领域，推动了氢能基础设施建设的不断完善。目前，我国已基本构建了涵盖制备、储运、加注等较为完善的氢能供应链。而且随着国家燃料电池汽车示范启动，以及氢能规划发布实施，氢能产业开始呈现快速发展态势，车用氢气成本持续下降，并在部分工业副产氢、可再生能源电解水制氢资源丰富的地方形成了一定竞争优势。

在氢气制备方面，可再生能源制氢已经成为重点方向，低碳氢能供给体系正加快构建。在氢气储运方面，目前我国仍以20MPa长管拖车高压气氢储运为主，液氢、管道运输、固态储氢等储运方式正在开展小规模示范运行。在加氢站建设方面，2020年以来，中国加氢站建设速度有了明显提升。根据氢能联盟数据，2022年中国新建成运营加氢站109座，增量全球第一；截至2022年底，中国已建成加氢站358座，绝对数量全球第一；运营中的加氢站245座，位居全球第一。目前中国加氢站主要以压缩气态储氢为主，加注压力以35MPa为主，主要分布于京冀、长三角、珠三角等地区。此外，部分地区也在积极创新建站模式，如佛山南庄建立了首座同时具备天然气制氢和电解水制氢能力的制氢加氢一体站，张家口开展液态阳光加氢站示范应用。

4.1.6 中央企业加快谋划布局，并发挥重要引领作用

近年来，中央企业也在加速推动氢能及燃料电池汽车全产业链布局，已经成为我国氢能产业发展的重要力量之一。在碳达峰碳中和战略目标的引领下，大型能源集团和工业企业普遍面临着较大的碳排放压力，而且随着碳减排工作的推进，相关企业的压力也将日益增大，因此，部分传统能源企业已经开始加快布局氢能产业。2021年7月，国资委秘书长彭华岗表示，超过三分之一的中央企业已经在制定包括制氢、储氢、加氢、用氢等全产业链布局，并取得了一批技术研发和示范应用成果。

目前，国家能源集团、中石化、中石油、国电投集团、国家电网、中广核、大唐、华能集团、三峡集团、东风汽车、一汽集团、中航工业、中国船舶、中车集团、东方电气等中央企业已经在氢能或燃料电池领域开展了前瞻布局，部分企业项目已经进入到了示范阶段。其中，中石化、国家能源集团、国电投集团等积极推动加氢站建设布局，中石化更是提出了"十四五"期间要建设1000座加氢站或油氢合建站的战略目标。此外，以国家电投、东方电气等为代表的企业，积极布局氢能供给体系建设和关键零部件研发生产；以一汽集团、东风汽车、长安汽车等为代表的企业，积极布局燃料电池汽车整车研发生产；以中汽中心为代表的企业，积极提升氢能及燃料电池汽车检测认证服务业务。整体来看，中央企业已经成为我国本轮氢能产业发展浪潮的重要参与者，并具备为我国未来氢能产业发展贡献更多力量的条件。从现有中央企业业务布局来看，其业务领域基本涵盖了氢气制备、储运、加注、装备制造、加氢站建设、关键材料、燃料电池及其部件、燃料电池汽车等，以及检测认证、工程设计、金融服务等全产业链各个环节。

2021年11月，国资委印发了《关于推进中央企业高质量发展做好碳达峰碳中和工作

的指导意见》，鼓励传统加油站、加气站建设油气电氢一体化综合交通能源服务站；稳步构建氢能产业体系，完善氢能制、储、输、用一体化布局，结合工业、交通等领域典型用能场景，积极部署产业链示范项目，加强绿色氢能示范验证和规模应用，推动建设低成本、全流程、集成化、规模化的二氧化碳捕集利用与封存示范项目。此外，除了传统能源企业积极转型外，随着可再生能源的快速发展，氢储能的应用前景逐渐显现，隆基股份、协鑫集团、阳光电源等可再生能源企业也开始大力投资布局绿氢产业，中国氢能产业迎来了一波发展热潮。

4.2 产业发展面临的主要问题及风险

近年来，欧洲、美国、韩国、日本等发达国家和地区高度重视氢能及燃料电池汽车产业发展，丰田、现代等跨国企业也加快了燃料电池汽车的研发产业化进程，推进力度不断加大，技术水平不断提升，成本也大幅下降，燃料电池汽车进入产业化加速发展的新阶段。目前，国内全行业也对发展氢能及燃料电池汽车呈现出了较高的热情，产业集聚了政策、技术、资金、人才和市场应用等多重要素，这些因素使中国在氢能及燃料电池汽车领域，初步具备了加快发展、迎头赶上国际领先水平的有利条件。但也需要清醒地认识到，中国燃料电池汽车研发创新、技术水平和产业化能力落后于人的状况并未根本转变，产业发展面临一系列亟须解决的老问题和新风险。

4.2.1 面临的关键问题

中国燃料电池汽车起步较早、支持力度大，但发展总体偏慢，技术进步、产业化和商业化进度相对滞后。目前燃料电池汽车产业尚处于起步阶段，批量的示范运行工作也刚刚启动，距离真正大规模商业化应用还有较大的差距。燃料电池汽车产业发展依然面临着关键核心技术缺乏、技术创新和产业化能力薄弱、产品技术水平不高、氢能供应体系建设缓慢、标准法规和管理体系不健全等突出问题，燃料电池汽车的经济性、便利性和传统燃油车、纯电动汽车相比还不具备竞争力，产业发展仍面临以下突出问题。

1. 关键核心技术创新能力偏弱，自主可控能力仍待提升

目前，中国燃料电池汽车从基础研究到推广应用的产业链尚未完全打通，燃料电池汽车研发创新能力偏弱、产业链还不成熟，部分关键材料和部件仍然依赖进口，核心技术与国际先进水平差距较大，产业竞争力普遍较弱。

一是产品技术水平落后。目前，中国燃料电池汽车在动力性、续驶里程、氢耗等基本性能指标方面与国外车型基本相当，并初步具备了燃料电池堆和系统的产业化能力，但燃料电池基础研究和技术研发投入较少，专业性人才及团队紧缺，燃料电池堆、系统等核心技术仍处于攻关期，产品性能与国际先进水平还存在一定差距。单电堆功率输出能力、燃料电池功率密度、贵金属铂用量、冷启动温度、寿命和可靠性等关键技术指标还相对落后，部分关键材料、关键零部件、整车集成及耐久性等方面仍存明显差距。目前国内燃料电池低温冷启动温度约 -30℃，耐久性为 1 万 ~2 万 h，而国外同期水平分别可达 -40℃

和 2 万 h 以上。

二是产业链尚不健全。中国在燃料电池堆、系统和整车等方面均已有所布局，但真正掌握催化剂、碳纸、质子交换膜、膜电极等关键材料，以及空压机、氢循环系统等关键辅助部件核心技术的企业还相对较少，产业化能力相对薄弱。由于缺少规模化装车应用和验证，关键材料和部件的工程化能力不足、工艺质量相对较低，安全性、可靠性、耐久性、一致性与国际先进水平还存在一定差距，整车企业还没有形成稳定的零部件供应体系，催化剂、碳纸、质子交换膜等关键材料大部分仍然依赖进口，产业链整体仍较为薄弱。

在原材料方面，中国膜电极已经有部分企业可以批量生产，但在额定功率、寿命等指标方面同国外差距较大。催化剂、碳纸、密封件等组成部件大部分仍然依赖进口，质子交换膜实现小批量配套，但性能仍有差距。

在辅助部件方面，近年来中国涌现了不少空气压缩机、氢气循环泵、氢气引射器、增湿器等企业，并实现了装车配套，但其产品技术性能，尤其是一致性、可靠性与国外先进水平相比仍有不足。国外储氢瓶以IV型瓶为主，中国为III型瓶，在压力、质量储氢率等方面同国外差距较大。

在燃料电池方面，中国电堆的寿命、铂担载量、功率密度等性能同国外仍有一定差距，燃料电池系统目前主要为集成设计，已实现批量生产，但在冷启动温度、寿命、效率、可靠性等方面同国外仍存在一定差距。

2. 车用氢能供应体系尚未形成，氢气使用成本仍较高

目前国家层面虽然已经发布了氢能产业中长期发展规划，并明确了氢能的能源属性，但从产业实际实践情况来看，中国氢能供应体系建设仍相对缓慢，从制氢、储运氢到加氢站的建设运营，以及在政府管理等多方面仍存在障碍，尚未形成规模化的车用氢能供给体系，制氢、储运氢、加氢站建设和运营成本仍较高，还未形成可持续发展的商业模式。

一是氢能管理体系还不完善。国内氢能产业发展仍面临标准体系不健全、主管部门分工不明确等问题，从制氢、储运氢到加氢站的建设运营，以及在政府管理等多方面仍存在一定障碍。目前中国将氢能作为能源管理的体系尚未建立，地方还普遍将氢能作为危化品而非能源管理，大部分地方仍将氢气制备严格限制在化工园区。此外，下游燃料电池汽车推广量较少，氢气需求不足，出于自身利益考虑，制氢企业不愿大规模投入车用氢能领域，造成氢能供应体系建设较为缓慢，副产氢和清洁可再生能源还没有得到充分利用，车用高纯氢资源相对缺乏。

二是氢能基础设施相对滞后。目前国家层面尚缺少加氢站的审批流程和统一规范，加氢站建设仍面临标准不完善、用地及建设审批主管部门不明确等难题，企业在建设、运营环节面临诸多审批障碍，部分已经建成的加氢站由于手续不全等问题难以实现对外运营。近年来，中国地方政府积极探索加氢站管理模式，推动了加氢站建设数量爆发式增长，但大部分加氢站仅能满足示范验证需要，真正具备商业化能力的大容量加氢站相对缺乏，且70MPa加氢站较少，无法满足乘用车用氢需求。液氢加氢站尚未突破，长途重卡发展受到一定影响。同时，考虑到加氢站建设成本高，如果加氢站布局不合理，车辆推广不及预期，将会导致加氢站运营负荷低，进而影响整个加氢站的盈利能力，难以实现投资、建

设、运营的可持续性商业模式。未来，要实现真正规模化的商业推广，氢能配套基础设施方面还需更进一步的投入和建设，以确保燃料电池汽车的使用便捷性。

三是氢气使用成本仍较高。由于制氢、储氢、运氢、加氢、用氢等全产业链的配套设施不完善及产业化程度较低，导致中国氢气价格仍较高，还未形成可持续发展的商业模式。目前国内的氢气价格普遍在 50~70 元 /kg，使用成本是传统燃油车的 1.5~2 倍，是纯电动汽车的 3~4 倍，氢气使用成本与传统燃油车、纯电动汽车相比仍不具备市场优势。因此，地方政府通过给予氢能补贴的方式，提高燃料电池汽车的使用经济性。但产业发展不能一直依赖补贴支持，迟早要实现市场化发展，而要达到与柴油车使用成本相当，氢气价格至少要低于 35 元 /kg，而要实现更大规模的商业化推广，并和纯电动汽车使用成本相当，氢气成本则需要下降到 20 元 /kg 以下。

3. 政策、标准和管理体系不健全，产业发展环境仍待优化

除技术水平和产业化能力存在差距之外，中国氢能及燃料电池汽车产业发展仍面临政策环境不完善、标准法规相对欠缺等问题，氢气制取、储运、加氢站建设的管理体系也尚未建立。目前中国在燃料电池汽车领域已经基本形成较为完善的政策、标准体系，管理体系也基本成熟，但是氢能如何管理尚未明确，地方政府普遍把氢气作为危险化学品管理，而非能源管理，导致氢气的制取被严格限制在化工园区，现场制氢加氢站也被认定为化工生产企业，建设审批用地需要是化工用地，导致现场制氢加氢站无法在市区推广。在加氢站建设方面，仍面临建设审批主管部门不明确等问题，导致项目选址、立项、审批、验收、投运等环节困难重重，经营许可证、气瓶充装许可证等办证难度也较大。因此，加快完善氢能、加氢站相关的政策和管理体系，成为下一步国家燃料电池汽车示范的重点工程。此外，中国氢能及燃料电池汽车产业发展还面临着标准法规仍不完善、试验测试能力不足的问题。车用氢气品质要求、氢气储/运系统安全要求和试验方法、加氢站建设及运营规范、70MPa Ⅳ型瓶标准和燃料电池系统性能试验方法等标准法规还有待完善。同时，从零部件、系统、整车到氢能四个层级的全方位测试评价能力仍未建立，这都会影响中国氢能及燃料电池汽车产业的可持续发展。

4. 燃料电池汽车成本仍然偏高，短期内尚不具备大规模推广条件

受制于产业规模、国产化率、氢能供给等因素，中国燃料电池汽车购置和使用成本仍然偏高，市场普及速度相对较慢。目前，中国燃料电池汽车产业在技术成熟度、成本、加氢基础设施等方面，同国际先进水平仍存在较大差距。由于大部分燃料电池汽车及加氢站的核心零部件仍然依赖进口，导致整车制造成本、加氢站建设成本、氢气使用成本偏高，加氢难、用氢贵等问题已经成为制约中国燃料电池汽车示范运行的关键瓶颈，燃料电池汽车技术成熟度、便利性、性价比等同纯电动汽车和传统燃油车相比，尚不具备市场优势，经济性仍待提高，整体落后 10 年左右。但随着中国燃料电池汽车市场规模扩大，以及国内原材料、电堆、系统及辅助部件的逐步规模化生产，氢能供给体系的不断完善，中国燃料电池汽车的购置和使用成本存在较大的下降空间，未来燃料电池汽车的经济性将大幅提升。

4.2.2 存在的潜在风险

目前氢能及燃料电池汽车产业整体上还处于发展的初级阶段，行业对产业发展的期望值远高于产业发展的实际情况，随着国内产业发展热情的日益高涨，随之而来的风险也日益凸显，有些在中国发展新能源汽车时也遇到过，在发展燃料电池汽车时，必须从一开始就多加防范，少走弯路。

一是需要防止出现补贴依赖症的风险。中国新能源汽车产业发展过程中，曾出现过"骗补事件"，行业企业也患上过补贴依赖症，这对中国新能源汽车产业发展产生了不利影响，需要在发展燃料电池汽车时极力避免。目前中国已经启动燃料电池汽车示范，对完成示范目标的城市群给予奖励，相关奖励资金由示范城市群统筹用于支持氢能及燃料电池汽车产业发展。示范城市群对如何给予氢能及燃料电池汽车产业补贴具备较大话语权，但同时也需要承担资金健康使用的主要责任，既要避免出现过度补贴，预防企业患上补贴依赖症，也需要给予足够的补贴支持推动产业发展。此外，还需要防范部分车辆闲置、空跑、只用电不用氢等现象，难度和挑战都不小。

二是贸易摩擦带来的政策合规性风险。近年来，全球经济进入深度调整期，逆全球化思潮特别是贸易保护主义、单边主义持续蔓延，国际经济秩序和经贸规则面临重塑调整。从全球支持政策来看，对燃料电池汽车给予购置补贴符合国际惯例，但中美贸易摩擦也对中国新能源汽车补贴政策提出过质疑。因此，如何构建符合世贸组织规定和国际规则，更加科学严谨、公开透明、包容普惠的燃料电池汽车支持政策需要倍加关注。随着中国燃料电池汽车示范启动，在燃料电池汽车示范过程中，尤其是地方政府在出台相关支持政策时，要全面考虑、深入论证，严格遵守世贸组织规定和国际规则。

三是氢能及燃料电池汽车产品安全风险。近年来，国外发生了多起氢能相关的爆炸事故，如韩国、美国的氢气储运设施爆炸和挪威的加氢站爆炸事故等，都为尚处于发展初期的氢能及燃料电池汽车产业敲响了警钟。目前中国氢能及燃料电池汽车产业刚刚起步，产品技术成熟度、安全可靠性等还需进一步验证和提升，且考虑到氢能及燃料电池汽车测评及标准法规体系不健全，大规模推广燃料电池汽车，以及构建氢能供给体系和加强加氢站建设等还是会存在一定的风险挑战，需要时刻保持警惕。因此，在中国氢能产业发展热情高涨的同时，必须做好安全宣传教育，加快建立安全监管机制，构建氢能及燃料电池汽车产业安全健康发展的长效机制。

四是低水平重复建设和结构性产能过剩风险。前面章节也曾提到过这个问题，这也是全球在发展战略性新兴产业面临的共性问题。其实2018年以来，中国氢能源产业投资整体呈现井喷态势，越来越多的地方政府、行业企业、金融资本开始布局氢能及燃料电池汽车产业，产业呈现"一哄而上"倾向，涌现出多个"氢谷""氢都""氢能小镇"等项目，部分地区甚至出现了"水氢汽车"等"玩概念"的企业。当前阶段，在中国燃料电池汽车关键技术尚未突破的情况下，尤其需要警惕低质量发展、低水平扩张和盲目投资的风险，防范结构性产能过剩和低水平重复建设。

五是产业链供应链安全风险。中国燃料电池汽车产业链企业的资金实力和融资能力普遍弱于整车企业，抗风险能力较差。而且燃料电池产业技术门槛高，前期投入大，在技术研发和市场推广方面需要较大资金投入。另外，中国很多关键材料和部件都是从美国、德国、英国、加拿大、韩国、日本等国进口的，如果供应链出现断供风险，那么国内企业将可能面临库存不足、供货延迟、原材料涨价等风险，这会对中国刚刚起步的燃料电池汽车产业发展造成不利影响。目前中国燃料电池汽车产业发展形势持续向好，国内企业也在积极调整供货渠道、寻找替代供应商，这都为国内燃料电池汽车产业链布局和发展提供了难得的机遇期。未来，通过加快推动燃料电池关键"卡脖子"技术国产化，中国有可能后来居上。

六是铂等贵金属资源受制于人的风险。铂族金属广泛用于汽车、石油、电子、化工、原子能以及环保行业，虽然用量不大，但起着关键作用，故有"工业维生素"之称。全球铂储量6.9万t，主要分布在南非、俄罗斯、美国和加拿大，占全球总储量99%以上，其中91%集中于南非。2018年全球铂产销量分别为252.7t和241.8t。中国铂族金属资源匮乏，严重依赖进口，2017年底铂族金属探明储量为365.3t，仅占世界储量0.5%。中国自2009年起就成为全球最大的铂消费国，2017年进口铂约120t，占全球产量的50%左右。经过10多年的发展，燃料电池汽车铂用量已从10年前的0.8~1.0g/kW降低到现在的0.1~0.4g/kW，其中国际先进水平如丰田和本田等，可以控制在0.1g/kW左右，而中国铂用量大多在0.3~0.4g/kW。按照搭载60kW燃料电池系统测算，中国燃料电池汽车铂用量在18~24g，是柴油车的3~6倍，未来铂用量需要降低到4g以内，约0.067g/kW甚至更低，才不会造成铂资源负担。因此，必须高度重视铂资源，加快研究无铂或低铂催化剂，并做好铂资源的回收利用和战略储备，防止铂资源受制于人。

4.3　中国燃料电池汽车产业发展趋势分析

中国燃料电池汽车产业虽然处于起步期，但产业发展却呈现出新的发展态势。一是行业发展热情高涨，资本市场出现大量融资。越来越多的企业，尤其是上市公司快速介入燃料电池汽车产业。二是地方政府大力支持，产业开始呈现集群式发展。部分地方政府积极发展氢能及燃料电池汽车产业，中国已经初步形成了京津冀、长三角、珠三角等若干产业集群。三是国际合作日益密切，大批高层次人才回国发展。丰田、现代、巴拉德、康明斯等外资企业看到中国市场机遇，通过和国内企业合资合作，以及独资建厂等方式，加快布局中国燃料电池汽车产业。同时，越来越多的海外人才开始归国投入到产业发展中。可以预见，未来中国燃料电池汽车产业发展将经历政策拉动、规模扩张、技术提升、成本下降、市场化发展等多个阶段，并最终完成由政策驱动向市场驱动的转变。

4.3.1　政策支持仍将是近期推动产业发展的关键因素

在国家政策和地方政策的共同支持下，未来燃料电池汽车技术水平将快速进步，成本将大幅下降，而且随着燃料电池汽车示范规模的提升，中国将积累大量的实车上路验证信息，这对中国改进技术方案，推进产业链国产化意义重大。此外，随着燃料电池汽车市场逐步被打开，业内外企业将加快布局氢能及燃料电池汽车产业，资本市场的投融资热度也将持续上升，中国燃料电池汽车产业将进入快速发展通道。

一是政策将加速产业化进程。2021年8月和12月，财政部等五部门先后批复了京津冀、上海、广东城市群，以及郑州、河北城市群启动示范。在未来四年的示范期内，财政部等五部门将对示范应用工作进行跟踪指导和考核评价，并根据考核结果拨付奖励资金，对完成示范目标的城市群予以奖励支持，对未完成示范目标的城市群将视情况核扣奖励资金。其中每个示范城市群在各自的实施方案中都提出了燃料电池汽车推广规模、加氢站建设数量等目标，并对关键零部件技术性能提出了相关要求。单纯从示范城市群推广规模看，未来就有数万辆燃料电池汽车的市场需求。因此，在示范政策支持下，燃料电池汽车发展前景基本明朗，产业有望实现快速发展。

二是资源将向优质企业集中。和原来的燃料电池汽车购置补贴相比，燃料电池汽车示范政策有较大调整，最大的变化就是将全国性的购置补贴，变成了仅针对部分城市群给予综合奖补，这将有助于提高产业集中度，促进优质企业示范推广和技术水平提高，进而带动燃料电池汽车全产业的快速发展。除此之外，示范政策还有两个明显的变化：一方面，是提高了燃料电池汽车获得补贴的技术门槛要求，并将支持车型向中远途、中重型商用车倾斜，给予相关车型更高的积分奖励支持；另一方面，就是将奖励资金支持范围由原来的燃料电池汽车进一步扩展到了上游的关键材料和零部件，以及氢能。政策的变化将起到积极的引导作用，资金和政策将向更加优质的整车企业，以及掌握关键核心技术的材料和零部件企业倾斜，未来，只有真正掌握核心技术的重点企业才能够享受到政策红利的实质性支持。

三是市场需求开始快速增长。京津冀、上海、广东、郑州、河北城市群已经批复，燃料电池汽车示范各项工作也开始正式启动，国家和地方政府将通过补贴、税收、政府采购等支持手段，在优势区域打造相对完善的产业链，并加快形成涵盖氢能制、储、运、加、用全环节的产业布局，推动氢能及燃料电池汽车产业快速发展。其中北京城市群计划开展5300辆燃料电池汽车的推广应用；上海城市群示范期计划完成5000辆燃料电池汽车的推广应用；广东城市群计划累计推广各类燃料电池汽车12715辆；郑州城市群计划推广燃料电池汽车4295辆；河北城市群计划推广燃料电池汽车7710辆。当然，除了示范城市群外，中国各地方政府的扶持力度也在加大，纷纷出台了中远期燃料电池汽车产业发展规划，系统谋划燃料电池汽车产业发展，中国未来5年的燃料电池汽车市场需求确定性较高，市场将迎来快速增长。在燃料电池汽车示范阶段，政府支持仍占据主导地位，市场推广还将主要依赖政府补贴和采购，距离真正的市场化发展还有较长的路要走。

4.3.2　燃料电池汽车车型和应用场景将日趋丰富

燃料电池汽车能否卖得出去、用得起，很大一部分原因在于燃料电池汽车的购置和使用成本是否具备经济性，最重要的还是需要找到合适的应用场景。在这些应用场景下，燃料电池汽车具备独有的技术优势，而其他车型没有或不适合，这样的话，燃料电池汽车才能真正用得起，才能形成良好的示范效应，推广规模才能上得去，成本才能下得来，从而进入产业发展的良性循环。随着示范工作启动，燃料电池汽车车型和应用场景将日益丰富，对后续燃料电池汽车商业化发展将起到很好的投石问路效果。

一是各整车企业相继布局燃料电池汽车，产品车型日趋丰富。2016年以来，以上汽、宇通、长城、福田等为代表的整车企业，陆续发布了燃料电池整车平台，车型覆盖客车、轻卡、中重卡、乘用车等多种车型，车型从原来较为单一的燃料电池公交车，进一步向城际客车、重型货车、长续航乘用车等应用场景扩展。此外，以丰田、现代、康明斯、博世等为代表的国际领军企业，也开始加快在中国布局燃料电池相关产业，丰田 Mirai、现代 NEXO 也在加快导入中国市场。国内外企业在燃料电池汽车领域的加大布局，不仅为产业发展注入了研发力量和资本支持，也将为中国燃料电池汽车产业带来新的发展动力。

二是中远途、中重型货车将成为燃料电池汽车商业化应用的重要领域。随着柴油车保有量的持续增长，污染排放不断加剧，已成为中国交通领域重要污染物排放来源之一。受限于纯电动汽车技术障碍，目前中国柴油重卡电动化的动力严重不足。与纯电动重卡相比，燃料电池汽车续驶里程长、载重效果好，目前可量产车型续驶里程普遍超过400km，且可实现零排放、无污染，具备保养维修成本较低等优势，在长途、重载运输场景的应用将成为大势所趋。前期中国燃料电池汽车推广以公交车、专用车等政府采购为主，在示范政策提出鼓励重型货车的导向清晰后，地方和企业均开始投入力度布局中远途、中重型燃料电池货车车型。未来，长途重载货车将成为中国燃料电池汽车最重要的商业化应用领域之一。

4.3.3 燃料电池技术升级将成为未来的重要方向

燃料电池汽车产业发展的根本还在于技术升级，目前中国燃料电池汽车技术水平、技术成熟度和国际先进水平相比仍存在一定差距，未来只有技术进步、突破，车辆使用不会出现故障，产品质量有保障，这样消费者才能买账。因此，技术升级仍将是未来一段时间中国燃料电池汽车产业发展的重中之重。

一是国内企业与日韩企业差距将逐步缩小。日本和韩国在燃料电池汽车领域处于国际领先地位，丰田 Mirai、现代 NEXO 等燃料电池乘用车已经实现商业化应用。其中丰田2020年推出的 Mirai 二代产品，其功率密度、铂载量、寿命等技术指标大幅提升，整体经济性和实用性已经满足商业化条件。中国燃料电池乘用车和国际先进水平差距较大，但在燃料电池商用车领域差距不大，目前国内企业经过10余年的技术积累，燃料电池系统额定功率、功率密度、冷启动问题、铂载量、寿命等核心技术指标均取得较大提升。随着国内燃料电池汽车示范推进，以及燃料电池汽车批量上路运行、验证和提升，中国燃料电池技术将与日韩的差距逐渐缩小。

二是燃料电池耐久性、可靠性将有大幅度提升。燃料电池汽车能够具备经济性的寿命指标在2万h左右，由于中国燃料电池汽车推广规模较小，燃料电池汽车尚未经过大规模、长时间的实车上路验证，燃料电池汽车的耐久性、可靠性缺少权威的评估支撑。根据行业公开数据显示，目前中国燃料电池寿命已经提升到了1.5万~2万h，但与国际领先的3万h相比还有较大差距。未来随着技术改进、生产工艺稳定，燃料电池汽车的耐久性、可靠性将不断提升。预计示范结束后，中国燃料电池平均寿命将提升至2万h以上，基本满足燃料电池汽车正常使用需求。

4.3.4 燃料电池汽车成本将有望实现大幅下降

燃料电池汽车经济性将是决定燃料电池汽车能否市场化发展的决定性因素，目前燃料电池汽车的购置和使用成本均远高于传统燃油车和纯电动汽车，与燃料电池公交车等公共属性交通工具相比，燃料电池货车公益性属性较小，大多属于私人消费者用于谋生，消费者对于购置和使用成本十分敏感，因此，成本将是制约燃料电池汽车发展的最核心要素，必须持续提高燃料电池汽车的经济性。

一是规模降本将成为未来最核心的降本方式。目前中国燃料电池汽车产销量仅千辆级别，和纯电动汽车百万辆级别相比，还处于早期阶段，电堆及系统等头部企业的产能也偏低，规模效应还远未显现。由于市场规模小，当前系统企业对于上游部件及材料厂家的议价空间相对有限，燃料电池系统成本占据整车成本的 60% 左右，直接决定了整车售价，是未来降本的核心环节。预计当燃料电池汽车生产规模从千套到万套，再到十万套时，成本将呈现量级下降，最终实现在无补贴状态下与传统柴油车的裸车成本平价。

二是生产工艺水平提升和核心部件国产化将进一步促进成本降低。一方面，通过优化燃料电池生产工艺，将有利于提高整个生产过程的效率，提高良品率，推动降低燃料电池单位产品的生产成本。此外，通过研究低铂或无铂催化剂，能够进一步降低燃料电池贵金属载量，降低材料成本。另一方面，随着中国电堆、膜电极、空压机、增湿器、氢循环系统、碳纸、催化剂、质子交换膜等核心材料和零部件国产化，中国燃料电池成本将进一步降低。

4.3.5 氢气来源将持续向低碳清洁化方向发展

燃料电池汽车购置成本是影响燃料电池汽车购置的重要因素，而影响燃料电池汽车使用的最重要因素就是氢气来源的问题，氢气够不够用、成本低不低、加氢是否便利都将成为消费者高度关注的问题。在经济性方面，目前政府对氢气给予补贴支持，要求氢气售价不超过 35 元 /kg，初步能够实现和传统柴油车使用成本相当，但未来中国如何构建稳定、持续、经济、安全、清洁的氢能供给体系还有很长的路要走。

一是短期内现有制氢产能可满足示范推广需求。中国是全球最大的氢气生产国，制氢企业已多达百家，制氢产业产能充足，但主要以石化化工制氢为主，且氢气主要应用于工业领域，车用氢气产能相对不足。随着氢能产业发展热度提升，传统的石化企业均纷纷转型布局车用氢能产业，其中焦炉煤气、合成氨、氯碱等工业副氢量大、价低，通过采用变压吸附法回收提纯制氢，能够满足车用氢气品质要求，是燃料电池汽车示范前期的首选氢源。

二是中长期可再生能源制氢将成为重要路径。国家示范政策明确提出支持低碳氢发展，对清洁氢、可再生氢给予额外补贴支持，引导行业发展更加低碳环保的可再生氢。氢能规划也明确了可再生能源制氢是重点发展方向，规划到 2035 年，可再生能源制氢在终端能源消费中的比重明显提升，对能源绿色转型发展起到重要支撑作用。伴随着碳达峰、碳中和战略推进，未来中国可再生能源装机量将持续增长，发电成本将持续下降，可再生能源发电制氢也将日益具备经济性，成为中国未来氢能的重要来源之一。

三是加氢站建设步伐将继续引领国际发展。自 2020 年起，中国加氢站建设开始加速，预计到 2025 年，中国将建成 500~1000 座加氢站，基本覆盖所有示范城市群和示范城市，形成区域联动的加氢网络布局，为中国燃料电池汽车区域示范和规模推广奠定基础。此外，以中石化为代表的大型能源企业将持续投入加氢站建设，并采取油氢合建站等方式，进一步降低加氢站的建设运营成本。同时，随着技术升级和关键设备材料的国产化，加氢站建设成本也将大幅下降，从而进一步降低氢气加注成本，提高燃料电池汽车使用经济性。

第 5 章
地方燃料电池汽车产业发展态势

在氢能及燃料电池汽车产业发展方面，地方政府起到了至关重要的作用。2020 年以来，各地方政府不仅基于自身的产业基础和发展特色，研究出台了氢能或燃料电池汽车的产业发展规划，也在关键核心技术攻关、车辆推广应用、加氢站建设管理等方面，配套出台了相关支持政策或措施，通过政府支持和政策引导，统筹布局包括从氢能供给、技术创新、产业孵化到示范应用的全产业链环节，已经成为推动中国氢能及燃料电池汽车产业发展最为重要的动力之一，尤其是在燃料电池汽车市场推广应用、氢能基础设施建设等方面的促进效果非常显著，同时也推动形成了京津冀、长三角、珠三角等燃料电池汽车产业集聚地，对提高中国氢能及燃料电池汽车产业的整体竞争力意义重大。

5.1 地方氢能及燃料电池汽车产业发展情况

在燃料电池汽车示范政策带动下，以及氢能规划的引领下，地方政府持续强化政策支持，为中国氢能及燃料电池汽车产业发展营造了良好的发展环境。在各地方政府推动下，我国氢能及燃料电池汽车产业迎来了难得的发展机遇期。

5.1.1 主要氢气来源分析

车用氢气是保障燃料电池汽车产业发展的物质基础，要想发展燃料电池汽车产业就必须先解决氢源的问题，只有就近拥有氢源，才能够以较低的成本开展燃料电池汽车示范推广。因此，在燃料电池汽车示范应用时，需要根据燃料电池汽车推广情况，建立起适度超前、布局合理的车用氢气供给网络与供给体系，以满足燃料电池汽车运行的用氢需求。

根据中国氢能联盟研究院的统计，2022 年中国氢气产量约 3530 万 t/年，已成为全球规模最大的氢气生产国，主要集中在西北、华东和华北地区，合计占比 74.0%。从氢能来源看，目前中国氢气生产仍主要依赖化石能源。从用途看，氢气主要作为工业原料用于合成甲醇、合成氨和石油炼化等工业领域。整体来看，目前中国氢气产量巨大，但由于燃料电池汽车产业仍处于发展初期，车辆推广数量不多，车用氢气需求规模较小，难以实现规模经济效益，导致愿意专门生产车用氢能的制氢企业相对较少。而且与工业用氢不同，燃料电池汽车吃的是"细粮"，对氢气纯度和杂质含量的要求极高，若氢气纯度不够或杂质含量过高,都有可能导致催化剂中毒,进而影响燃料电池寿命,造成车辆出现故障等问题。因此,车用氢气的要求要远高于工业用氢气,技术难度也更大,投入的成本也更高,即使建好车用氢气产能后,企业也会担心是否有足够的车辆使用,在车用氢气领域的投资也较为谨慎。

考虑到现阶段中国工业副产氢已具相当规模,并且工业副产氢在成本上有着无可比拟的经济性,未来随着燃料电池汽车示范车辆的规模化推广,成本还将有较大的下降空间。因此,中国大部分地区将来自焦化、氯碱等产品生产过程的副产氢,经提纯后用于燃料电池汽车加注使用。目前中国工业副产氢提纯制氢可提供百万吨级的氢气供应,能够满足燃料电池汽车示范推广的用氢需求。同时,中国部分地区凭借可再生能源丰富、电价低的优势,也在探索采用可再生能源电解水制取高纯度氢气,供给燃料电池汽车使用。目前中国的可再生能源装机量已位居全球首位,为中国发展清洁低碳的氢能供给体系提供了有力保障。

未来随着中国燃料电池汽车示范工作的开展,应持续扩展氢气来源和渠道,打造多元化的氢气供给体系,鼓励工业副产氢提纯制氢、可再生能源电解水制氢等多种制氢方式协同发展,建立低碳、安全、经济、稳定、优质、可靠的氢能供给保障体系。从中短期来看,车用氢气的来源主要仍将是工业副产氢提纯制氢,但必须持续提升车用氢气品质,开展副产氢的精准提纯,既要考虑氢能经济性,也必须最大限度保障燃料电池汽车寿命质量。从长期来看,氢能供给的低碳、零碳转型已成必然,中国车用氢能供给体系需要逐步从工业副产氢向更加低碳环保的可再生能源电解水制氢转变,要充分利用风电、光电、水电、生物质等可再生能源,为中国燃料电池汽车产业发展提供长期可持续的绿色能源供给。

5.1.2 地方氢能资源分布情况

根据氢能联盟数据,中国氢气产能主要集中在西北、华北和华东地区,合计占比75%。在燃料电池汽车车用氢气方面,不同地区的车用氢气来源有所不同,其中华东、华北地区主要采用工业副产氢提纯制氢,张家口、成都等地区主要采用弃风光水电力电解水制氢。整体来看,中国不同地区根据资源禀赋不同,形成了各具特色的氢能供给体系,而且随着氢能及燃料电池汽车产业的快速发展,区域性的氢能供给网络正在逐步成型。

一是华东地区。氢气资源主要分布在上海、江苏、浙江、安徽、福建、山东等地方。其中上海市依托雄厚的化工基础,周边氢气资源丰富,主要为工业副产氢和天然气重整制氢,为上海市燃料电池汽车发展提供了充足的能源保障。江苏省当前可供燃料电池汽车使用的氢气资源以化工企业的工业副产氢为主,主要集中在苏州市张家港、南京市。安徽省以化石燃料制氢和工业副产氢为主,其中合肥、淮北、铜陵、阜阳、滁州等城市以工业副产氢为主,此外六安、合肥等在水电、风电、光伏等可再生能源制氢方面有一定基础。福建省具有丰富的工业副产氢资源,此外在核电、风电和水电等清洁能源方面也具备一定资源优势。山东省是工业大省,氢气资源分布均匀、来源广泛,以高质、低价的氯碱副产氢提纯为主的副产氢供应充足,具有规模大与成本低等优点。此外,山东海上风电资源丰富,具备发展海上风电制氢的潜力。浙江省工业副产氢资源丰富,主要分布在嘉兴市,同时也具备煤制氢、电解水制氢等多种制氢能力。

二是华南地区。华南地区发展氢能及燃料电池汽车产业主要集中在广东省,广东省现有氢气资源主要为化石能源制氢及工业副产氢提纯制氢,潜在车用氢气制氢能力超过70万t/年。目前广东省内燃料电池汽车用氢气供给主要是工业副产氢提纯制氢,主要分布在东莞市。同时,珠海市拥有一定的石化工业基础,通过采用石脑油重整、天然气重整、甲醇裂解等化石能源制氢,能够形成大规模车用氢气的稳定供应能力。因此,现阶段工业副产氢和化石能源制氢是广东省燃料电池汽车产业发展前期最主要的供氢方式。此外,目前阳江市已建设光伏、风电、水电等可再生能源资源,并具备核电基础,通过利用风电等可再生能源和富余的核电开展可再生能源电解水制氢,也将成为未来广东省车用氢气来源的重要领域,在提高可再生能源利用效率的同时,降低整体碳排放水平。

三是华北地区。氢气资源主要分布在北京、河北、山西、内蒙古等地区。北京市具备一定的石化原材料制氢和工业副产氢提纯制氢基础,并在可再生能源制氢方面开展了积极示范。河北省氢气资源主要分布在张家口市、保定市、唐山市、定州市,其中绿氢资源集中在张家口市和保定市,主要依靠丰富的风力、光伏发电制氢,张家口市作为国务院批准的唯一的国家级可再生能源示范区,具备雄厚的可再生能源制氢产业基础;工业副产氢则主要集中在唐山市和定州市。山西省拥有丰富的煤炭资源,在焦化、化工产业等方面具备较大优势,拥有焦炉煤气、合成氨、甲醇、氯碱等化工副产氢资源。此外,山西省北部地区属于国家太阳能利用二类地区,具备发展光伏电解水制氢的资源优势。内蒙古氢气资源主要集中在鄂尔多斯市、呼和浩特市、包头市、乌海市,拥有近百家化工企业,是国内重要的化工基地,具备焦炭、烧碱等工业基础,拥有丰富的副产氢资源。此外,鄂尔多斯市、呼和浩特市和包头市还具备丰富的风电发电、光伏发电资源,具备大规模利用可再生能源发电制氢的优势。

四是华中地区。河南省、湖北省是华中地区发展氢能及燃料电池汽车较为积极的地方。其中河南省是中国传统的化工大省,具备丰富的工业副产氢资源。同时河南也是中国农业大省,通过利用省内大量生物质资源开展生物质制氢,也将成为未来河南省的特色制氢资源。此外,随着河南省风电、光伏等可再生能源发电装机容量不断提升,探索可再生能源电解水制氢也成为重要方向。湖北省具备焦炉煤气、氯碱、合成氨等工业副产氢,以及天然气制氢、甲醇制氢等化石能源制氢资源。此外,湖北省宜昌市、黄冈市拥有丰富的水电、风电和光电资源,通过利用无法并网的可再生能源电力资源,开展可再生能源电解水制氢,既能避免可再生能源的浪费,也能提高氢气资源的清洁度。

五是东北地区。东北是中国传统重工业基地,辽宁省、黑龙江省、吉林省等在钢铁、化工、石化等行业有一定规模,具备丰富的工业副产氢资源。其中吉林省是全国九大千万千瓦级风电基地之一,风能资源非常丰富,白城市是吉林省风能资源最好的地区,是中国首批千万千瓦级风电基地、全国唯一的风电本地消纳综合示范区,这为吉林省发展可再生能源电解水制氢,实现燃料电池汽车全面绿氢化发展提供了有利条件。此外,由于东北地区是中国最寒冷的地区之一,纯电动汽车使用受到一定限制,考虑到燃料电池汽车的技术特性，尤其是相对优越的低温性能，在东北地区推广燃料电池汽车具备一定的可行性。而且，在低温环境下对燃料电池汽车进行更高强度、更复杂工况的长周期验证，将有效验证燃料电池汽车的环境适应性、运行稳定性，推动行业企业技术进步，促进燃料电池汽车在低温应用场景的规模推广，并推动建立起低温环境下的氢气制取、储运、加注和应用体系。

六是西南地区。氢气资源主要分布在四川、重庆、云南等地区。川渝地区在炼化、合成氨、氯碱、焦化、钢铁等领域有雄厚的工业基础，具备丰富的工业副产氢资源，同时天然气储量、页岩气储量高，尤其四川内江、自贡的储量非常丰富，天然气低碳制氢优势明显。同时，四川拥有丰富的水电资源，如雅安、凉山、阿坝、乐山等地区水能资源蕴藏量约 9500 万 kW，采用弃水电量电解水制氢的潜力巨大。此外，川渝地区的风电、光伏开发潜力也巨大，这都为川渝地区发展绿氢提供了资源保障。云南省是中国水资源大省，水能资源理论蕴藏量达 10000 万 kW，居全国第二。同时云南省还拥有丰富的光伏、风电等可再生能源，通过利用云南省丰富的水能、风能、光伏等可再生能源电解水制氢，将为云南省发展绿氢产业提供基础保障。

七是西北地区。氢气资源主要分布在陕西、宁夏等地区。陕西省氢气资源主要集中在榆林市、延安市、铜川市等，其中榆林市、延安市拥有丰富的工业副产氢资源，且榆林市还拥有煤制氢、天然气制氢等多种氢气资源。此外，榆林市、延安市、铜川市风光电资源丰富，拥有利用弃风、弃光等可再生能源电解水制氢的潜力和基础。宁夏回族自治区宁东拥有全国最大的煤化工生产基地，现有煤制氢产能超过 200 万 t/ 年。除煤制氢外，宁东还拥有丙烷脱氢、煤焦油精制副产氢等资源。此外，宁东太阳能资源丰富，是中国太阳辐射的高能区之一，可以制取绿氢 45 万 t/ 年，能够满足燃料电池车用氢气的需求。

5.1.3 地方加氢站建设情况

目前中国缺少统一的加氢站建设审批流程，而且加氢站建设运营成本高昂，此外，现阶段燃料电池汽车推广规模小，先有车还是先有站的问题长期困扰着行业发展，企业担心投资加氢站运行效率低，难以实现盈利，这些因素都导致中国加氢站建设相对缓慢。2019 年前，中国建成并投入运营的加氢站仅 10 余座，2019 年以来，随着加氢基础设施被写入《政府工作报告》，以及中国燃料电池汽车示范应用政策的发布出台，在各地方政府的大力支持下，越来越多的企业投入到加氢站建设中，中国加氢站建设步伐出现了明显提速。截至 2022 年底，中国共建成加氢站 358 座，主要集中在广东省、上海市、北京市、江苏省、山东省、河北省、湖北省、浙江省等地区。

加氢站建设布局相对复杂，既要符合城市规划、环境保护、安全防火等硬性要求，也要结合燃料电池汽车保有量、实际加氢量、车辆百公里氢耗、日均行驶里程、运行路线等因素来确定，因此如何选址和确定加氢站加注能力成为一大难点。目前国内已建成的加氢站日加氢能力基本在 500~1000kg，部分站达到 2000kg，500kg 以下的加氢站已经很少，建设日加氢能力更大、服务规模更广的加氢站正逐步成为发展趋势。而且不同于充电基础设施，未来随着燃料电池汽车的大规模推广，加氢站的布局将和加油站布局逐渐趋同，因此中石化等企业也在加快推动油氢合建站建设，一方面有利于以油养氢，降低氢气加注成本，另一方面也有利于土地资源集中利用，降低建设成本。但目前燃料电池汽车还处于小规模示范阶段，完全参考加油站大规模布局还不现实，考虑到燃料电池汽车主要车型为中远途、中重型商用车，行驶路线相对固定，前期加氢站可以参考加气站服务半径，约10km，在主要路线上布局并适当超前，就可以满足基本的用氢需求。

5.1.4 地方燃料电池汽车产业发展情况

在国家政策的引导下，尤其是燃料电池汽车示范政策发布后，各地方纷纷加强政策支持力度，积极抢占燃料电池汽车战略性新兴产业培育和发展机遇，加快开展氢能及燃料电池汽车产业布局，寻找新的经济增长点。

一是地方持续加大政策支持力度。截至2022年底，中国20多个省市及自治区共发布了250余项的氢能及燃料电池汽车产业相关支持政策，其中近一半为氢能或燃料电池汽车产业发展规划。根据各地方发展规划不完全统计，到2025年规划的燃料电池汽车推广规模将突破13万辆，加氢站数量将达1000座，相关产值超过8000亿；到2030年规划推广的燃料电池汽车规模将超过43万辆，建成加氢站超过1300座，相关产值超过16000亿；从这些数据可以看出中国燃料电池汽车的市场趋势，但规划能否有效落实对燃料电池汽车产业发展影响较大。整体来看，在2030年前，各地方多以公共领域的燃料电池商用车推广为主，随着技术的不断成熟、成本的不断下降、配套设施的不断完善，燃料电池乘用车也将逐渐推广应用。

二是初步形成若干产业集群。中国氢能及燃料电池汽车产业链主要集中在北京、上海、广东、江苏、山东、浙江、四川、湖南、河南、河北等地，其中北京、上海和广东分别通过整合本地优势资源，并加强同周边地区的协同合作，初步形成京津冀、长三角、珠三角等产业集群。此外，还有以成都为中心的西南产业集聚区，以武汉、郑州为中心的中部产业集聚区，以山东为中心的产业集聚区等。部分城市已具备相对完备的产业发展基础，如上海、广东已经具备了包含整车、电堆和系统、空压机、膜电极、催化剂、碳纸、双极板等在内的产业核心资源。

三是推广应用步伐持续加快。在车辆推广方面，2022年中国共销售燃料电池汽车5037辆，推广数量排名前十的地区分别是北京市、上海市、河南省、山东省、山西省、浙江省、广东省、河北省、湖北省和内蒙古自治区，累计销量分别为919辆、786辆、721辆、451辆、381辆、284辆、258辆、251辆、193辆和174辆，如图5-1所示。从销量占比看，北京市、上海市和河南省占比较高，分别为18%、16%和14%，如图5-2所示。

四是各地探索多元化场景示范应用。目前中国各地方根据本地区产业发展实际，正加快推动燃料电池汽车在各具特色的应用场景开展示范。结合主要地区产业发展规划，在产业发展初期，城市公交、长途客运、物流运输、重载货运等是燃料电池汽车重要的示范应用领域。各城市结合自身产业实际和运输需求，规划选取具有较好示范效果的场景开展燃料电池汽车的推广应用。如北京借助北京冬奥会和冬残奥会契机，加强燃料电池客车、货车示范应用，同时注重京津冀地区重型车辆推广应用；河北依托本地沿海港口重载运输需

图 5-1　2022 年燃料电池汽车分省市销量

注：机动车保险数据。

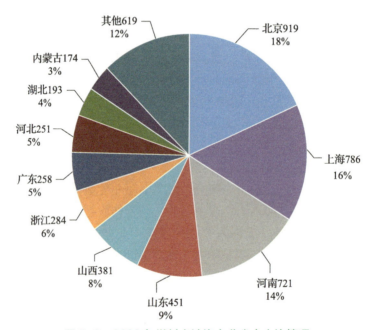

图 5-2　2022 年燃料电池汽车分省市占比情况

注：机动车保险数据。

求，规划推动京唐港、曹妃甸港、秦皇岛港、黄骅港等重型货车、搬运叉车、码头牵引车等车辆替代为燃料电池汽车，同时依托省内外城市的物流运输需求，规划打造多条燃料电池物流运输示范线路；上海围绕本地成品钢材、煤矿、整车及零部件等重载物流需求，规划推动燃料电池重卡商业化应用，同时瞄准生鲜冷链、物流抛货以及城际物流、城郊物流运输等场景，加强燃料电池物流车示范应用。此外，上海、广州、成都等还布局规划出租车、网约车、公务车等燃料电池乘用车的示范推广，旨在进一步探索燃料电池汽车在多元化领域及场景下应用的可行模式。

主要地区燃料电池汽车规划应用场景见表 5-1。

表 5-1　主要地区燃料电池汽车规划应用场景

地区	政策名称	主要应用领域	主要应用场景
北京	《北京市氢燃料电池汽车产业发展规划（2020—2025年）》	客车、货车	北京冬奥会和冬残奥会
		城区公交、城郊公交、市政环卫、机场巴士	—
		重型车	京津冀地区
河北	《河北省氢能产业发展"十四五"规划》	城市公交、环卫、物流、旅游及奥运专线	—
		重型货车、搬运叉车、码头牵引车	京唐港、曹妃甸港、秦皇岛港、黄骅港
		果蔬物流运输	河北高碑店至北京新发地
		砂石料运输	容城至易县
		货物运输	北京至京唐港/曹妃甸港、廊坊至天津港、衡水至黄骅港
		城际巴士	河北多地至大兴
上海	《上海市氢能产业发展中长期规划（2022—2035年）》	公交客车、通勤客车	金山、宝山、临港、嘉定、青浦
		重卡	成品钢材、煤矿、整车及零部件等重载物流；洋山港
		专用配送、快递、邮政、冷链、土方垃圾	生鲜冷链、物流抛货，以及城际物流、城郊物流运输
		租赁用车、公务用车	虹桥枢纽、嘉定
		叉车	金山、奉贤化工区、临港新片区等产业园区
深圳	《深圳市氢能产业发展规划（2021—2025年）》	城际客车	深圳至深汕特别合作区
		公交	国际低碳城
		物流车	公明街道
		拖车、叉车	赤湾、妈湾、盐田港区
		垃圾收运	—
山东	《山东省氢能产业中长期发展规划（2020—2030年）》	城市公交车	济南、潍坊、聊城
		物流车、重型载货车、叉车	临沂
		重载运输	董家口港区至山铝
		叉车、牵引车、装载车	青岛港

(续)

地区	政策名称	主要应用领域	主要应用场景
成都	《成都市氢能产业发展规划（2019—2023年）》	公交车	郫都区、龙泉驿区
		物流车、出租车、网约车、共享汽车	—
		省内客运、城际物流	"成都—绵阳""成都—雅安—西昌—攀枝花"城际氢能线路
广州	《广州市氢能产业发展规划（2019—2030年）》	公交车	黄埔、南沙、番禺、白云等区域公交线路
		公务车	政府及国有企事业
		专用车	环卫、物流
		乘用车	网约车、巡游出租车
		商用车	机场快线（空港快线）等

5.2 燃料电池汽车示范城市群推进情况

2021年8月和2021年12月，财政部等五部门分两批分别批复了京津冀、上海、广东城市群，以及郑州、河北城市群启动燃料电池汽车示范工作。为保障燃料电池汽车示范顺利开展，京津冀、上海、广东、郑州、河北等城市群积极落实国家政策要求，在工作机制建立、支持政策制定、示范工作启动等方面取得了一定进展。

5.2.1 京津冀燃料电池汽车示范城市群

京津冀燃料电池汽车示范城市群由北京市、天津市滨海新区、河北省唐山市和保定市、山东省淄博市和滨州市共同组成，其中北京市整体牵头，北京市大兴区人民政府为具体组织执行机构，北京市海淀区、北京经济技术开发区、北京市房山区、北京市延庆区、北京市顺义区和北京市昌平区为重点参与区。京津冀燃料电池汽车示范城市群按照"布局合理、各有侧重、协同推进"的要求，结合示范城市群内各城市区位条件、资源禀赋、优势特点等，明确了各自的功能定位和分工，形成"一核、两链、四区"的燃料电池汽车发展格局。

一核为依托北京市作为全国科技创新中心的战略定位及高精尖产业发展基础和科技创新优势，在示范城市群中发挥核心引领作用，重点打造具有国际影响力的燃料电池汽车科技创新中心、关键零部件制造中心、整车研发制造中心和高端应用示范推广中心。两链具体包括：一是发挥北京市房山区和山东省滨州市工业副产氢和水电解制氢资源优势，共同打造示范城市群燃料电池汽车氢能供应链。二是发挥天津市和保定市在燃料电池汽车核心零部件、整车研发制造方面，以及淄博市在核心零部件质子交换膜方面的产业化配套作用，共同打造示范城市群燃料电池汽车产业发展链。四区具体包括：一是结合天津市滨海新区港区区位优势和丰富的物流资源打造燃料电池汽车港区场景特色示范区。二是结合北京冬奥会期间提供清洁能源车辆保障的需求，打造燃料电池汽车冬奥场景特色示范区。三是结合唐山钢铁焦化企业和港区矿山的矿石钢材运输需求，打造矿石钢材重载场景特色示范区。四是结合保定市支持雄安新区建设的运输服务需求，打造燃料电池汽车渣土运输场景特色示范区。

在燃料电池汽车推广目标方面，京津冀燃料电池汽车示范城市群结合冬奥会示范及产业规划，计划分两个阶段开展5300辆燃料电池汽车的推广应用。第一阶段为冬奥示范引领阶段，其中第一年度计划推广1073辆，第二年度计划推广1195辆。第二阶段为商业化领域推广阶段，其中第三年度计划推广1628辆，第四年度计划推广1404辆。分车型来看，京津冀燃料电池汽车示范城市群计划推广燃料电池客车1481辆，燃料电池货车3789辆，燃料电池乘用车30辆。

在氢能供给方面，京津冀燃料电池汽车示范城市群积极加强开发本地氢能资源，还加强北京与张家口、天津等周边富氢区域的联合，推动构建形成环北京供应链，以构建持续稳定、经济合理、开放有序的氢源市场。同时加快开展绿电制氢项目，强化氢能供给保障的同时，通过示范逐步提高可再生能源制氢比例。

在组织保障方面，京津冀燃料电池汽车示范城市群筹建了以陈吉宁市长为组长、京津冀主管副市（省）长为副组长的领导小组。领导小组下设工作专班，由北京市分管副秘书长担任主任，负责示范推进工作，专班办公室设在大兴区人民政府，负责日常工作。工作专班先后于2021年9月中旬和11月初组织12个参与城市主管部门召开工作沟通会，明确了第一示范年度工作任务。2021年12月25日，京津冀燃料电池汽车示范城市群在大兴国际氢能示范区召开了示范城市群启动会，会议发布了《京津冀燃料电池汽车示范城市群实施方案（简本）》和《京津冀燃料电池汽车示范城市群工作机制》。2022年4月，北京市经济和信息化局发布了《关于开展2021—2022年度北京市燃料电池汽车示范应用项目申报的通知》，提出燃料电池汽车示范应用项目主要采取"应用场景示范+'示范应用联合体'申报"方式实施，由市经济和信息化局组织开展，结合燃料电池汽车示范应用年度任务，明确应用场景并向社会公布，由符合条件的相关企业组成"示范应用联合体"进行申报，通过第三方机构评审后择优予以支持。示范应用场景包括省际专线货运、城市重型货物运输、城市物流配送、城市客运等。对"示范应用联合体"根据任务完成情况给予资金支持，主要包括车辆推广奖励、车辆运营奖励、加氢站建设和运营补贴、关键零部件创新奖励等。2022年5月，北京市经济和信息化局对外公示了2021—2022年度北京市燃料电池汽车示范应用项目拟承担"示范应用联合体"牵头企业名单，北汽福田汽车股份有限公司、一汽解放汽车有限公司、宇通客车股份有限公司、金龙联合汽车工业（苏州）有限公司等四家燃料电池整车企业入选。2023年5月，北京市经济和信息化局对外公示了2022—2023年度北京市燃料电池汽车示范应用项目拟承担"示范应用联合体"牵头企业名单，北汽福田汽车股份有限公司、佛山市飞驰汽车科技有限公司、三一汽车制造有限公司、金龙联合汽车工业（苏州）有限公司、一汽解放汽车有限公司、厦门金龙联合汽车工业有限公司、厦门金龙旅行车有限公司、东风柳州汽车有限公司等八家燃料电池整车企业入选，相比 2022 年翻倍。

5.2.2 上海燃料电池汽车示范城市群

上海燃料电池汽车示范城市群以上海市为牵头城市，联合江苏省苏州市和南通市、浙江省嘉兴市、山东省淄博市、内蒙古自治区鄂尔多斯市、宁夏回族自治区宁东能源化工基地共同开展示范。上海燃料电池汽车示范城市群通过技术延伸和产业链延伸，建立东西部技术创新、集成示范、氢能供应的长效合作机制，促进东西部及长三角地区燃料电池产业链协同升级。上海作为牵头城市，定位于燃料电池汽车关键零部件自主突破和产业化、氢能供给保障、燃料电池汽车特色应用场景挖掘、安全监管信息化保障等；苏州市定位于产业链协同创新、示范应用场景拓展；南通市定位于空气压缩机的技术创新及产业化；嘉兴市定位于充足的氢能供给保障、示范应用场景拓展；淄博市定位于质子交换膜的技术创新及产业化；鄂尔多斯市、宁东能源化工基地定位于清洁低碳氢示范和燃料电池重卡应用示范。

在燃料电池汽车推广目标方面，上海燃料电池汽车示范城市群计划推广燃料电池汽车 5000 辆，分年度看，第一年度计划推广 965 辆、第二年度计划推广 1355 辆、第三年度计划推广 1300 辆、第四年度计划推广 1380 辆。分车型看，上海燃料电池汽车示范城市群计划推广燃料电池货车 3400 辆、燃料电池乘用车 1400 辆、燃料电池客车 200 辆。

在氢能供给方面，上海燃料电池汽车示范城市群重点推进低碳、安全的工业副产氢源保障项目建设，以保障燃料电池汽车示范推广的用氢需求。同时积极整合长三角地区富氢区域的氢能资源，构建地区外供氢和制氢相结合的供氢方式，保障氢源稳定供给。此外，联合鄂尔多斯、宁东等，探索建立低成本规模化的清洁低碳氢供给路径。

2021 年 11 月 4 日，上海市率先发布了《关于支持本市燃料电池汽车产业发展若干政策》，从整车购置奖励、关键零部件奖励、车辆运营奖励、支持公交车运营、加氢站建设补贴、氢气零售价格补贴等方面支持燃料电池汽车发展。2021 年 11 月 11 日，上海城市群召开了燃料电池汽车示范应用工作第一次联席会议，正式对外宣布启动示范，并通过了《上海城市群燃料电池汽车示范应用工作联席会议制度》，联席会议办公室设在上海市经济和信息化委员会，承担联席会议日常工作。联席会上，上海城市群明确了第一年度任务目标：在车辆推广应用方面，上海城市群计划推广应用 965 辆燃料电池汽车，其中燃料电池货车 705 辆、乘用车 200 辆、客车 60 辆。在加氢站建设方面，上海城市群计划新建 9 座加氢站，其中苏州 3 座，嘉兴 2 座，宁东 3 座，鄂尔多斯 1 座。在关键零部件研发产业化方面，计划在燃料电池堆、膜电极、双极板 3 项关键零部件实现自主突破及批量产业化。

2021 年 12 月 8 日，上海市发布了《关于开展 2021 年度上海市燃料电池汽车示范应用项目申报工作的通知》，将采取由燃料电池系统企业牵头，会同整车制造企业、车辆营运企业、加氢站运营企业、车辆使用单位等组成"示范应用联合体"的方式，开展 2021 年度示范应用项目。2022 年 1 月 13 日，上海市经济和信息化委员会发布了《2021 年度上海市燃料电池汽车示范应用拟支持单位公示》，此次拟支持的"示范应用联合体"牵头单位共有 6 家，分别为上海捷氢科技股份有限公司、上海重塑能源科技有限公司、上海神力科技有限公司、航天氢能（上海）科技有限公司、上海青氢科技有限公司、上海清志新能源技术有限公司。2023 年 1 月 13 日，上海市经济和信息化委员会发布了《2022 年度上海市燃料电池汽车示范应用拟支持单位公示》，此次拟支持的"示范应用联合体"牵头单位共有 7 家，分别为上海捷氢科技股份有限公司、上海重塑能源科技有限公司、上海神力科技有限公司、航天氢能（上海）科技有限公司、上海青氢科技有限公司、上海清志新能源技术有限公司和康明斯新能源动力（上海）有限公司，相比 2022 年，新增康明斯新能源动力（上海）有限公司一家企业。

5.2.3　广东燃料电池汽车示范城市群

广东燃料电池汽车示范城市群由佛山市牵头，联合省内广州市、深圳市、珠海市、东莞市、中山市、阳江市、云浮市，以及省外福建省福州市、山东省淄博市、安徽省六安市、内蒙古自治区包头市等共同开展示范。佛山市作为牵头城市，定位为技术创新和产业制造高地，以及燃料电池汽车示范应用先行区；广州市定位于燃料电池汽车创新研发中心、整车及燃料电池关键零部件制造基地、燃料电池汽车示范应用核心区；深圳市定位于核心技术研发和推广应用创新示范基地；珠海市定位于氢源供给基地；东莞市定位于关键零部件研发制造高地、氢源供给基地；中山市定位于液氢装备和燃料电池核心零部件特色产业集聚区；阳江市定位于可再生能源制氢及氢气储运设备研发生产基地；云浮市定位于高端装备制造基地；福州市定位于低碳氢供应基地；淄博市定位于燃料电池系统"芯片"制造高地；六安市定位于燃料电池自主创新高地、高端制造基地和多元应用试验区；包头市定位于稀土储氢材料开发与制备基地、高端装备制造基地和氢车高寒试验场、氢能碳中和绿色工矿示范区。

在燃料电池汽车推广目标方面，广东燃料电池汽车示范城市群计划推广燃料电池汽车 12715 辆，分年度看，第一年度计划推广 1270 辆、第二年度计划推广 2815 辆、第三年度计划推广 3810 辆、第四年度计划推广 4820 辆。分车型看，广东燃料电池汽车示范城市群计划推广燃料电池货车 11010 辆，燃料电池客车 1555 辆，燃料电池乘用车 150 辆。

在氢能供给方面，广东燃料电池汽车示范城市群加快推进多源低成本氢气供给保障。一方面，加快推进重点可供应工业副产氢项目建设，提高低成本化工副产氢供应能力。另一方面，大力发展可再生能源制氢，开展核电制氢、海上风电制氢、光伏制氢等试点，拓展氢能供给渠道。此外，广东还明确提出，各示范城市要落实国家有关氢气价格的要求，对加氢站终端售价 2023 年底前高于 35 元 /kg、2024 年底前高于 30 元 /kg 的，各级财政均不得给予补贴。

2021 年 12 月 8 日，广东燃料电池汽车示范城市群在佛山南海召开了示范城市群启动会，并就《广东燃料电池汽车示范应用城市群工作机制（讨论稿）》《广东燃料电池汽车示范应用城市群工作领导小组（讨论稿）》《广东燃料电池汽车示范应用城市群建设工作专班（讨论稿）》征求了各示范城市的意见，正式启动了燃料电池汽车示范工作。2022 年 8 月 11 日，广东省发布了《广东省加快建设燃料电池汽车示范城市群行动计划（2022—2025

年）》，计划到示范期末，实现电堆、膜电极、双极板、质子交换膜、催化剂、碳纸、空气压缩机、氢气循环系统等八大关键零部件技术水平进入全国前五，形成一批技术领先并具备较强国际竞争力的龙头企业，实现推广 1 万辆以上燃料电池汽车目标，年供氢能力超过 10 万 t，建成加氢站超 200 座，车用氢气终端售价降到 30 元 /kg 以下，示范城市群产业链更加完善，产业技术水平领先优势进一步巩固，推广应用规模大幅提高，全产业链核心竞争力稳步提升。

5.2.4 郑州燃料电池汽车示范城市群

郑州燃料电池汽车示范城市群以郑州市为牵头城市，形成了"1+N+5"的城市群组合，"1"为牵头城市，即郑州市，拥有客车龙头企业宇通，能够有效牵引产业链发展；"N"为全国产业链优势企业所在的合作城市，包含河北省张家口市、上海市嘉定区、上海市奉贤区、上海市临港区、河北省辛集市、山东省淄博市、山东省烟台市、山东省潍坊市、广东省佛山市、河北省保定市等，能够构建包含所有八大燃料电池关键零部件、基础材料在内的产业链关键环节；"5"为示范应用中重点推广燃料电池汽车的城市，包含河南省新乡市、河南省开封市、河南省洛阳市、河南省焦作市、河南省安阳市以及宁夏回族自治区宁东能源化工基地，通过燃料电池货车与客车示范推广带动全产业链的发展。

郑州市是郑州燃料电池汽车示范城市群的牵头城市，定位于燃料电池汽车产业示范集群、燃料电池汽车示范应用中心、燃料电池汽车示范应用的示范协作管理中心。郑州燃料电池汽车示范城市群承担产业链发展的城市包括河北省张家口市、上海市嘉定区、上海市奉贤区、上海市临港区、河北省辛集市、山东省淄博市、山东省烟台市、山东省潍坊市、广东省佛山市、河北省保定市。其中张家口市定位于燃料电池系统和氢气循环系统等关键部件开发和产业化；上海市嘉定区定位于燃料电池系统、电堆、双极板、膜电极、催化剂等关键部件开发和产业化；上海市奉贤区定位于燃料电池堆、膜电极等关键部件开发和产业化；上海市临港区定位于燃料电池堆、金属双极板、膜电极、催化剂等关键部件开发和产业化；辛集市定位于燃料电池专用空气压缩机产品开发和产业化；烟台市定位于氢气循环系统产品开发和产业化；淄博市定位于质子交换膜产品开发和产业化；潍坊市定位于燃料电池系统、电堆、膜电极等关键部件开发和产业化；佛山市定位于燃料电池系统、碳纸等关键零部件开发和产业化；保定市定位于燃料电池系统开发和产业化。

郑州燃料电池汽车示范城市群承担示范应用任务的城市主要有郑州市、新乡市、安阳市、焦作市、开封市、洛阳市、宁夏宁东，相关城市共同推动燃料电池汽车在不同应用场景的示范应用，探索出合理的燃料电池汽车示范应用场景。新乡市定位于燃料电池汽车示范应用的电堆、系统及加氢装备研发与产业化基地，重点布局中重型的城建、垃圾货运和公交、城际客车的示范应用场景；安阳市定位于周边示范城市的氢源供应基地，示范推广任务多为中重型货运燃料电池汽车，以公交、城际客运和牵引车作为辅助示范应用，并结合红旗渠旅游主题，开展燃料电池文旅车辆的特色示范应用；焦作市拥有庞大的工业副产氢能力，定位于郑州城市群燃料电池汽车示范应用的主要稳定氢源基地，示范推广任务重点布局在城市公交客运以及城建自卸/搅拌、城市垃圾转运的示范应用场景；洛阳市定位于车载氢瓶和加氢站储氢瓶的研发与产业化任务，以及燃料电池汽车动力电池的相关配套研发任务，燃料电池汽车示范推广主要为环卫、自卸/搅拌车，以城郊/环线公交、城际客车示范推广为辅；开封市定位于城市环卫、城建渣土自卸车的中重型燃料电池货运车辆，燃料电池公交、城际客运车辆，重型燃料电池牵引车的示范推广，重点承担燃料电池汽车的氢系统阀门、仪表等零部件和车载氢瓶的配套产业任务，同时参与燃料电池货运车辆研发、生产；宁夏宁东定位于中重型燃料电池货运车辆示范应用的省外示范中心。

在燃料电池汽车推广目标方面，郑州燃料电池汽车示范城市群计划推广燃料电池汽车4295辆，分年度看，第一年度计划推广650辆、第二年度计划推广855辆、第三年度计划推广1095辆、第四年度计划推广1695辆。分车型看，郑州燃料电池汽车示范城市群计划推广燃料电池货车2430辆，燃料电池客车1470辆，燃料电池乘用车395辆。

在氢能供给方面，郑州燃料电池汽车示范城市群前期以副产氢气的精准提纯，高压气态储氢和长管拖车运输为主，后期向风电、光电、生物质制氢等可再生能源制氢，更高压力的氢气长管拖车运输和液氢运输等方向转变，以逐步构建高密度、轻量化、低成本、多元化的氢能储运体系。

2022年4月1日，河南省政府召开郑州城市群国家燃料电池汽车示范应用推进工作电视电话会议，贯彻落实国家五部门部署要求，安排郑州城市群国家燃料电池汽车示范应用工作，加快推动河南省燃料电池汽车和氢能产业高质量发展。2022年5月，郑州市工信局印发了《郑州市支持燃料电池汽车示范应用若干政策（征求意见稿）》，拟从支持产业链研发攻关、强化产业链投资及招引、支持整车产品示范应用、引导降低加氢成本、强化加氢站建设和加大金融支持6大方向给予补贴。

5.2.5 河北省燃料电池汽车示范城市群

河北省燃料电池汽车示范城市群以张家口市为牵头城市，由"1+8+N"的城市群组成，其中"1"表示牵头城市张家口市，"8"表示河北省的唐山市、保定市、邯郸市、秦皇岛市、定州市、辛集市、雄安新区7个城市，以及内蒙古自治区的乌海市，"N"表示补强城市群产业链但不参与车辆推广任务的城市，包括上海市奉贤区、河南省郑州市、山东省淄博市、山东省聊城市、福建省厦门市。

张家口市作为牵头城市，定位于发展可再生能源电解水制氢，打造国家级绿氢供应基地，打造关键零部件高端生产基地、燃料电池整车生产基地、燃料电池汽车示范应用基地等；保定市定位于燃料电池关键零部件技术创新高地和生产基地、氢能产品测试基地，为燃料电池乘用车、公交、重卡和渣土车提供有特色的终端应用场景，开展电解水制氢，打造辐射河北省全域的氢源供应网络；邯郸市定位于发挥钢铁、煤炭、焦化等行业重卡运输量大、频次高的特征，为燃料电池重卡提供终端应用场景，重点发展副产氢提纯，打造氢源供应基地、电解水制氢设备生产基地；秦皇岛市定位于打造基础材料和关键零部件研发生产基地，依托利用秦皇岛港煤炭等大宗商品运输为燃料电池重卡提供有特色的终端应用场景，利用工业副产氢和可再生能源制氢等多途径制氢方式，打造氢源供应基地；定州市定位于通过发展副产氢提纯，为城市群提供氢源保障，以燃料电池客车为切入点，打造整车生产基地；辛集市定位于燃料电池空压机等关键零部件生产基地；唐山市定位于为燃料电池重卡、牵引车和集卡等提供终端应用场景，利用丰富的钢铁尾气等工业副产氢资源，发展副产氢提纯，打造氢源供应基地；雄安新区定位于燃料电池重卡和燃料电池客车等终端应用场景；乌海市定位于打造燃料电池整车生产装配中心，为公交和矿用重卡等领域提供终端场景应用，打造氢源供应基地和液氢示范基地；郑州市定位于打造整车生产基地，为城市群内城市研发生产燃料电池客车；厦门市定位于打造整车生产基地，为城市群内城市研发生产燃料电池商用车；聊城市定位于打造整车生产基地，为城市群内城市研发生产燃料电池客车和物流车；淄博市定位于打造基础材料供应基地，为城市群内相关企业提供质子交换膜产品；上海市奉贤区定位于电堆、双极板、膜电极等关键零部件生产基地。

在燃料电池汽车推广目标方面，河北省燃料电池汽车示范城市群计划推广燃料电池汽车7710辆，分年度看，第一年度计划推广1406辆、第二年度计划推广1739辆、第三年度计划推广2115辆、第四年度计划推广2450辆。分车型看，河北省燃料电池汽车示范城市群计划推广燃料电池货车5980辆，燃料电池客车1680辆，燃料电池乘用车50辆。

在氢能供给方面，河北省燃料电池汽车示范城市群一方面加强提升定州、乌海等城市工业副产氢供氢能力，另一方面依托张家口、保定等地区丰富的可再生能源资源基础，加快推进布局风力发电制氢、光伏发电制氢以及生物能发电制氢等可再生能源制氢项目。同时，还加强氢能关键技术研发和装备制造提升，旨在进一步降低氢能应用成本。

2022年7月12日，张家口市人民政府办公室印发了关于《张家口市支持建设燃料电池汽车示范城市的若干措施》的通知，市级财政资金奖励对象为本市范围内纳入河北省城市群示范任务并取得国家综合评定奖励积分的燃料电池整车购置与运营企业、关键零部件企业、加氢站企业以及用于支撑城市群示范任务考核的综合监管平台运营机构。

5.3 地方促进燃料电池汽车产业发展的有关措施

目前中国燃料电池汽车产业发展仍面临技术水平不高、产业化能力薄弱、氢能及加氢基础设施成本高等短板问题，中国各地方政府结合自身实际情况，因地制宜地制定了对燃料电池汽车产业发展的具体支持措施，这对推动中国现阶段氢能及燃料电池汽车产业发展产生了积极影响。目前各地方政府已经成为中国燃料电池汽车产业发展最关键的推动力，通过研究分析各地方支持政策，较为共性的支持措施包括顶层设计、推广应用、产业扶持、基础设施建设、科技创新、装备制造、氢源保障、招商引才和安全监管等方面，在这些领域，各地方政府积极探索，初步构建了较为完善的政策支撑体系，对统筹地方产业发展、基础设施建设和车辆示范推广等起到了至关重要的作用，为中国氢能及燃料电池汽车产业发展营造了良好的地方政策环境，同时也为国家层面进一步完善支持政策措施提供了有益的参考借鉴。

5.3.1 加强组织领导与统筹协调

目前中国氢能及燃料电池汽车产业还处于发展的培育期，也是各地方政府培育发展新动能、实现产业结构调整的机遇期。为加快推动本地区氢能及燃料电池汽车产业发展，统筹做好产业发展的各项工作，协调解决产业发展面临的各项突出困难和问题，各地方政府通过成立专班或领导小组等方式，加强对氢能及燃料电池汽车产业发展的组织领导，并明确了各政府部门在氢能及燃料电池汽车产业发展推进工作中的职责分工，形成了部门间的协调配合机制，统筹协调各类资源，确保发展氢能及燃料电池汽车的战略部署能够贯彻落实。

比较典型的如京津冀、上海、广东、郑州、河北城市群，纷纷成立了燃料电池汽车产业发展领导小组，由省级领导担任组长，财政、发改、工信、科技、交通、能源、住建、应急等各职能部门领导担任成员，分别负责资金保障、项目引进、产业推进、技术突破、车辆推广、氢源保障、基础设施建设、应急管理等事宜，示范应用的日常工作通常由发改或工信等部门承担，并建立议事协调机制，统筹推进示范相关工作，推动示范城市群氢能及燃料电池汽车产业的持续发展。

同时，各地方还通过吸纳国内外氢能与燃料电池汽车技术专家组建专家委员会，针对产业发展过程中的难点、痛点、堵点做好参谋工作，为重大战略决策提供切实建议。专家委员会通常由高校、科研院所、行业智库、重点企业的相关专家组成，涵盖制氢、储氢、运氢、加氢站、燃料电池、燃料电池汽车等领域，为当地氢能及燃料电池汽车产业发展的技术发展方向研判、政策制定与调整、重要投资及孵化项目落地评估评审、车辆示范应用推广、制氢和加氢站项目方案评审、安全风险防控等相关工作提供决策咨询与建议，确保决策的科学性、合理性。

5.3.2 加强顶层设计与系统推进

为更好推动氢能及燃料电池汽车产业发展，各地方政府纷纷加强产业的顶层设计与系统推进，制定并发布了氢能或燃料电池汽车的产业规划、行动方案、指导意见等政策，为氢能及燃料电池产业发展指出了发展方向和目标。如北京、上海、广东等省市基本都发布了氢能或燃料电池汽车产业发展规划及相关指导意见，通过充分发挥产业规划的战略引领作用，明确了本地区氢能或燃料电池汽车产业的发展思路、发展目标、重点任务及保障措施等内容。

目前产业规划已经成为各地方政府发展氢能及燃料电池汽车产业的纲领性文件，不仅从宏观上明确了氢能或燃料电池汽车战略性新兴产业的重要地位，也为氢能或燃料电池汽车实际推广应用做出了系统谋划，对燃料电池汽车产业布局、车辆推广应用、氢能供给的保障、加氢站的建设运营、关键技术研发攻关产业化、产业投资与产值等都提出了未来的发展目标，并在规划中提出相应的发展路径与支持措施。通过政府规划引导和优化氢能或燃料电池汽车产业布局，推动形成燃料电池汽车产业集中、集聚、集群发展的局面；以规划引领调动企业创新发展的积极性，重点布局并加快突破"卡脖子"技术环节；重点鼓励中远途、中重型燃料电池商用车示范应用，上海等部分城市根据产业发展情况，也鼓励燃料电池乘用车的小规模示范应用；超前部署规划加氢站网络布局，营造良好的燃料电池汽车产业发展和推广应用环境。

同时，为解决氢能及燃料电池汽车发展障碍，保障燃料电池汽车产业高质量发展，在产业规划引领下，各地方积极建立健全政策保障体系，系统推进氢能及燃料电池汽车产业协同发展，包括研发支持、财税补贴、税收减免、安全监管、交通通行、氢能管理、加氢站建设审批等方面，推动氢能及燃料电池汽车产业快速发展。此外，地方政府还积极开展宣传工作，通过加强氢能及燃料电池汽车的技术科普，宣传氢能的安全使用知识，营造良好的氢能及燃料电池汽车产业发展氛围。

5.3.3 促进技术创新和产业链建设

燃料电池汽车产业属于典型的技术密集型产业，其关键技术具备较高的技术壁垒。目前中国尚未形成稳定的燃料电池汽车零部件供应体系，部分产品虽然已经实现小批量生产，但产品质量和稳定性仍待提高，碳纸、催化剂、质子交换膜等关键环节产品的进口比例仍较高。技术创新和产业链建设将是中国氢能及燃料电池汽车产业持续发展的根基，实现相关领域的研发与产业化突破，对中国燃料电池汽车产业发展意义重大。

为加强对燃料电池汽车核心技术创新和产业化的支持，各地方政府制定了涵盖技术攻关、成果转化、项目建设、企业培育、财税支持等方面的政策措施，在资金、人才、土地、税收、固定资产投资等多个方面给予支持，对实现研发创新突破的企业予以奖励，营造有利于氢能供应链和燃料电池汽车产业链创新发展的良好环境。

通过重点领域研发计划、重大专项、科技创新规划、技术改造项目、首台套认定、揭榜挂帅、赛马制等创新措施，支持电堆、膜电极、双极板、空压机、氢气循环系统等关键零部件，质子交换膜、催化剂和碳纸等核心材料，以及燃料电池系统集成与控制、整车等核心技术研发产业化。安排专项资金对企业研发创新予以支持，鼓励企业发挥研发主体作用，加大研发投入，进行关键技术突破，按照项目研发投入比例给予奖励补助。支持行业企业建设研发机构、企业技术中心等科技创新研发平台，鼓励企业不断提升技术工艺和产线能力，持续提升关键技术研发创新和产业化水平，鼓励龙头企业做大做强，形成燃料电池产业集聚效应。对牵头或参与创建国家级、省级、市级制造业创新中心、技术创新中心、产业创新中心、重点实验室等重大科技创新平台的企业，安排专项支持资金，给予资金奖励。鼓励行业龙头企业联合产业链上下游企业、高校、科研院所、研发测试机构等，成立氢能或燃料电池汽车产业发展联盟，开展氢能及燃料电池的产学研协同创新，针对产业关键共性技术进行联合攻关，在关键技术产业化和应用示范等方面展开协商合作，实现研发、生产、推广、配套等各环节的紧密合作和共赢。此次，部分地方政府还围绕公共服务平台、科技孵化器等，完善企业发展的各项配套服务体系。

示范城市群以"揭榜挂帅"的方式鼓励企业组成"示范联合体"推进关键技术创新和车辆示范推广。如北京、上海等采取"揭榜挂帅"的方式，设立多个燃料电池汽车示范应用项目，明确申请门槛和目标要求，鼓励企业组成"示范应用联合体"联合开展关键技术创新和车辆示范推广。在这种方式下，一方面，将承担示范应用相关任务的责任直接下达给企业，为企业提供充分的主动空间，自行探索在适宜的应用场景下燃料电池汽车推广应用模式，同时以结果导向的资金奖励进一步调动企业的参与积极性。另一方面，由燃料电池整车或系统企业牵头，会同车辆运营企业、加氢站运营企业等组成联合体进行申报，有效整合了氢气制备、储运、加注，以及关键零部件生产、整车制造、车辆运营等全产业链各环节资源，有助于在示范推广中形成合力。

5.3.4 统筹氢能供给和加氢站建设

目前中国大部分地区仍将氢气按照危化品而非能源来管理，加氢站建设运营还缺少审批管理流程，导致氢能供给和加氢站建设相对缓慢。为更好推动氢能供给体系和加氢站建设，部分城市出台了相关管理措施和支持政策，持续完善制氢、储氢、运氢、加氢站相关技术规范和安全标准法规，鼓励制氢和加氢企业不断降低成本，构建多元供给、绿色低碳、稳定供应、价格低廉的车用氢能供给体系，为燃料电池汽车产业健康持续发展提供了有力保障。

在氢能供给方面，部分地方政府积极探索将氢能作为能源管理的发展路径和监管模式，鼓励非化工园区制氢项目，破除将制氢项目限制在化工园区的制度障碍。比如上海临港区管委会于2021年11月出台《中国（上海）自由贸易试验区临港新片区关于加快氢能和燃料电池汽车产业发展及示范应用的若干措施》，指出要探索在非化工园区现场制氢、制储加一体化加氢站及非固定式加氢站建设等领域改革创新。唐山市发改委于2022年5月发布《唐山市燃料电池汽车加氢站建设管理暂行办法（征求意见稿）》，同样提出支持在非化工园区建立光伏制氢、风电制氢项目，并依托开展制氢工厂加氢站一体的制氢加氢项目。河北省发展改革委和应急管理厅联合出台了《关于调整化工建设项目备案权限的通知》，明确指出风电配套制氢项目可以不入化工园区，为可再生能源制氢提供政策保障。为鼓励氢能产业低碳发展，提升可再生能源制氢比例，河北省张家口市、四川省成都市等地方政府对利用可再生能源制氢的企业给予优惠电价支持，大幅降低了可再生能源制氢成本。同时，也支持可再生能源企业通过双边协商、集中交易等市场化方式，积极参加电力市场化交易，降低用电成本。

在加氢站建设方面，为提高燃料电池汽车使用便利性，部分地方政府在加氢站建设方面制定和出台了系列政策文件，加大对加氢站建设的支持力度。通过制定加氢站建设运营审批和管理办法，明确了加氢站立项、报建、审批、建设、验收、运营、监管等各环节的管理流程，规范了加氢站规划选址、报建审批、规范管理、设计施工、验收、经营许可和安全监管等工作流程及责任部门，各地方根据本地实际，分别确定了本地区的加氢站主管部门，主要为住建部门、城管部门、燃气主管部门等。如北京市、郑州市、青岛西海岸新区、武汉经济技术开发区等为城管部门，大连市、济南市、长春市、长治市、上海市等为住建部门，岳阳市、济宁市、潍坊市等为燃气部门，福州市则为应急部门，通过明确归口部门和有关政府部门职责，缩短了加氢站选址、报建、施工、经营全过程的审批及管理流程，有效提升了加氢站的建设效率。同时，为推动制氢加氢一体化站建设，佛山市、盐城市也在积极探索相关标准规范，2022年2月，广东省发布了《制氢加氢一体站安全技术规范》（征求意见稿）。此外，大部分城市还出台了加氢站建设投资与运营相关补贴政策，将加氢站项目选址纳入城市总体规划，在用地方面给予政策支持。

5.3.5　加强招商引资和人才引进

发展氢能及燃料电池汽车产业既需要产业支撑，也需要智力支撑。一方面，各地方政府希望抓住发展机遇，通过开展氢能及燃料电池汽车产业全产业链招商，积极引入国内外龙头企业落地，对先进产业项目的落地提供政策支持，如优先安排产业用地和落实专项资金支持，对租赁工作场地给予一定比例的租金补贴或免交租金等。另一方面，面对行业人才短缺关键短板，各地方政府考虑到当地燃料电池汽车技术创新和产业发展的需要，纷纷出台人才引进支持政策，通过人才引进的奖励机制，加大对国内外氢能与燃料电池汽车领域高精尖领军人才及团队的引进，为当地氢能及燃料电池产业提供可持续的发展动力。

为吸引并留住人才，进一步提升当地在氢能及燃料电池领域的科技创新水平，各地方通常在创新创业扶持、项目申请、资金支持、生活补助、安家落户、住房保障、子女入学、配偶就业、医疗保健、薪酬待遇、税收优惠、医疗社保、奖励补贴、出入境和居留便利等方面给予相关补贴和扶持。如北京市、上海市、佛山市通过举办具备国际影响力的行业论坛，并与国内外院士团队开展科技合作与交流等方式，积极引进国内外高端优秀人才，推进科技成果转化。此外，各地方政府还通过鼓励高校加强氢能或燃料电池汽车领域学科和专业建设，依托高教环境培养行业人才，构建包括基础研究、工程开发、技术应用等多元化的人才供给体系。同时也持续加强技术工程人员的技能教育，在当地职业院校开办氢能相关专业，培育氢能相关技术人才，如佛山市成立氢能经济职业技术学院，项目建设期为2021—2025年，计划在广东环境保护工程职业学院开设6~8个专业。

5.3.6　加强政策扶持和财政补贴

发展氢能及燃料电池汽车必须算好经济账，没有经济性也就永远难以实现市场化发展，当前燃料电池汽车不仅购置成本高，用氢使用成本也高，为推动产业快速发展并顺利度过培育期，各地方政府针对氢能及燃料电池汽车的产业链特点和发展阶段，纷纷加强政策扶持和财政补贴的支持力度。从地方出台政策情况看，相关支持主要集中在车辆示范推广、氢能供应、加氢站建设、技术创新、人才引进、项目孵化和产业链建设等环节，从而调动全产业链环节参与企业的积极性。比如北京发布《关于开展2021—2022年度北京市燃料电池汽车示范应用项目申报的通知》，从车辆全生命周期成本角度考虑，给予关键零部件创新、车辆购置、车辆运营、加氢等全方位的财政支持。上海发布《关于支持本市燃料电池汽车产业发展若干政策》，提出到2025年底前，市级财政按照国家燃料电池汽车示范中央财政奖励资金的1:1比例给予市级财政支持，重点支持车辆示范应用、关键核心技术产业化、人才引进及团队建设等。

为引导社会资本参与加氢站建设运营，支持氢能供给体系建设和完善加氢站网络布局，地方政府结合当地的氢气供应条件及加氢站建设运营成本，会予以一定的财政资金支持，保证加氢站建设运营的经济效益。在加氢站建设运营方面，从项目的立项审批、土地使用、施工建设、经营管理等多方面给予扶持政策，对新建加氢站的建设主体单位，通常按照加氢站建设设备投资额的百分比给予一次性的财政补助，并基于燃料电池汽车实际加氢量，对氢气终端售价低于目标售价的加氢站，给予配套运营补贴支持，以降低消费者使用成本。通常情况下，不管是加氢站建设补贴，还是氢能供给补贴，通常都会设置最高补贴限额。

在燃料电池汽车示范推广方面，鼓励在适合的应用场景率先推广燃料电池汽车，通过对购买燃料电池汽车并达到一定运营里程的给予一次性的购置补贴，对使用燃料电池汽车的给予路权激励，如给予燃料电池汽车绿色通道，优先发放营运许可，免收停车费等，加大燃料电池汽车推广和应用力度，提升燃料电池汽车使用便利性和经济性。此外，在关键核心技术攻关方面，对在关键材料或零部件等环节取得技术突破、并实现产业化的企业，予以一定的科研经费奖励。

5.3.7 坚持政府引导和市场化运作

为推动燃料电池汽车产业发展，盘活整个产业生态体系，形成真正的良性循环，不仅仅需要单纯的地方政府财政资金支持，还需要加快建立有效的资金保障体系，形成政府引导、企业为主、社会参与的多渠道、多元化投资体系。其中地方财政支持是推动氢能产业及燃料电池汽车发展的星星之火，重点是推动车辆示范、技术创新和产业链建设，起到激活燃料电池汽车产业发展的重要作用，同时也将充分发挥政府资金的引导作用，吸引企业资本、社会资本加大对氢能及燃料电池汽车行业的投资力度，促进氢能及燃料电池汽车产业的市场化运转。同时，燃料电池汽车产业能否实现真正的高质量发展，还需要依靠企业自身的实际投入，不断提升企业的技术创新能力、生产工艺水平等。

通过政府资金投入，鼓励企业积极与金融机构开展深入合作，拓宽投融资渠道，引导企业作为主体开展资金自筹、银行贷款、股权融资、债券融资、融资租赁等多渠道融资，保障企业资金投入。鼓励金融机构对氢能及燃料电池汽车产业链创新企业提供低息贷款、风险补偿和产品保险等金融服务，引导金融机构创新金融服务，优化信贷评审方式，积极为重点项目提供融资支持。鼓励各类融资担保机构加大融资担保力度，支持具备条件的产业链企业在境内外上市，为产业链相关企业发展营造良好的融资环境。依托政府投资基金，引导社会资本参与到氢能及燃料电池汽车产业相关项目，推动形成资金集聚效应，通过设立氢能及燃料电池汽车产业发展基金和投融资平台等，为氢能及燃料电池汽车产业发展、技术创新、生产制造、示范推广等提供持续的资金支持，促进产业规模化、集群化发展。

例如，新乡组建了总规模为25亿元的氢能专项基金，并出台《重点产业细分领域支持政策》，对燃料电池及关键材料产业化项目、燃料电池堆产品给予奖励。佛山成立了专注于氢能产业的母基金，重点对氢能产业进行投资布局。通过基金形式对地方产业给予支持，一方面可以降低地方财政的资金压力，另一方面还可以充分发挥产业基金背后的市场化机制，进一步带动资本对先进技术企业的投资力度，从而推动产业创新发展。

5.3.8 注重安全保障和应急管理

氢气具有易燃易爆性，氢能的制、储、运、加、用全环节安全是燃料电池汽车可开展大范围示范运行的基础保障。为指导和规范氢能的安全管理，各地方政府通过建立科学、合理、有效的安全监管体系和应急管理机制，确保氢能及燃料电池汽车安全可靠地开展示范。

一方面，通过研究制定氢能、加氢站、燃料电池汽车相关的安全管理办法，规范氢能在制备、充装、储存、运输、加注及使用过程中的安全管理，以及燃料电池汽车的生产、加氢站建设等环节的监督管理责任机制，实现燃料电池汽车全过程、全链条的安全监管，并明确安全责任主体及各主体在产业链中的分工和监管职责，督促企业制定切实可行的操作规程与安全管理规章制度，全面提升安全管理水平和人员安全生产意识，加强对操作人员的日常管理、不定期检查、技能和安全培训等，规范安全生产和运营操作，从源头确保氢能、加氢站、燃料电池汽车生产运营安全。同时，上海、北京等地方还通过建立大数据平台，对氢能及燃料电池汽车产业链进行实时跟踪监测，实现对氢能、加氢站、燃料电池汽车的实时监测、故障诊断和安全预警。

另一方面，为切实应对氢能生产、储运、加注，以及燃料电池汽车示范运行过程中可能发生的安全事故，防控安全事故扩大化，最大限度地降低安全事故危害，各地方政府纷纷制定应急预案，建设应急指挥中心，开展常态化的应急演练，明确应急响应、处置程序、抢险救援、事故调查、安全隐患排查等机制，最大限度杜绝人身伤害，减少财产损失、环境损害和社会影响，保障氢能产业的安全发展。此外，还通过加强氢能及燃料电池汽车安全培训和科普宣传，提高社会公众和企业对氢能及燃料电池汽车安全的认知，消除大众对氢安全的疑虑，为产业安全发展提供支撑。

第 6 章
燃料电池汽车技术经济性及应用场景

当前中国燃料电池汽车产业还处于发展的初期阶段，技术水平和经济性等都有待提升，这就决定了在开展燃料电池汽车示范时必须选择合适的应用场景，通过尽早开展燃料电池汽车产业布局与示范运营，加快验证燃料电池汽车技术的可行性，促进技术成熟度的不断提升，拉动产业链的逐步完善，从而促进燃料电池汽车市场规模的持续扩大。而且，随着燃料电池汽车市场规模的扩大，将进一步促进燃料电池汽车经济性的提升，经济性提升的同时也将进一步扩大燃料电池汽车的应用场景，进而带动产业链的建立健全，从而形成产业发展的良性循环。中国启动燃料电池汽车示范应用，也是促进中国氢能及燃料电池汽车成本不断优化、技术路线不断清晰、商业模式不断迭代的过程。为了尽快提升中国氢能及燃料电池汽车经济性，提高氢气供给、加氢站运营和燃料电池汽车运行的整体效率，加快突破关键核心技术，推动建立自主可控产业链，从而缩短示范考核的验证周期，早日实现燃料电池汽车的市场化发展，都要求寻找精准的、真正适合燃料电池汽车示范推广的应用场景。

6.1 氢能及燃料电池汽车经济性

氢能作为一种二次能源，需要通过制备来获得。按照原料来源划分，当前主要的制氢方式包括煤制氢、天然气制氢、石油类燃料制氢、工业副产氢提纯制氢和电解水制氢等，其中，煤制氢、天然气制氢是全球最主流的工业制氢方式，其规模较大且已经有一定的利润空间。但现阶段，由于燃料电池汽车的推广量仍偏低，导致车用氢气的需求量较少，车用氢气的供给体系尚未建立，且由于车用氢气品质要求比工业用氢气严格得多，导致车用氢气成本高昂，氢气成本和用电、用油相比不具备经济性。整体看，车用氢气成本主要产生在制备、储运、加注等环节，氢能价格最终反映在终端的销售价格，不同氢气来源、制氢规模、运输方式和距离、加氢站负荷状况等对氢能售价都有较大影响，但随着产业规模扩大、氢能供给瓶颈被逐步打破，氢气成本将逐年下降。

6.1.1 氢气制备

氢气根据制备方法不同，其资源依赖度、技术成熟度、转化效率、碳排放强度等均不同，也导致氢气成本经济性存在很大差异。考虑到现有的技术条件和产业化水平，电解水制氢成本最高，煤制氢、天然气制氢等化石能源制氢具备量大且价格低等优势，通常制氢成本在10~16元/kg，但由于生产过程中的碳排放较大，会对环境造成一定的污染，而且其制氢价格和煤炭、天然气的价格息息相关，由于中国天然气依赖进口，天然气价格的波动也会导致氢气价格的波动。此外，煤制氢、天然气制氢的前期投资成本也偏高，更适合大规模的用氢场景。目前中国大多采用工业副产氢提纯制氢、可再生能源电解水制氢等方式，制备燃料电池汽车用氢气，已经能够满足燃料电池汽车产业发展初期的用氢需求。

在产业发展的初期阶段，将废弃的工业副产氢提纯制备车用氢气，通过对废气的再利用，有利于降低车用氢气的成本，保障燃料电池汽车示范运营的经济性，对中国燃料电池汽车产业发展具有积极影响。目前工业副产氢的来源主要包括氯碱工业副产气、焦炉煤气、合成氨驰放气、炼油厂副产尾气、丙烷脱氢、乙烷裂解等，其中焦炉煤气、合成氨驰放气等杂质较多，含有硫化物、一氧化碳等杂质，而燃料电池汽车对车用氢气品质要求严格，需要满足《质子交换膜燃料电池汽车用燃料 氢气》（GB/T 37244—2018）等国家标准要求，因此传统的高纯氢气品质要求和纯化技术并不能满足车用要求，需企业采用更高效的提纯手段以保证足够的氢气纯度，虽然会增加能耗、碳排放和成本，但整体看还是具备成本优势。此外，氯碱工业副产氢纯度较高，纯化后基本就可以满足车用氢气标准。目前中国氯碱工业副产氢覆盖较广，其中山东、江苏、浙江、河南、河北、内蒙古等是主要的生产地，此外，在天津、山西、陕西、四川、湖北、安徽等地也有分布。从产能分布来看，氯碱工业副产氢的主要产地与示范城市群的重叠度较好，还能够有效地减低氢气运输成本，是示范城市群低成本氢气的重要来源。在现有工艺条件下，工业副产氢提纯制氢根据气源的不同，制氢成本在12~20元/kg不等，具有较高的成本优势。

电解水制氢也有多种技术路线，根据电解槽隔膜材料的不同，通常包括碱性水电解（AE）、质子交换膜水电解（PEM）和高温固体氧化物水电解（SOEC）等。中国碱性水电解制氢技术成熟，应用比较广泛，其设备造价低，投资运行成本也低，但存在碱液流失、腐蚀、能耗高等问题。质子交换膜水电解制氢具备更高的工作电流密度和效率，动态响应速度更快，对可再生能源发电波动的适应性更好，目前已经在可再生能源电解水制氢等领域进行了小规模示范应用，正逐步成为主流的电解水技术，但投资运营成本仍偏高，中国技术与国际先进水平仍存在较大差距。不同于碱性水电解、质子交换膜水电解，高温固体氧化物水电解制氢技术工作温度超过800℃，制氢效率更高，但仍处于实验室研究阶段。现阶段采用电网电电解水制氢的碳排放和成本均较高，从国内各地方产业布局看，可再生能源电解水制氢作为一种清洁、无污染、高纯度的制氢方式，日益受到风电、水电、光电富余地区的重视。可再生能源电解水制氢的成本主要与设备投资、制氢电价及运行规模相关，尤其是受电价影响很大，用电成本占到制氢成本的70%以上。目前国内大部分地区为鼓励可再生能源电解水制氢产业发展，通常会给予可再生能源电价优惠，当电价降低到0.3元/kW·h时，制氢成本在20~22元/kg左右，如果利用可再生能源的弃电制氢，当电价降低到0.1元/kW·h时，制氢成本可以降到10元/kg以内，和煤制氢或天然气制氢的价格相当。

6.1.2 氢气运输

氢能运输是制约氢能及燃料电池汽车产业发展的薄弱环节，在经济性、安全性等方面都有待进一步提升，其中氢气的储运成本也占据着氢气总成本的较大比重。氢气的运输主要有高压气态运输、低温液态运输、固态运输、管道运输等方式，其中高压气态运输氢气的技术相对成熟，是中国现阶段主要的氢气储运方式。高压气态运输主要采用 20MPa 高压长管拖车运输氢气，单车氢气装载量在 350kg 左右，装、卸氢气各需 4h 左右，运输成本结构中人工费占比较高，适用于短距离、小规模的氢气运输场景，运输价格随距离增加而变大，制氢和用氢在半径 200km 内具备经济性，运输成本基本可控制在 12~15 元 /kg 以内。

随着燃料电池汽车规模推广，氢气的终端需求也将日益增大，现有高压气态运输氢气效率低的缺点将逐渐显现，液态运输氢气将成为行业发展的重要选择之一。在液氢运输方面，槽车运输采用真空液态储运方式，适用于大批量、远距离运输，运输价格对距离的变化不敏感，能将氢气运输的半径扩展到 500km 以上，但液氢装置投资较大，氢气液化的能耗也较高。目前日本、美国已将液氢罐车作为加氢站运氢的重要方式之一。长期以来，受制于技术水平及民用标准缺失等因素，国内液氢主要应用在军工、航天等领域，民用液氢的发展较为缓慢，且氢气液化设备仍主要依赖国外产品。目前，中国部分企业或机构已经在探索发展液氢商业化的路径，并在氢气液化技术上取得了一定突破。2021 年 4 月，国家市场监督管理总局、国家标准化管理委员会批准发布了《氢能汽车用燃料 液氢》(GB/T 40045—2021)、《液氢生产系统技术规范》(GB/T 40061—2021)、《液氢贮存和运输技术要求》(GB/T 40060—2021) 三项标准，进一步完善了中国氢能标准体系，为指导液氢生产、贮存和运输，以及加强液氢质量管理提供了标准支撑，实现了中国液氢民用标准零的突破，为未来中国液氢民用及市场化发展提供重要支撑。

固态储运是以金属储氢、有机物储氢等为主，通过化学吸附和物理吸附的方式实现氢的存储，具有储氢密度高、安全性好、氢气纯度高等优势，但技术复杂、成本高，仍处在研发阶段，尚无规模化使用。管道输氢是实现氢气长距离、大规模运输的重要方式，是远期推广燃料电池汽车时可以考虑的氢气运输方式，但管道输氢前期的建设成本高，在加氢站尚未普及，站点较为分散的情况下，管道运氢并不具备成本优势。目前，将天然气混合氢气进行管路运输，已经成为国内外氢气运输和规模化利用的重要研究方向，中国拥有庞大的天然气管网，若充分利用现有的天然气管网掺氢运输，不仅能实现氢气的大范围、低成本输运，也有利于促进西部地区可再生能源制氢的发展，对中国实现能源结构转型具有重大意义。

6.1.3 氢气加注

加氢站加注环节的运行费用与单站规模、投资水平、运行负荷等因素密切相关，与土地等非技术成本也有直接关系，主要包括加氢站建设过程中产生的土地购买、设备购置和基础设施建设等固定资产折旧，以及运营过程中产生的电费、人员工资、管理费用等。目前中国加氢站以 35MPa 技术为主，日加氢能力通常为 500kg/ 天或者 1000kg / 天。以一座日加注能力 500kg 的固定式加氢站为例，加氢站的投资成本需要 700 万 ~1000 万元（不含土地成本），相当于传统加油站的 3 倍。除建设成本外，加氢站的设备维护、运营、人工等成本也同样较高。且加氢站的运营成本和加氢站的负荷程度紧密相关，现阶段由于燃料电池车辆推广数量有限，部分加氢站的氢气日加注量较少、运营效率较低，导致每千克氢气均摊的折旧、管理、运营成本较高，氢气的加注成本在 10~30 元 /kg 不等，成本的变动幅度较大。

在氢气终端售价方面，综合考虑氢气制备成本、运输成本、加注成本，以及产品的损耗及利润等，目前中国氢气的终端加注价格在 60 元 /kg 左右，用氢成本与用电或用油相比均处于劣势。未来，随着氢能供给的规模效应和能源企业的供应加大，预计 2025—2030 年，中国氢气售价可以降低到 30 元 /kg，燃料电池汽车的使用成本将与同级别燃油车基本持平；预计 2035 年左右，中国氢气售价可以降低到 20 元 /kg 以下，燃料电池汽车使用成本将与同级别纯电动汽车基本持平。

6.1.4 整车购置

现阶段，中国燃料电池汽车的产销规模仍较小，产业链相对薄弱，关键材料和部件尚未实现规模量产，导致中国燃料电池汽车的购置成本偏高，且氢气价格较为昂贵，燃料电池汽车在全生命周期下的经济性难以和纯电动汽车及传统燃油、燃气车相比。其中燃料电池系统是燃料电池汽车最贵的核心部件，约占整车成本的 60%。目前中国燃料电池系统价格约 4000 元 /kW，随着关键部件国产化和规模效应，燃料电池系统成本将会显著下降，预计当达到 5 万套规模时，燃料电池系统价格将降至 2000 元 /kW 以下，当达到 100 万套规模时，燃料电池系统价格将降低到 500 元 /kW。按照以上价格下降趋势，仅从购置成本角度来看，燃料电池汽车要想实现竞争力，预期需要经历至少三个阶段。第一个阶段是到 2030 年，中国燃料电池汽车将形成一定规模，但成本与纯电动汽车、燃油车相比仍有一定差距，仍不具备明显的价格优势；第二个阶段是到 2035 年，当燃料电池汽车保有量达到百万辆级别时，燃料电池汽车的价格将与纯电动汽车接近，但仍高于传统燃油车；第三个阶段是到 2040 年，燃料电池汽车将具备较高的经济优势，同时氢能将不仅适用于交通运输，还将更广泛地应用于不同行业和领域。

6.2 氢能及燃料电池汽车降本路径

降低氢能及燃料电池汽车的成本，需要从全环节入手，深度挖掘氢能制备、储运、加注各环节，以及车辆生产的降本潜力，通过加快制储运加各环节及燃料电池汽车的技术创新、规模化生产、效率提升、装备自主化、商业模式创新、政策支持等多种措施协同并举，促进产业链上下游企业协同联动，开展氢源、加氢站、燃料电池汽车应用场景的统一规划和布局，推动企业集聚化发展、优化氢气的运输路径、提高加氢站建设规模和运行负荷率等，形成安全、绿色、经济、高效的氢能供给体系，实现氢气终端销售价格的稳步下降，提升燃料电池汽车的使用经济性。

6.2.1 制氢降本路径

氢气价格与氢气的制备、储运、加注等环节密切相关，目前制氢成本占氢气总体成本的比例最高，其成本主要包括原料成本、水电气消耗成本、人员工资、设备折旧及其他运营费用等。当前中国燃料电池汽车推广规模小，用氢量较少，制氢企业的产能无法有效释放。未来随着燃料电池汽车推广规模的扩大，车用氢气的需求量也将日益增加，同时随着制氢技术进步和制氢项目的规模化生产，不同制氢方式的成本均会出现明显的下降趋势，其中制氢项目规模扩大所带来的规模效应将对制氢成本的降低起到关键作用。

在燃料电池汽车产业的发展初期，各地方应因地制宜选择制氢工艺路线，充分利用本地区的氢能资源，深度挖掘制氢潜力，持续优化氢源供给结构，加快制氢项目投产，不断提高制氢设备自动化和国产化程度，降低制氢设备成本，推动形成大规模、稳定、经济的氢能供给保障体系。在工业副产氢方面，其最关键的成本决定因素为氢气来源和提纯成本，一方面要鼓励提纯制氢企业和工业副产氢企业开展长期的定向合作，保障能够获得质优、价廉、稳定的副产氢来源，另一方面要通过规模化生产、回收利用率提升、生产能耗降低、提纯技术升级等措施，降低工业副产气的提纯氢制氢成本。未来，随着燃料电池汽车产业的规模化发展，车用氢气将逐渐从以工业副产氢为主向可再生能源电解水制氢方向发展。在电解水制氢方面，与工业副产氢相比，电解水制氢在生产运行、设备投资等方面的成本均较高。为尽快实现电解水制氢的经济性，应持续推动可再生能源电解水制氢的技术创新，提高电解水制氢效率，降低产氢耗电量。同时，要充分利用弃风电、弃光电、弃水电等进行电解水制氢，进一步扩大可再生能源电解水制氢的生产规模。在电解水制氢设备方面，要鼓励采购国产化的电解水设备，降低电解水设备成本。此外，还应制定可再生能源电解水制氢电价优惠和财政补贴等支持政策，采取延迟低谷电优惠时间段等措施，综合降低电解水制氢成本。

6.2.2 运输降本路径

目前氢气的运输成本占整体氢能成本的比例仍较高，是可以缩减的重要部分。通过增加储氢容器压力、缩短运输距离、改变运输方式、增加运氢规模等方式，氢气的运输成本将会进一步下降。现阶段的氢气运输方式主要为高压气态长管拖车运氢，氢气运输前需要加压至20MPa，然后通过高压气氢拖车运输到加氢站，氢气的运输成本和运输的距离正相关，因此，如何缩短运氢距离对于优化运氢成本至关重要。一方面，要科学规划加氢站布局，开展氢源、加氢站、燃料电池汽车应用场景间的路径优化，尽可能就近氢源和应用场景建设加氢站，优化氢气的运输方案，缩短氢气的运输半径，提高运氢效率，进而降低氢气储运成本。同时，要鼓励制加氢一体化综合能源站建设，探索站内光伏制氢、天然气制氢等现场制氢方式，将氢气运输距离和运输成本降为零。另一方面，要加快氢气储运的技术创新和模式创新，不断提升储氢密度，支持企业开展更高压力等级的气态氢气长管拖车运输示范，逐步将管束车内压力等级提升至30MPa及以上，提高单车氢气运输能力，降低氢气的运输成本。同时，要加大对氢气储运新技术的研发支持和培育，积极探索低温液态储氢运输、固态储氢运输以及管道输氢等方式，为长距离、超长距离的氢气储运成本降低提供更多的技术解决方案，也为未来打造更加高效、低成本的多元化氢气储运网络奠定基础。

6.2.3 加注降本路径

目前，加氢站的建设运营成本仍较高，企业短期内难以实现盈利。一方面，需要政府对加氢站建设及运营进行奖励，降低加氢站的土地、设备采购、建设和运营成本。另一方面，也需要探索更多市场化的降本措施。

一是要提升加氢站的运营负荷率。加氢站的加注成本与加氢站的运营负荷率高度相关，如何提高加氢站的负荷程度将成为降低加注成本的关键因素，因此，需要合理规划布局加氢站。建议按照燃料电池汽车的推广规模确定用氢需求，并根据燃料电池汽车具体的应用场景、车辆运行路线和氢气来源等确定最优的加氢站选址。通过合理规划加氢站布局和数量，有利于确保到站加氢的燃料电池汽车数量，提高加氢站的负荷利用率，能够有效降低加氢站的运营成本，从而降低氢气加注成本。

二是要鼓励"油电气氢"综合能源站建设。在满足安全、消防等标准的前提下，可以鼓励企业利用现有的加油站、加气站等站点资源，通过改扩建等方式，建设油氢、气氢、电氢或其他形式的合建站，向外界提供综合性能源补给服务。通过建设合建站，既可以提升加氢站的建设速度，也有利于节约土地成本和土建工程费用。同时，通过探索以油／气补氢的运营模式创新，以及提供附加服务等方式，实现站内辅助设施和工作人员的共享共用，能够有效降低加氢站的运营成本。

三是要推动降低加氢站的建设成本。刚刚提到的两项措施，主要是考虑如何降低运营成本，而加氢站建设成本高昂也是导致氢气加注成本高的重要因素。目前中国加氢站的关键设备还主要依靠进口，这是导致中国加氢站建设成本高昂的主要原因之一。需要支持并鼓励企业加大加氢站设备的研发投入，逐步实现加氢站氢气压缩机、氢气储罐、加氢机／枪的国产化，尽快突破加氢站关键管阀件等核心技术，通过相关技术的国产化和大规模应用，将对降低加氢站的建设成本具有积极意义，有利于实现氢气加注成本的逐步降低。

从短期看，由于燃料电池汽车数量较少，用氢需求也有限，氢能的制备、储运和加注成本均较高，需要政府对低于指导售价且碳排放满足要求的氢气给予一定的资金补贴支持，通过政府的切实投入来盘活氢能供应链。未来，随着燃料电池汽车推广规模的扩大，车辆的用氢需求将不断增加，这将促进氢气制备、储运技术的不断升级和氢气的规模化生产，以及加氢站国产化设备的大规模应用和运营负荷率的提升，而且随着氢能的市场化竞争，也将进一步倒逼氢气制备、储运和加注各环节的成本逐步降低，氢气的终端售价将持续降低。

6.2.4 整车降本路径

发展燃料电池汽车对推动能源结构转型、保障能源安全、降低温室气体排放等具有重要战略意义，同时燃料电池汽车的产业链较长，其发展可以带动上下游产业的快速发展，能够成为经济增长的新引擎。但目前燃料电池汽车的购置成本和使用成本居高不下，已成为制约燃料电池汽车产业可持续发展的关键因素。通过财政资金的补贴支持，能够激发企业参与积极性，加大燃料电池汽车的研发和产业化投入，促进技术水平提升和关键零部件的国产化，从而推动燃料电池汽车逐步形成规模效益，是降低燃料电池汽车成本的重要路径。随着燃料电池汽车技术水平提升和成本下降，以及加氢环境的日益完善，将提升消费者购买并使用燃料电池汽车的积极性，同时消费者的认可和反馈，将进一步促进燃料电池汽车技术提升和规模化生产，从而进入技术水平提升、车辆规模生产、成本加速下降的良性循环，最终形成稳定健康的市场化运作机制，带动燃料电池汽车产业链上下游快速发展。

在燃料电池汽车产业的发展初期，除了给予补贴支持外，如何尽快实现燃料电池汽车的成本下降，提高消费者采购意愿，还可以通过探索可行、可持续发展的新型商业模式，来降低燃料电池汽车的购置成本。考虑到前期燃料电池汽车推广主要为商用车，尤其是中重型货车较多，行业竞争激烈，货车车主或运营公司对车辆购置和使用成本敏感度很高，想要提高该类消费者的购车积极性，需要同时在燃料电池汽车资金补贴、用氢价格、车辆维护、路权等方面提供保障，确保相关消费者能够实现盈利。因此，燃料电池汽车的示范推广，需要政府、整车企业、零部件企业、运营企业、氢能供给企业、社会资本的多方参与，通过开展融资租赁、氢站车一体化运营、政府购买服务等商业模式，破解燃料电池汽车购置成本高、用氢价格贵、加氢不便利等难题。同时，在产业发展初期，通过整合产业链资源，建立氢站车一体化运营平台，向终端用户提供燃料电池汽车的采购、租赁、加氢、维护、保养、保险等全生命周期的运营服务解决方案，既能实现批量化集中采购燃料电池汽车，降低燃料电池汽车采购单价，还能为氢能及加氢站企业提供足够的用氢需求，降低燃料电池汽车使用成本，形成从氢源、加氢站、车辆生产、车辆销售到车辆运营使用的生态闭环。此外，还可以前瞻探索研究将燃料电池汽车低碳出行纳入到碳交易体系，以更加市场化的方式促进燃料电池汽车的生产和使用。

6.3 燃料电池汽车关键技术及发展路径

燃料电池汽车的产业链很长，上游包括氢气的制备、储运、加注等环节，中游包括燃料电池核心材料、电堆、辅助部件、系统集成等环节，下游包括整车制造、示范应用等环节。如果说氢能是燃料电池汽车规模化推广的重要支撑，那么燃料电池则是燃料电池汽车的关键核心，其技术的成熟与否将直接关系到燃料电池汽车能否走进千家万户。

燃料电池技术提升依赖多学科的协同配合，具体涉及化学热力学、电化学、电催化、基础材料、电力系统及自动控制等学科，具有技术门槛高、研发周期长等特点。为了加快推动燃料电池汽车商业化，全球重点企业在燃料电池技术基础研究方面不断加大投入力度，促进燃料电池关键技术的创新突破。经过多年的发展，中国燃料电池技术取得了积极进展，燃料电池堆和系统已经开始批量装车应用，此外，空压机、氢气循环系统、膜电极、双极板、质子交换膜、催化剂等也开始实现装车示范。但总体来看，中国燃料电池技术同国际先进水平仍存在一定差距，产业化能力、质量可靠性、耐久性、经济性等方面都仍待提升。

从整车层面看，在乘用车方面，中国燃料电池乘用车产品性能和可靠性同国际先进水平存在较大差距。丰田、本田、现代、奔驰等企业的燃料电池乘用车技术处于国际领先地位，目前均已发布量产车型。中国燃料电池乘用车在百公里氢耗、续驶里程、燃料电池系统功率及功率密度、成本、寿命等方面与国际先进水平还有一定差距。在商用车方面，目前国外燃料电池商用车仅小批量生产，而中国已实现燃料电池商用车的小规模示范运行，但在质量可靠性、耐久性等方面仍存在一定差距。未来中国燃料电池汽车产业能否健康、持续、高质量发展，很大程度上决定于中国燃料电池产业链技术发展的质量和水平，因此，下一步如何促进燃料电池技术推广应用、考核验证和迭代升级，使其更能满足复杂、多变、苛刻的车用环境要求，将是支撑中国燃料电池汽车产业规模化、商业化发展的关键所在。

6.3.1　基础材料

燃料电池的核心基础材料主要包括质子交换膜、催化剂和碳纸等，目前中国在这几个领域的产业化还处于起步阶段，主要技术仍被国外公司所掌握，国外产品和技术占据着中国市场的主导地位。近年来，中国部分企业开展了质子交换膜、催化剂和碳纸的研发与小规模生产配套，但一致性、可靠性、耐久性等还需要结合示范进行验证提升。中国要实现相关领域的研发产业化突破，就需要行业企业充分利用燃料电池汽车示范的战略机遇期，加大研发投入力度，依托示范开展研发设计、技术验证和迭代提升，加快实现关键核心技术的产业化突破。当然，质子交换膜、催化剂、碳纸等领域的突破与发展是一项长期工作，需要全行业的共同努力攻关。

1. 质子交换膜

质子交换膜是燃料电池的核心部件之一，是直接影响燃料电池性能、耐久性的关键原材料，其上游为磺酸树脂等，下游应用在燃料电池膜电极上。质子交换膜的主要作用是将阳极催化层产生的质子转移至阴极催化层，然后质子在阴极催化层与氧气发生反应生成水。一方面，质子交换膜作为物理屏障将阴阳极燃料分开，避免二者直接接触。另一方面，质子交换膜选择性地传导质子但对电子绝缘，电子则通过外电路进行传导，从而实现对外提供能量。评价质子交换膜技术先进性的主要技术指标包括厚度及厚度均匀性、拉伸性能、透气量、溶胀率、吸水率、质子传导率、离子交换当量、透氢电流密度、机械稳定性、化学稳定性和耐久性等。质子交换膜需要具有高质子传导性、低电子传导率、低气体渗透率，以及高机械强度，优异的耐电化学腐蚀性、机械稳定性和热稳定性等，在面对复杂苛刻的工况时，要能够保障高可靠性、耐久性和长寿命。

目前全球从事质子交换膜研究的企业主要包括美国的科慕、陶氏、3M、戈尔，以及日本的旭硝子、旭化成等企业，其中，美国戈尔开发出了具有独特强化层的GORE-SELECT®质子交换膜，其质子交换膜产品被丰田Mirai等车型采用，技术水平国际领先。目前中国的质子交换膜企业包括东岳未来氢能、江苏科润、浙江汉丞、东材科技等，其中东岳未来氢能具有完整的全氟磺酸树脂产业链，已经形成全氟磺酸质子交换膜的规模化自主生产能力，其质子交换膜产品得到了奔驰与福特合资公司 AFCC 的认可和采购。整体看，中国质子交换膜产业正处于加速发展的阶段，和国外先进水平相比，中国质子交换膜的核心技术相对落后，产业成熟度仍较低，尤其是在产品可靠性、耐久性、寿命、规模化生产及应用经验等方面还存在一定差距。针对车用燃料电池的要求，下一步，中国需要加快开展高性能燃料电池质子交换膜的研发与产业化，突破质子交换膜材料及结构设计、大规模稳定生产工艺等技术，提升质子交换膜的质子传导率、机械强度、稳定性、寿命、耐高温等关键指标，减小质子交换膜厚度，降低膜电阻和尺寸变化率，并提高自动化程度，实现批量工程化制造，增强产品的一致性、可靠性，加快推动国产质子交换膜的批量装车验证和示范推广。

2. 催化剂

催化剂是燃料电池的核心原材料之一，其作用是降低反应的活化能，促进氢气和氧气发生氧化还原反应，提高氢气、氧气的反应速率。燃料电池催化层主要由催化剂和质子交换树脂溶液制备而成，是电化学反应进行的场所，为薄层多孔结构，对电化学反应有显著影响。评价燃料电池催化剂技术先进性的技术指标主要包括质量比活性、电化学活性面积、氧还原反应催化活性、铂担载量、耐久性、稳定性、耐蚀性等，尤其是对活性、稳定性、耐久性等要求很高，因此，一款成熟的催化剂产品，必须经过长时间的考核验证、完善提升，才能实现规模化生产和商业化应用。

目前，国外燃料电池催化剂的主要生产企业包括英国的庄信万丰、比利时的优美科、日本的田中贵金属和日清纺株式会社等。中国燃料电池催化剂企业主要有上海济平、贵研铂业、南京东焱、武汉喜马拉雅、唐锋、国电投、中自环保、苏州擎动等。其中，上海济平在广东佛山建设了一条全自动化的燃料电池催化剂生产线，产能 5kg/天，在国内开始批量化装车应用，并实现部分出口。整体来看，国内催化剂仍处于研发阶段，虽然部分企业已能够生产催化剂产品，但和国际先进水平相比，在产品性能、生产能力等方面还有一定差距，尤其是规模放大的工艺需要进一步研究，要加快降低催化剂成本，不断提高产品质量和一致性，实现规模化装车示范应用。目前燃料电池中常用的催化剂是 Pt/C 催化剂，即由 Pt 的纳米颗粒分散到碳粉载体上的担载型催化剂。但是随着使用时间的延长，存在 Pt 颗粒溶解、迁移、团聚等现象，从而造成催化剂流失，是导致燃料电池系统性能衰退、寿命终结的重要影响因素。此外，铂属于稀缺资源，中国铂资源匮乏，成本高昂的贵金属催化剂也成为困扰燃料电池商业化的难题之一，减少铂使用量则是降低催化剂成本的有效途径。目前丰田、本田等部分企业已经实现将燃料电池的铂用量降低到了 0.1g/kW，但长期看，要达到传统内燃机尾气净化器的贵金属使用水平，燃料电池的催化剂用量还要减少一半左右，要达到甚至低于 0.05g/kW 的水平。

为推动中国催化剂产业化发展，促进燃料电池汽车大规模商业化应用，需要针对车载高能量密度、长寿命、复杂工况等需求，开发专用燃料电池催化剂。一方面，要解决催化剂在高动态工况下的耐久性问题，研发高活性、高稳定、抗中毒、低衰减、长寿命的催化剂。另一方面，要继续攻克现有催化剂铂用量高的问题，研究低铂或非铂的催化剂，降低贵金属用量，促进催化剂成本降低。此外，还需要重点突破催化剂材料体系设计、大规模自动化制备工艺等技术，以及开展批量一致性的控制工艺研究，既要保障产品性能，也要提高产品的一致性、生产效率等，实现催化剂批量化生产及应用。同时，要加快构建铂等贵金属回收体系，对废弃电堆中的贵金属回收再利用，进一步促进成本降低。

3. 碳纸

碳纸（气体扩散层）位于催化层和气体流场之间，通常由支撑层和微孔层组成，其中支撑层材料通常为经过疏水处理的多孔碳纸或碳布等，通过一定速度排除阴极反应产生的水，防止阴极水淹现象，微孔层通常由碳黑、憎水剂构成，主要作用是降低催化层和扩散层之间的接触电阻，实现反应气体和水的均匀分布，增强导电性。气体扩散层在燃料电池中起到非常关键的作用，主要功能是为参与反应的气体和生成的水提供传输通道，并起到传导电流、散热、支撑催化层的作用。评价气体扩散层技术水平先进性的技术指标包括碳纸厚度、厚度偏差、体电阻、垂直方向电阻率、平行方向电阻率、抗拉强度、体积密度、表面粗糙度、孔隙率、透气率、热导率、亲疏水性等，一款优良的气体扩散层产品需要具备高电导率、导热性、疏水性、耐蚀性、热稳定性，还应有合适的孔结构、柔韧性、高机械强度、结构致密且表面平整性等。

目前日本的东丽、三菱，德国的西格里、科德宝，加拿大的巴拉德，美国的AvCarb，韩国的JNTG等企业都已实现气体扩散层的规模化生产，其中日本东丽是全球碳纤维产品的最大供应商，生产的碳纤维纸具有高强度、高气体通过率、高导电性、表面平滑等优点，占据较大市场份额。目前中国气体扩散层技术还处于研究探索阶段，中南大学、武汉理工大学等高校开展了相关技术研发工作，通用氢能、泰极动力、上海嘉资、上海河森等部分企业也在积极布局，具备一定的技术基础。但整体来看，中国在碳纸领域还存在较大的技术差距，缺乏技术先进、批次稳定的产品规模化应用，产业化能力薄弱，大部分产品还依赖国外进口，相关产品价格昂贵，供货周期长。为尽快实现碳纸领域的产业化突破，针对燃料电池批量化、低成本的实际需求，应鼓励企业加快研发亲疏水性合理、表面平整、孔隙率均匀且高强度的碳纸产品，并不断提高碳纸的导电性、导热性、透气性和耐蚀性。同时，要加强碳纸产品的工艺研发，持续完善材料体系设计、编织工艺设计、树脂浸渍工艺、化学气相沉积工艺、石墨化工艺、疏水处理工艺、微孔层涂覆工艺等，加快突破碳纸批量化制备技术，提高产品一致性和稳定性，不断降低产品成本。近年来，随着中国燃料电池汽车产业的快速发展，碳纸的重要性也日益受到行业重视，目前中国部分电堆企业也开始挖掘国内潜在的碳纸供应商，预计在未来几年内，国产化碳纸将会实现装车验证和批量化生产。

6.3.2 核心零部件

经过多年培育，尤其是近几年的快速发展，中国燃料电池汽车产业取得了积极进展，目前已经基本具备了电堆、膜电极、双极板、空气压缩机、氢气循环系统的设计开发能力，其中电堆等部分产品已经实现了批量装车应用，并在燃料电池汽车示范推广中，通过规模化的装车验证，持续发现应用问题、迭代升级，同时也带动了下游产业链的建设。未来，随着国家燃料电池汽车示范的顺利推进，中国将在电堆、膜电极、双极板、空气压缩机、氢气循环系统等领域实现从无到有、从有到大、从大到强的突破，逐步建立起全面的产业化能力，并在国内形成相对成熟的产业链。

1. 燃料电池系统

燃料电池系统是燃料电池汽车的核心部件，相比锂离子动力电池，其系统复杂度更高，同时需要对电、气、水、热等实现多维度控制。从燃料电池系统组成来看，主要包括电堆和辅助系统。电堆由端板、集流板、膜电极和双极板等构成，是氢气和空气进行电化学反应生成直流电的场所，并同时产生热、水等其他副产物。膜电极是电堆的核心部件，由催化剂、碳纸和质子交换膜构成。此外，燃料电池系统要正常工作，除了电堆之外还需要其他的辅助部件，主要包括空气供给系统、氢气供给系统、水/热管理系统和控制系统等。

评价燃料电池系统先进性的技术指标包括功率、功率密度、效率、寿命、低温冷启动等。近年来，燃料电池系统技术取得了较大进步，一是功率密度大幅提升，和传统内燃机水平相差不大；二是能够实现在零下30℃的低温环境下正常使用，达到传统燃油车的水平；三是在燃料电池系统寿命方面，也基本上能够满足汽车商用的需求。目前燃料电池系统正朝着寿命长、成本低、功率密度高、性能高、可靠性好等方面发展，业内各家企业的燃料电池系统结构大体类似，差别体现在系统的设计思路、零部件的选型、集成度等方面，目的在于使集成的燃料电池系统在符合车辆空间尺寸的同时，让系统可以更好地适应启停、变载、高温、高寒等各种工况。

国内燃料电池系统的主要企业包括亿华通、上海重塑、上海捷氢、潍柴、未势能源、新源动力、广东国鸿、雄韬氢雄、清能股份、武汉众宇、爱德曼、明天氢能、东方电气等。目前中国主要的燃料电池系统企业已经建立了完整的研发、生产、检测、市场、售后等体系，具备了燃料电池系统的批量化生产和持续研发能力，其中亿华通、重塑、捷氢、潍柴、未势等企业除了燃料电池系统外，还在积极布局电堆等其他关键领域。整体来看，中国燃料电池系统集成技术已经达到国际水平，燃料电池系统功率、功率密度、冷启动性能等显著提升，但系统的可靠性、耐久性、综合寿命等方面还需要持续验证。此外，燃料电池系统的成本还偏高，目前还需要国家政策的支持。下一步，一方面需要继续提升燃料电池系统的技术水平，提高燃料电池系统集成度、额定功率、体积功率密度及质量功率密度，降低燃料电池系统低温存储和启动温度，增强燃料电池系统的环境适应性，并提高燃料电池系统的寿命、可靠性等。另一方面，要面向燃料电池汽车中远途、中重型商用车的应用场景，不断提升燃料电池系统生产制造的自动化水平，实现生产自动化、在线检测自动化，在提高生产效率的同时，确保产品的安全性、一致性、可靠性和耐久性，不断降低燃料电池系统成本，为后续燃料电池汽车大规模推广奠定基础。

2. 电堆

电堆是氢能终端应用的转化装置和关键部件，是整个燃料电池系统的核心。电堆由多个燃料电池单体以串联方式层叠组合构成，单体电池主要由双极板和膜电极组成，同时电堆也包含密封件、端板和集流板等其他结构件。电堆的成本占到燃料电池系统总成本的一半以上，是燃料电池系统最贵的部件，因此降低电堆成本是燃料电池汽车商业化的前提条件。同时，电堆也决定了整个燃料电池系统的性能上限，评价电堆技术先进性的指标主要包括功率及效率、功率密度、机械冲击及振动、高低温储存、耐久性、冷启动温度等，其中功率和耐久性是目前各厂商研发的重点，分别影响燃料电池汽车的动力性能和使用寿命。

在国家政策引导下，以及行业技术进步的支撑下，近年来，中国电堆的自主研发能力在逐渐加强，电堆企业数量逐渐增长，产能也开始大幅提升，主要电堆企业包括捷氢、潍柴、神力、韵量、新源动力、未势、氢璞、国电投、氢晨、骥翀等，基本掌握了电堆的整体设计和集成能力，国产电堆已经实现批量应用且成本持续下降。目前国产燃料电池堆正不断向大功率方向发展，已由过去的 30~60kW 提高到现在的 100kW 以上，大功率电堆的投产及配套，能够更好地满足大型客车、重卡等车型的应用需求。同时，电堆的可靠性、耐久性也在不断提升，国产电堆的寿命普遍达到了 1 万 h，部分企业达到 2 万 h，可实现 −30℃低温启动，体积功率密度超过 4kW/L。但和国外电堆产品相比，中国自主电堆的耐久性、可靠性还需要更多的实际验证。下一步，面向示范期间大量的中远途、中重型燃料电池商用车应用需求，需要中国电堆企业不断优化完善电堆的材料选型、堆型设计、双极板流场设计、密封技术、紧固技术、生产工艺、质量控制、制造技术等，加快开发电堆自动化堆叠、装配、气密性测试、活化、性能测试等生产设备，持续提高电堆制造水平和生产效率，实现自动化、规模化、批量化的电堆量产能力。在实现规模效应和推动成本降低的同时，也需要保障和提升电堆的一致性、安全性、稳定性和可靠性，重点突破高功率密度、大功率、长寿命的燃料电池堆产业化，为国家燃料电池汽车推广应用提供有力支撑。

3. 膜电极

膜电极是燃料电池电化学反应的基本单元，主要由质子交换膜、催化层和气体扩散层组成。膜电极作为燃料电池堆的核心部件，是将化学能转化为电能的反应场所，并为反应气体、水等提供传输通道，还起到传递电子和质子作用。膜电极的性能和耐久性，直接决定着燃料电池堆的功率密度、耐久性、寿命等性能上限，是整个燃料电池系统中技术难度最高的零部件。此外，膜电极还是燃料电池堆中成本占比最大的零部件，也直接决定了燃料电池堆的成本高低。膜电极的技术门槛高、开发周期长、投入高，其技术难点主要体现在材料和工艺两方面。一方面是膜电极浆料的配制，既要最大限度地降低催化剂用量，同时也要保证高的反应活性。另一方面就是膜电极的制备工艺，这也一直是燃料电池领域的核心技术，先后经历了三代发展，大体上可以分为热压法、CCM 法（catalyst coated-membrane）和有序化方法等。目前业内企业大部分采用第二代 CCM 膜电极制备工艺，将催化剂直接涂覆在质子交换膜的两侧，包括干法制备、乳化制备、气相制备、电辅助制备、雾化制备等，能够显著降低催化剂用量，提升功率密度。有序化方法是当下工艺发展趋势，可使膜电极具有最大反应活性面积及孔隙连通性，以此实现更高的催化剂利用率。

评价膜电极技术先进性的关键性能指标包括厚度均匀性、极化性能、电化学活性面积、透氢电流、高频阻抗、抗反极能力、化学稳定性、功率密度、铂载量、耐久性等，需要在降低铂载量的同时做到其他指标的提升。目前国外的膜电极企业主要包括美国的戈尔和3M、英国的庄信万丰、加拿大的巴拉德、德国的巴斯夫等，这些国外企业在膜电极的基础研究和制备技术上一直处于领先地位，并已经具备膜电极的批量自动化生产线。此外，日本的丰田和本田也开发了自己的膜电极产品。以前，中国膜电极产品性能较差、成本偏高，主要还是从巴拉德等国外企业进口。近年来，随着中国膜电极生产工艺进步和技术提升，膜电极的国产化步伐持续加快，鸿基创能、苏州擎动、泰极动力、武汉理工氢电、上海亿氢、上海唐锋、国电投、新源动力等企业在膜电极领域取得了较大突破，膜电极的技术水平大幅提高，制造成本也大幅下降，国内主要企业已基本掌握膜电极的研发及装配技术，并具备了小批量供货能力。整体来看，相比进口膜电极，国产膜电极已经具备较高的性价比，部分企业膜电极的性能已接近国际先进水平，但在铂载量、功率密度、耐久性、抗反极等方面与国际先进水平还有一定差距，此外，批量化生产工艺和装备仍存在较大差距，尚未形成自动化、连续化、大规模的生产制造能力，所采用的关键材料大都还依赖进口，距离全面国产化还有一定距离。膜电极的自主研发和批量化制造是核心竞争力的重要体现，也是推动燃料电池成本降低的重要路径。未来，随着中国燃料电池汽车市场的快速增长，中国需要加大在膜电极领域的研发投入，持续推进自动化、连续化、大批量、低成本的膜电极制备，提升和改善膜电极功率密度、铂载量、寿命、一致性、生产效率及良品率等关键指标，尤其是要大幅延长膜电极使用寿命，保证膜电极的质量可靠性，推动成本大幅降低，早日实现大规模的产业化应用。

4. 双极板

双极板是电堆的核心结构部件，占整个燃料电池质量的60%以上，对电堆的性能、成本有着较大的影响。双极板与膜电极层叠装配成电堆，在燃料电池中起到输送和分配氢气和氧气、提供冷却液流体通道、支撑电堆和串联膜电极，以及分隔氢气和氧气、收集和传导电流、散热和排水等作用。双极板的两面为流场流道，主要作用是确保反应气体在电极各处均匀分布，其中与阳极接触的为阳极流场，与阴极接触的为阴极流场，流场结构决定着氢气、氧气和水在流场内的流动状态。双极板的性能优劣将直接影响电堆的体积、输出功率和寿命等关键性能。评价双极板技术先进性的关键技术指标包括厚度、厚度均匀性、面积利用率、腐蚀电流、接触电阻、电导率、机械强度、抗弯强度、导热性、气体致密性、寿命等，一款好的膜电极产品需要满足电导率高、导热性好、致密性好、稳定性高、机械强度高、质量轻和耐蚀性优良等要求，此外还要易加工、成本低。

双极板根据材料不同可分为石墨双极板、金属双极板、复合双极板等，其中石墨双极板具有质量轻、导电性高、稳定性强、耐蚀性高、耐久性长等优点，技术最为成熟，商业化应用最为广泛，但机械强度差、厚度大、加工时间长，在紧凑型、抗冲击场景下的应用较为困难，更适合应用于对寿命要求高、对燃料电池体积不敏感的燃料电池商用车领域。金属双极板具有厚度薄、电导率高、热导性高、强度高、韧性强、致密性和阻气性好等优点，更有利于实现小型化，能够提高电堆的功率密度，且加工性能优异，更适合大批量生产，但易被腐蚀、寿命较短，适合应用于对功率密度要求更高的乘用车领域，目前丰田Mirai、现代NEXO等燃料电池乘用车均采用金属双极板。复合双极板兼具石墨双极板和金属双极板的优点，但制备工艺繁杂，成本较高。

中国双极板企业包括上海神力、上海治臻、新源动力、上海弘枫、上海佑戈、国电投、国鸿等，相关企业产品已经实现了规模化装车应用，是目前国产化程度最高的燃料电池组件。近年来，国内石墨双极板技术发展迅速，在腐蚀电流、电阻率、机械强度等方面与国外相当，但由于石墨材料易碎、密封难和加工难度大，生产过程中容易产生气孔，导致其加工周期长、制造成本高，后面需要解决批量化生产工艺等问题。下一步需研究连续化生产工艺技术、改进板型流场结构、开展密封设计与工艺开发，不断提高双极板的工艺稳定性和生产效率，简化工艺流程，降低工艺成本，加快突破超薄石墨双极板研发产业化。在金属双极板方面，上海治臻等企业已实现金属双极板的国产化生产，接下来要解决非贵金属的涂层材料、降低单片成本等问题。下一步需提升双极板的设计和性能水平，研究低接触电阻、高耐蚀表面处理技术，开发高耐腐蚀、高导电性表面涂层，提升金属双极板的耐久性、耐蚀性与导热导电性，确保大批量制造的一致性。

5. 空气压缩机

燃料电池的正常工作离不开空气压缩机供应压缩空气，而且燃料电池内部的电化学反应对空气的温度、湿度、压力和流量等参数有着严格的要求。空气压缩机作为燃料电池阴极供气系统的重要部件，通过对进堆空气进行增压，为电堆电化学反应提供一定流量的压缩空气。空气压缩机的性能对燃料电池系统的效率、功率密度、动态性能、噪声、紧凑性、水平衡等有着重要影响，此外，在给电堆提供满足功率需求的高压空气的过程中，空气压缩机还需要消耗燃料电池系统输出功率10%~20%的能量，是燃料电池系统中能耗最高的零部件，其功耗将直接影响整个燃料电池系统的效率。评价空气压缩机技术水平先进性的关键技术指标包括输出压力、噪声、含油量、高低温适应性、高原适应性、气体封闭性、振动、耐久性等，好的一款空气压缩机产品需要具备压比高、体积小、效率高、工况范围宽、噪声低、功率大、无油、结构紧凑等特点，同时还需要具备高可靠性和低成本。

空气压缩机主要有螺杆式、罗茨式、离心式等种类，其中离心式空压机具有流量大、转速高、噪声小、结构紧凑、功率密度大、响应快、寿命长和效率高等特点，已逐渐成为市场的主流选择。目前国外的空气压缩机企业主要有美国的UQM、盖瑞特，德国的利勃海尔、FISCHER，英国的Aeristech，日本的丰田自动织机等，这些企业已经有较为成熟的量产产品。目前中国空气压缩机企业包括金士顿、势加透博、烟台东德、大洋电机、稳力科技、雪人股份、潍坊富源、伯肯节能、德燃动力、江苏毅合捷等，在行业企业的共同努力下，空气压缩机已经成为国产化程度较高的燃料电池关键部件之一。而且随着国内越来越多的企业开始研发布局，中国空气压缩机的产品性能与国外水平的差距也越来越小，但在耐久性、稳定性等方面还有一定差距。未来，随着燃料电池系统功率等级和功率密度的提升，也将对空气压缩机性能提出更高的要求，中国需要进一步突破高效叶轮设计、动压空气轴承、高速电机、控制器等核心关键技术，进一步减振、降噪、降低功耗、降成本，不断提高空气压缩机的稳定性、耐久性，使空气压缩机产品性能指标达到国际领先水平。

6. 氢气循环系统

氢气循环系统是燃料电池系统的关键部件，它的作用是将燃料电池中未反应的氢气再次循环到电堆的氢气入口，与入口反应氢气混合后一同进入电堆继续参加反应，起到提升氢气的利用率、保障涉氢安全等作用。同时氢气循环系统还能够加强阳极侧水的排出，也会将电堆内部反应生成的水重新循环到电堆内部，从而实现电堆内循环增湿，提高电堆的水管理能力。

氢气循环系统分为氢气循环泵和引射器两种方案。氢气循环泵和空气压缩机都是气体增压设备，但是氢气循环泵的工作介质为气液两相流，且氢气易燃易爆，在涉氢、涉水的环境下还易发生"氢脆"现象，在低温下的结冰现象可能导致系统无法正常工作，因此，氢气循环泵需要具有压力输出稳定、无油、密封性好、防爆、耐腐蚀等性能，技术难度较大，制造成本昂贵，如丰田 Mirai 就采用了氢气循环泵的技术路线。实现氢气循环的另一种方式是使用引射器，由于氢气源的压力远大于进入电堆的压力，引射器利用压差将尾排氢气吸入，并和入堆氢气混合后进入电堆参加反应，由于引射器无运动部件和驱动装置，具有简单可靠、不额外消耗功率、体积小、重量轻、成本低等特点，但工作范围较窄，如现代 NEXO 就采用了引射器的技术路线。

国外氢气循环系统的企业主要包括德国的普旭、日本的丰田自动织机等。目前中国氢气循环系统主要还依赖于普旭等国外企业，但近年来氢气循环系统的国产化程度有所提升，如烟台东德实业、苏州瑞驱、未势等企业已经有产品装车配套应用，其中东德实业、苏州瑞驱为氢气循环泵制造商，未势为引射器制造商。但整体看，国内企业在装备工艺、产品一致性、批量稳定性等方面还有一定差距，可靠性、耐久性等还有待市场进一步验证。建议鼓励企业加大研发产业化投入，突破氢气循环泵和氢气引射器两种技术路线。在氢气引射器方面，要加快研究总成总体设计、宽范围调节技术、变流量稳压优化控制技术、高引射比及电堆匹配技术等。在氢气循环泵方面，重点突破氢气循环泵耐抗氢气腐蚀技术、高效密封技术、防爆设计技术、低温环境下的除水破冰技术、可调节循环比与节能技术等，加快研究开发流量大、压升高、稳定性好、体积小，具备抗振动、可在湿热环境下安全使用的氢气循环泵。此外，还要研究开发氢气循环泵、引射器串并联等多种技术方案，不断提高氢气循环系统的产品性能，实现耐低温、低泄漏、高耐久性、高可靠性的氢气循环系统批量化生产制造，推动氢气循环系统成本不断降低。

为尽快实现燃料电池汽车产业化、规模化发展，提升中国燃料电池汽车产业的国际竞争力，需要针对目前存在的产业化程度不高、技术短板等问题，开展一系列的关键技术攻关，加快填补国内相关领域的空白，推动构建自主可控、安全可靠、技术先进、相对完整的燃料电池汽车产业链，为中国燃料电池汽车产业健康可持续发展保驾护航。

一是要强化产业链协同，打造产业发展生态。依托燃料电池整车或燃料电池系统企业，与电堆、膜电极、催化剂、碳纸、质子交换膜、空气压缩机、氢气循环系统等产业链企业强强联合，加强研发合作、协同攻关，促进技术进步和产业化培育，推动形成集聚优势，做优做强产业链条，尤其是要在重点产业链和关键环节打造一批专、精、特、尖的中小型企业，实现关键技术突破与创新发展。

二是要保障一定的车辆规模来拉动产业链建设。要实现中国燃料电池核心技术的自主化突破，还需要保障一定的燃料电池汽车示范推广规模，为关键核心技术的研发、生产和产品验证提供有效支撑。因此，在示范期间，一方面，需要依托政策扶持，打造若干特色、适宜的应用场景，带动燃料电池汽车的批量生产，并不断优化产品性能和质量，提升市场用户的用车体验。另一方面，也需要依托整车企业，与上游零部件企业建立良好、稳定的采购关系，带动产业链上游企业实现技术迭代和创新发展，加快解决"卡脖子"等问题，实现规模效应，降低产业链各环节成本。

三是要搭建若干产业发展支撑平台，引领技术攻关创新。燃料电池汽车产业的发展需要聚集人才、技术、资金等各类创新要素，因此，也需要依托氢能或燃料电池汽车产业创新中心、技术孵化平台、产业发展联盟、检测认证机构、示范应用平台等相关产业发展平台，通过这些平台组织产业链优势企业、高校、科研院所等行业资源，构建高效、完善的协同创新格局，支撑关键核心技术的开发和工程化应用，推动燃料电池汽车产业实现更高效的发展。

四是要创新研发组织模式，加大政策支持力度。目前上海城市群、广东城市群等示范城市群通过改进科技创新项目的组织管理方式，采取"揭榜挂帅""组建联合体"等方式，鼓励燃料电池整车、燃料电池系统、电堆及部件、辅助系统和关键材料等企业，以及制氢、储氢、运氢等企业，协同开展技术创新、产业化攻关和示范推广等，对完成目标的企业给予奖励，提高企业参与技术创新、研发配套和市场推广的积极性和主动性。此外，还需要加大对关键技术研发产业化的支持力度，出台一系列配套政策，营造良好的政策环境，激发行业企业、高校、科研机构等创新主体的积极性和创造性，加强核心技术攻关，抢占产业链、价值链的中高端，推动产品规模化降本。

6.4 燃料电池汽车潜在的典型应用场景

从目前产业的发展阶段来看，燃料电池汽车更适合应用于固定路线、连续作业、大载重、长续驶、高强度的中远途、中重型商用车运输场景，同时，也能够避免纯电动汽车在低温环境中的续驶里程衰减、充电效率变差等问题，在极寒环境中的使用优势更加明显，能够和纯电动汽车共同满足不同区域场景下的交通运输需求。通过燃料电池汽车在不同应用场景的先行先试，全力支持和推动新材料、新部件、智能化部件的配套应用，既能促进新技术示范运行和技术验证，不断提升燃料电池汽车耐久性、可靠性、稳定性、经济性，进而拉动并打通整个氢能及燃料电池汽车产业链，也有利于探索出一条符合中国实际的燃料电池汽车商业化应用路径，通过依托各示范应用场景，推动形成若干氢高速、氢走廊、氢港口、氢物流网等，为中国燃料电池汽车大规模、市场化和区域化推广奠定基础。

此外，2021年9月，生态环境部发布《中国移动源环境管理年报（2021）》，根据年报显示，2020年，全国货车一氧化碳（CO）、碳氢化合物（HC）、氮氧化物（NOx）、颗粒物（PM）排放量分别为207.3万t、46.0万t、517.8万t、5.8万t，占汽车排放总量的29.8%、26.6%、84.3%、90.9%，是汽车中排放占比最高的车型。通过推动燃料电池汽车优先替代高能耗、高污染、高排放的柴油车，在城市物流、城际物流、冷链物流、港口矿山运输、厂区物流、渣土自卸、市政环卫等容易产生高耗能和高污染的应用场景开展示范应用，对促进中国汽车产业节能减排，打赢污染防治攻坚战等具备重要意义。同时，在物流园区、产业园等相对封闭的地区，以及高速干线物流等相对简单的驾驶场景，前瞻探索智能网联燃料电池汽车的示范运行，对促进燃料电池技术与智能网联技术融合发展，构建智慧、高效、低成本的物流体系具有积极意义。

6.4.1 城市物流配送

城市物流配送在物流链条中有着极为重要的起承作用，随着互联网经济的不断渗透，快递物流业务迅猛增长，但市区内的物流运输对排放要求较高，出于环境保护和缓解交通拥堵等方面的考虑，大部分城市对传统燃油货车进城区域和时间都有严格的限制。目前将现代物流和新能源相结合，提升物流质量和发展水平，同时加快新能源汽车技术的普及应用，已成为物流行业未来的重要发展方向之一。通过给予燃料电池汽车配送通行路权，不仅有利于构建绿色、低碳的物流网络，减少城区碳排放和污染物排放，改善居民居住环境，还有利于探索燃料电池汽车与大数据、物联网、人工智能等新一代信息技术，以及与共享经济、智慧交通等新业态的深度融合，推进新型智慧城市建设。

城市物流主要服务于城区"最后一公里"，一般运输区域相对固定，加氢站也便于布局，同时快递公司比较集中，车辆运营频率高，容易形成闭环，而且城市物流涉及领域也相当丰富，包括快递、邮政、日用百货、五金建材、果蔬肉奶、酒水饮料、生鲜冷链、医药、食品、服装、家具、工业产品配送等，主要应用企业包括顺丰、京东、申通、菜鸟、德邦、圆通、邮政等快递龙头。城市物流的运行线路主要依托物流基地、批发中心等，选择从城市周边物流集散中心、仓库等到市内商超、营业网点等配送路线相对固定的短途运输，如农产品集散中心至市内配送站点、商场、超市、餐饮店的物流运输路线，以及电子商务产业园、物流中心等快递分拨中心至市内营业网点、商场、超市的物流运输线路等。城市物流配送的燃料电池汽车以轻型、中型厢式货车为主，对车辆货物载质量、出勤率、质量可靠性和配送及时性等要求较高，燃料电池物流车总质量在 4.5~12t，燃料电池系统额定功率普遍超过 50kW，使用寿命要求达到 2 万 h，整车续驶里程超过 350km，能够在 $-30^\circ C$ 条件下快速启动。考虑到实际运营场景，城市物流燃料电池汽车单次行驶里程约 30~50km，日均运营里程在 200km 左右，1 次加氢基本可满足车辆 2 天的用氢需求。

6.4.2 冷链物流运输

冷链物流运输对象主要包括需要冷藏的农副产品、生鲜水产、冷鲜速冻、冷冻饮品、加工食品、医疗产品等，主要应用场景集中在码头、商超、食品产业园、冷链产业园等。随着生鲜类产品的消费需求与日俱增，近年来冷链物流的发展十分迅速。相比传统货车，冷链运输车辆还必须额外配置较重的冷冻、冷藏与保温设备，因此冷链物流运输对车辆轻量化的要求更高，同时也必须持续供给能源以保证冷藏车厢内的低温环境，即使在停车时也需要电力或动力供应，因此传统柴油冷藏车需要一直保持发动机的运转来维持货厢低温，导致车辆的单位里程能耗非常高。总体看，冷链物流运输车具有技术复杂度高、成本回收期长、行驶路线比较固定、货物冷藏和货厢容积要求高、出勤频率和运输时效性要求高等特点，同时也对节能降耗有着迫切需求。

推动冷链物流运输车辆与燃料电池技术相结合，既能降低燃油车带来的污染问题，又可以解决纯电动汽车在冷链物流车上应用的续驶里程不足、无法持续提供冷藏条件的缺点，可满足中长距离冷链物流运输配送需求，保障货厢始终有冷气供应、提高载货效率，是燃料电池汽车重要的应用场景之一。而且燃料电池汽车加氢时间与传统燃油车辆加油时间基本相当，对冷链物流运输车辆的运营效率基本没有影响，同时如果给予一定的路权，客户收益可以得到有效保证，更有利于燃料电池冷链物流车的示范推广。考虑到冷链物流运输路线的起点为生鲜生产公司或仓库，终点为各大生鲜销售市场，根据运输场景、货物重量、车辆特点、行车路况等综合考虑，预计冷链物流车辆的每天行驶里程在50~300km不等，需要车型包括9~18t的燃料电池冷藏车等，燃料电池系统额定功率在60~120kW不等，续驶里程应不低于300km。

6.4.3 大宗物资运输

大宗物资运输车辆包括货运、半挂、牵引、自卸等车型，主要是在原材料产地、生产企业、中转站和需求端企业间，提供建筑材料、煤炭、矿石、钢材、灰渣、水泥、纸浆、化工产品、固废、商品车、生活必需品等大宗物资的运输服务，日均运营里程在100~200km。目前大宗物资运输车辆以柴油货车为主，具备载重要求高、运行路线相对固定、单程运输距离短、日往返频次高、减排压力大等特点。由于大宗物资运输车的吨位较大，属于重型车辆，而受限于动力电池技术水平，纯电动重卡的续驶里程、运载能力和运输时间等难以满足该场景应用需求，且由于充电时间较长，还会导致运营效率低下，影响经济效益。与纯电动重卡相比，燃料电池汽车具有轻量化、续驶里程长、加注时间短等优势，更适合应用在重型货车类应用场景。同时，相比柴油重型货车，燃料电池重型货车具有较明显优势。一是能够最大程度减少污染物排放，改善厂区污染等负面影响，通过加大对柴油重型货车的替代，有利于推动降低交通领域碳排放，为实现碳达峰、碳中和战略目标贡献力量。二是可保障稳定、低成本、近距离的氢能供给，在钢铁冶炼、氯碱化工生产过程中伴生大量工业副产氢，具有量大、价廉等优势，且在钢材、氯碱生产过程中存在巨大的运力需求，能够通过运力进一步拉低氢气价格，为园区低成本的氢能供应提供保障。三是大宗物资的运输路线相对固定集中，更便于加氢站的布局，尤其是化工园区对制氢及加氢站建设限制较少，这类场景的加氢站建设更加便捷和有保障。

以矿厂短倒运输为例，煤炭、钢材、磷矿等矿产资源的采运对物流需求巨大，需要使用大量的重型货车运输矿产资源，具有短途货运业务多、高频次、高负载等特点，车辆总质量普遍超过31t，是燃料电池汽车理想的应用场景。该类应用场景的运输路线较为固定，一是矿区内工程自卸车，如矿区内部煤炭的短倒运输，由矿区内煤炭、土方自卸车，将原煤和土方从矿坑运往厂内煤炭集装站，工况较为复杂、环境相对恶劣。车辆单趟里程5~10km，单日运行20趟次以上，单车日运行总里程可超过200km，具有高效率、高频率的运行特点。二是矿区外重型载货车，主要应用场景为矿物开采场与矿物存储仓、矿物加工冶炼厂之间的中距离运输，以矿产资源地为中心，辐射所在城市及邻近城市，满足矿产资源使用和配送的需求，如各中大型煤矿将原煤从矿区运输至煤厂、焦化厂、发电厂、冶炼厂、火车集装站等，包含城郊、城市、高速等多种工况。单次往返里程在50~100km，每天往返4次，日均行驶里程在200~400km。

此外，考虑到钢材运输、煤炭运输等部分应用场景的车辆运行路线相对固定，且多为封闭或半封闭状态的点对点运输，具备推广自动驾驶燃料电池汽车的条件。通过自动驾驶燃料电池汽车重卡的先行先试，不仅能够降低大宗物资的运输成本，还能够解决现在驾驶员难招难管等问题，同时也可以为燃料电池汽车示范推广趟出新路子、提供新经验，并能为智能驾驶提供良好的验证和提升应用场景，可谓一举四得。总体来看，燃料电池大宗物资运输车辆的运输范围在原材料产地、中转站和需求端企业间，总质量在18~49t之间，平均车速30~60km/h，单次运行里程在5~100km不等，日均运营里程在100~400km不等，因此，燃料电池汽车的续航里程应不低于300km，系统额定功率在110~200kW。此外，燃料电池汽车重卡成本高昂，建议政府可以在路权、进城时间等方面，适当放宽对燃料电池重卡的管控，进一步刺激企业购置燃料电池重卡的积极性。

6.4.4 城际长途物流

城际长途物流运输车辆主要运行于省道、国道和高速公路上，具有高载重、货厢容积要求高、单边运距长、跨城市点对点固定路线、出勤率和配送时效性要求高、劳动强度高、工作环境恶劣等特点。城际长途物流运量巨大，以农产品、水产品、快递快运、大件运输、煤炭、工业品、化工、机电等跨城市长途物流周转为主，目前车型主要为柴油车，对环境的污染较为严重。随着国家对车辆碳排放指标的进一步加严，将柴油车替换为更加清洁、低碳的新能源汽车已经成为必然趋势。考虑到柴油货车正在逐步被更新淘汰，但纯电动货车续驶里程短、载货效率低等问题仍是长途运输的主要瓶颈，而燃料电池汽车具有高载重、长续驶里程等优势，且氢气加注时间短，比纯电动货车能够搭载更多的货物、运营时间更长、效率更高，未来随着技术不断提升和成本持续下降，燃料电池物流重卡将在长途城际物流运输应用场景具备更强的竞争优势。

目前跨区域合作已经成为常态，随着京津冀、上海、广东、郑州、河北城市群加快推动氢能产业发展，以及加氢站等基础设施建设的稳步推进，中国将逐渐形成由点到面的氢能基础设施布局，为未来燃料电池汽车在跨城市物流运输领域推广，提供更加便捷和高效的氢气供应和基础配套保障体系。为充分发挥燃料电池汽车续驶里程长的优势，可以在高速及沿线开通燃料电池汽车物流运输专线，并在物流通道沿线合理布局加氢站，形成有效衔接并联通各城市的加氢网络，保障物流运输专线车辆的氢气需求，打造互联互通的市际、省际氢能物流通道。此外，燃料电池重卡的氢气消耗量大且使用频率高，通过开展燃料电池重卡的城际物流运输，也将带动氢气用量的大幅提升，以及氢气价格的快速降低，从而推动氢能产业的整体发展。燃料电池汽车城际长途运输的典型使用场景包括城际快运、蔬菜运输等，始末点为各城市的物流集散中心、农产品市场等，单次行驶里程在

100~300km 不等，总质量在 12~31t 不等，要求燃料电池汽车的续驶里程在 400km 以上，1 次加氢至少需要满足车辆单次行程的用氢需求。

6.4.5 城建运输用车

随着城镇化的速度加快，城建原料、废料的运输需求正不断加大。城建运输主要是为城市基建、河道修建、道路修建等所需的渣土、混凝土、钢材、砂石料，以及产生的各类建筑垃圾、装潢垃圾等材料提供运输服务，通常会根据运输对象以及运载重量的不同，选择不同吨位的车辆应用于合适的场景。目前传统的城建运输车辆多为重型柴油货车，其污染物排放量大，是空气污染治理的难点和痛点。为了控制极端污染天气，部分地方采取车辆停运、工地停工等方式，进而影响了城市内各类工程的建设进度，也影响了城市的发展速度，因此，加快推动城建运输车辆的电动化转型迫在眉睫。

目前 31t 柴油渣土车是行业的主力车型，渣土运输车的装载点为市区各建设工地，终点为卸载点，其运行路线相对固定，但会随着建设工地的变化而变化，致使其运输路线并不稳定，单程距离为 50~60km，日运营里程为 200~400km 不等。使用燃料电池渣土车替代柴油渣土车，能够满足大部分运营线路使用，一次加氢可满足车辆全天的用氢需求，且加氢时间仅为 10min 左右，与传统渣土车的加油时间基本持平，对车辆运营效率基本没有影响。而且随着城市规模的不断扩大，渣土车运输半径开始呈现不断增大的趋势。整体来看，渣土运输车的运营工况比较简单，单次行驶里程较短，但运输环境恶劣，存在尾气排放污染城市环境、噪声污染影响居民生活等问题。当前，各地区正加大对柴油货车的治理力度，严格控制柴油货车的入城时间段和运行线路，随着城市建设中的环保要求愈发严格，柴油渣土车将加速淘汰，而发展燃料电池渣土车用于渣土、建筑垃圾等短途运输，将成为解决城市空气污染、噪声污染问题的有效方式，具有广泛的应用前景。同时，如果政府对采用燃料电池车型的运输企业，放宽入城时间段和运营线路，既能保障城市城建项目的正常运行，也能增加运营公司车辆的全年运营时间，能够极大提升相关企业推广燃料电池渣土车的积极性。

6.4.6 市政环卫用车

目前市政环卫车基本为传统燃油车，包括垃圾运输车、扫路车、绿化喷洒车、清洗车、洒水车、雾炮车等车型。市政环卫用车按照功能划分，可以分为运输型和作业型，其中运输型车以压缩式垃圾车/车厢可卸式垃圾车等为主，主要用于转运质量密度较小的城市生活垃圾，将市内垃圾中转站的垃圾运送至市周边焚烧厂或填埋场，单日运营里程可达 300~500km。而作业型车以洗扫、湿扫、高压清洗、低压清洗、抑尘等应用场景为主，单程行驶里程为 10~20km，日均行驶里程较短，为 60~100km，车速低于 10km/h，但每天工作时间长达 6h，作业时间较长。

市政环卫车与城市居民的日常生活密切相关，通常白天在市内运行，拥有较为固定的运营线路与应用场景，具有工作时间长、启停频繁、运行强度大、急速时间长、运行速度低、工作环境恶劣等特点，但现有车辆普遍存在运行效率低、燃油经济性差、噪声大、碳排放高、污染严重等问题。市政环卫车载重量普遍较大，总质量在 8~18t 不等，目前纯电动车型较少。随着各地方政府对环保要求加严，为保障城市空气质量水平，以柴油为动力的传统市政环卫车将难以满足环境保护的有关要求。因此，通过鼓励现有传统柴油市政环卫车升级为燃料电池市政环卫车，不仅能够有效降低有害气体排放，在缓解城市环保压力、保证城市空气质量的基础上，还有利于解决城市生活垃圾运输等问题。同时，燃料电池市政环卫车可以和城市公交等车型共用加氢站，在提高加氢站运营效率的同时，也能够有效提升城市的环保形象，具有较为突出的社会环境效应。

6.4.7 港口运输

港口是重要的物流枢纽，货物和集装箱的物流周转需求旺盛。港口内部拥有大量进行短途接驳的牵引车，主要用于对集装箱及散装货物在港口、码头、货站、物流集散中心之间的点对点运输，具有车辆运行路线较为固定、行驶速度低、启停频繁、耗能高、污染大、运行时间长、出勤率要求高等特点，单次里程预计在 50~80km。目前港内牵引车主要使用柴油动力，尾气排放污染问题突出，随着未来绿色港口的加快建设，港内牵引车的电动化转型升级较为迫切。由于港内牵引车的吨位较大，属于重型货车，不适合使用纯电动技术路线，考虑到港口运输对载重、运行负荷、能量补充的高要求，较为适合开展燃料电池汽车在港口运输场景中的示范运行。

通过将 31t 和 49t 的燃料电池牵引重卡应用于港口运输场景，进行短途接驳和定点运输，对推动绿色港口建设，以及打造港口氢走廊等具有积极意义。在运营环节，港口区域一般都有较为丰富的副产氢，车辆运行场景距离氢源较近，能够获得更加经济的氢气供给。因此，相对于柴油牵引重卡，在港口物流应用场景中，燃料电池牵引重卡具有较强的经济性。同时，由于港口运输的物流量大且运输范围相对集中，更加便于配套建设加氢站，实现车辆的快速氢气补充，且车辆使用频率较高，能够极大提高加氢站的运营负荷程度，使加氢站建设运营企业能够尽快实现盈利和回笼资金。

6.4.8 城市公交和城市通勤

城市公交是交通运输服务业的重要组成部分，与人民群众的生活出行息息相关，是一项重大的民生工程。公交车辆具有行驶路线固定、启停频繁、怠速时间久、工况稳定、行车速度慢、载客量大、行驶路况好、单程运营里程短、日均行驶里程长、政府部门易于统筹等特点，随着城镇化快速发展，居民对公交出行的需求正不断增长。燃料电池公交车能够真正实现零排放、无污染，在为预防城市雾霾、改善居民生活环境、提升城市形象做出积极贡献的同时，也能够起到氢能及燃料电池汽车科普宣传的作用，是向普通大众展示和宣传氢能应用的重要窗口。且燃料电池公交车在行驶过程中启停频繁，对考核、验证和促进燃料电池耐久性、可靠性提升具有重要作用。目前燃料电池公交车的技术成熟度较高，国内主要城市均已经开展了燃料电池公交车的示范运行，并配套规划建设了加氢站，形成了市内公交、城郊/城际公交为主的燃料电池汽车示范应用场景，满足城市居民的绿色出行需求。

在燃料电池市内公交方面，主要是在市区范围内提供大容量载客服务，单程运营里程约 20km，日均运营里程在 150km 以上。尤其是在中国北方地区，冬季天气寒冷，纯电动公交车普遍存在充电速度慢、续驶里程衰减等问题，严重影响了公交运力，而燃料电池公交车具有长续驶、加氢快、低温性能好等特点，更加适合在寒冷地区开展推广应用。和城市公交相比，城郊公交、城际公交的线路距离更长、路况更加严苛，对道路、气候环境的适应性要求更强，要求车辆既可以在高速路面行驶，也可以在偏远地区和乡村道路上运行，单次运营里程在 60~80km，日均运营里程在 300km 以上。通过推广城郊、城际燃料电池公交车，既能解决郊区人民出行或居民跨城出行的需求，也可以与纯电动公交车形成互补，逐步在公共领域实现公交车的全面新能源化。此外，在城市通勤方面，燃料电池汽车主要应用在为企业员工提供早晚上下班通勤服务，运输路线为员工住宅区到城市内企业、高校及科研单位之间的短距离通勤，路线较为固定，运营时间以早晚上下班为主，运营时间也相对固定，车辆 1 天上下班的通勤行驶里程为 100~200km，每年运行时间在 250 天左右。

6.4.9 文旅客运

中国拥有丰富的文化、旅游资源，各大旅游景区具有大量的旅客运送需求。文旅车辆作为景区的主要交通车辆，具有价格敏感度低、群众接受度高、宣传教育效果好等显著优势，但一般日均行驶里程较长，对使用频次和运营效率要求较高，目前仍以传统燃油车为主，电动化的比例并不高，对各景区带来了较大的环保压力。文旅车辆作为重要的应用创新和宣教窗口，通过开展燃料电池汽车示范推广，既有利于降低景区空气、噪声等污染，也有利于提高氢能及燃料电池汽车的认知度和示范效果。文旅客运具有明显的季节性和周期性，在五一、国庆等旅游旺季，车辆的运营负荷大，对运营效率要求很高。由于纯电动汽车充电时间长，难以满足景区高负荷的运营需求，而燃料电池汽车续驶里程长、加氢时间短，更加适合应用于景区文旅客运场景。同时，旅游专线的线路固定，可在景区附近或旅游路线枢纽建设加氢站，满足燃料电池汽车的用氢需求，推动形成联通各大景点的燃料电池文旅客车运输网络。此外，通过在文化、旅游景点应用燃料电池汽车，不仅能够促进氢能文化与历史文化等相结合，打造氢能生态旅游示范区，也能够对氢能及燃料电池汽车进行科普宣传，提高社会公众对氢能的认知度，让氢能与燃料电池汽车真正进入人民的生活。根据文旅客运应用场景，文旅车辆的单程行驶里程在 50~60km，日均行驶里程约 400km，因此，一般适合推广 10m 以上的燃料电池客车，续驶里程不低于 400km。

6.4.10 机场应用

机场巴士具有线路固定、行驶距离长、发车频次高、运营时间长、停歇时间短等特点，主要为机场间，以及市内交通枢纽到机场间提供大容量载客服务，机场巴士的单次行驶距离在 100~200km。通过在机场开展燃料电池大巴示范，不仅能够充分借助机场人员密集、客流量大等优势宣传推广氢能及燃料电池汽车，提高社会认知度，同时还可以依托机场氢能大巴示范，形成机场间的氢能走廊，具备较好的示范效果。考虑到机场大巴应用场景特点，需要燃料电池大巴的续驶里程达到 400km 以上，单次加氢可满足机场巴士的长途运输需求。此外，除了客运需求外，机场也是重要的物流枢纽，通过在机场推广燃料电池货运车辆，形成以航空港为纽带的燃料电池汽车物流运输示范中心，既能够满足航空港中远途、中重型的城际或省际物流运输需求，也有利于打造绿色、低碳的航空港，切实解决航空港未来的绿色发展需求。同时，机场也有大量的行李牵引车、引导车、作业清扫车等，需要满足24h的高强度工作，对能源补给时效要求很高。为推动建设绿色机场，在该类应用场景中，燃料电池汽车也有较好的应用潜力。

6.4.11 乘用车

乘用车是消费者最为熟悉和接触最多的车型，也是国际汽车技术竞争的核心焦点，具有工况复杂、运行线路多变、出行时间和出行距离不确定等特点，同时也对车内空间、能源补给速度的要求很高，单程的行驶里程在5~50km不等，日均行驶里程在30~200km不等。由于乘用车主要面向消费者，属于大宗耐用消费品，目前主要以传统燃油车为主，近年来纯电动汽车的市场占比也在逐渐提升。虽然燃料电池乘用车具有加氢时间短、续驶里程长等优势，但购车成本高昂，用氢价格贵，尤其是目前加氢站仍较少，乘用车的运行线路又不确定，以现有的加氢站布局很难支撑在私人消费者中进行规模推广。考虑到燃料电池乘用车的技术引领能力强，丰田、现代等国际主流燃料电池汽车企业都在重点布局，中国上汽、广汽、长城等企业也在积极发展。但与商用车相比，乘用车对可靠性和经济性的要求更高，从目前各企业的布局发展来看，燃料电池乘用车主要还是以网约车、出租车、公务用车等应用场景为主，多为政府机构、国有企业、汽车租赁企业采购。通过在公共领域的示范应用，能够进一步验证燃料电池乘用车的技术可靠性及经济性，并起到较好的示范和促进作用，提高消费者对燃料电池乘用车的认可度。整体来看，在燃料电池汽车产业的发展初期，应重点在中长途、中重型商用车领域布局燃料电池汽车，在巩固中国新能源汽车推广应用成果的同时，加快缩短与国外燃料电池汽车产业的差距，等未来中国燃料电池汽车产业链、氢能供应链、消费习惯逐渐培育起来后，再大规模发展市场空间更大、技术含量更高的燃料电池乘用车，使燃料电池乘用车尽快进入私人消费领域，形成乘商并举的发展局面。

6.4.12 其他领域的应用

目前氢能产业仍处于发展初期，现阶段的氢能和燃料电池还重点应用在燃料电池汽车上，但可以肯定的是，燃料电池汽车仅仅是氢能应用的一个"引子"，通过燃料电池汽车的示范应用，将加快推动氢能产业的发展升级，促进氢能技术水平提升和产业链的不断完善。未来随着氢能及燃料电池的技术进步和成本下降，除汽车领域外，氢能应用领域将会不断拓展，如应用于船舶、轨道交通、无人机、矿山工程机械、叉车、摩托车等移动动力领域，以及分布式发电、备用电源、热电联供、通信基站等固定动力领域，并在航空航天、炼钢、农业、医学等领域都具有广阔的应用前景。可以说，单纯依托于交通领域的应用推广，氢能产业很难实现发展壮大，但随着氢能在工业、交通、储能、发电、消费等多领域的示范应用，不仅可以让氢能产业迅速崛起，拥有更广阔的发展空间，也将对人们生产、生活方式带来革命性的变化。下面简单列举了部分潜在应用场景。

一是燃料电池船舶。目前随着对内河、沿海船舶和海洋装备的节能减排要求不断提高，更加清洁环保的燃料电池船舶日益受到重视。2021年7月，为保障水上生命财产安全、防止环境污染、保障船员的工作和生活条件，确保氢燃料动力船舶在其生命周期内安全可靠的使用，交通运输部海事局对外发布了《氢燃料动力船舶技术与检验暂行规则（征求意见稿）》。2022年3月，海事局正式发布了《氢燃料电池动力船舶技术与检验暂行规则（2022）》，为氢燃料电池动力船舶设计、审图、建造与检验提供了有效依据，将对推动中国燃料电池船舶发展产生积极影响。

二是燃料电池叉车。随着环保压力加大，部分叉车工作环境对噪声污染、废气排放等要求日益严格，燃料电池叉车没有噪声和污染排放，且相比充电、换电叉车，氢气加注速度更快，已经成为燃料电池的重要应用领域。目前国际主要的零售连锁企业，如亚马逊、沃尔玛等都已经采用燃料电池叉车作为仓库转运车辆，中国天津等部分地区也在积极鼓励燃料电池叉车的示范运营。

三是热电联供。燃料电池正常工作过程中，除了能够对外发电外，还将产生富余的热能，该部分热能能够用于满足建筑物的部分热量需求，极大地提高燃料电池效率。热电联供就是指燃料电池在对外提供电能的同时，也将发电过程中产生的热能通过热力网向用户供热。随着热电联供产品性能不断提升、成本持续下降，目前已经成为氢能利用的重要领域，其中日本已经成为热电联供应用的领先者，装机配套量全球领先。

四是储能发电。氢能是一种灵活智慧的二次能源载体，是集中式可再生能源大规模、长周期储存的最佳途径，并可以耦合电网、热网和气网的能源，促进异质能源跨地域和跨季节优化配置。发展氢能产业，推动氢能、电能和热能的系统融合，对促进形成可再生能源、化石能源与核能等多元互补融合的现代能源供应体系具有重要意义。中国具有丰富的可再生能源资源，同时弃风、弃光、弃水等可再生能源电力消纳不力的问题日益凸显，通过利用可再生能源发电制氢并储存，在可再生能源消纳、电网调峰调频等应用场景开展示范应用，既能够保障电力稳定供应，也能提高能源的综合利用效率。

第 7 章
中国燃料电池汽车产业发展建议

氢能的规模化应用将推动全球能源体系变革,而以燃料电池汽车为代表的交通领域则是氢能初期应用的关键突破口和主要市场。大力推广燃料电池汽车,不仅是保障中国能源安全的重要路径,也是落实"碳达峰、碳中和"目标的内在要求,更是促进汽车碳减排,推动能源低碳化、清洁化发展的关键所在,将有效支撑以绿色低碳为特征的现代能源体系建设,进一步增强中国在新能源汽车领域的核心竞争力和国际影响力。

近期,在燃料电池汽车示范应用政策推动下,以及氢能中长期发展规划引领下,中国启动了全球最大规模的氢能及燃料电池汽车示范应用工程。从成效来看,中国氢能及燃料电池汽车产业热度持续升温、政策环境不断完善、技术日益成熟、应用场景持续丰富、燃料电池汽车推广步伐持续加快、氢能基础设施日益完善、市场主体愈加活跃,氢能及燃料电池汽车已初具产业化条件,但产业发展仍存在研发创新能力薄弱、关键部件依赖进口等问题,且氢能作为能源管理的体制机制也尚未理顺,燃料电池汽车技术成熟度、可靠性、经济性、便利性仍不具备竞争优势,现阶段大规模推广的条件尚不成熟,还需要行业共同努力、加快成长。

作为战略性新兴产业和未来产业重点发展方向,我们应顺应国际发展趋势,加大力度支持氢能与燃料电池汽车发展,抢占未来产业的战略制高点,但在具体发展氢能及燃料电池汽车产业时,我们也需要清醒地认识到,发展氢能及燃料电池汽车产业是一项长期工程,需要我们长期坚持,一定不要怀着立竿见影、马上见到成效的心态去发展产业。因此,我们一定要理性看待发展阶段,以及产业发展面临的各项困难和挑战,努力抓住产业发展机遇,扎扎实实、积极稳妥、科学有序推动氢能及燃料电池汽车产业发展。相信未来在政策支持下和行业努力下,我国氢能及燃料电池汽车产业一定能够不断取得新突破,并像纯电动汽车一样继续引领全球汽车产业转型升级,推动人类社会能源体系的变革。

7.1 对氢能及燃料电池汽车产业发展的建议

燃料电池汽车是氢能的重要应用领域,对推动我国汽车产业落实双碳目标具有重要意义,已成为我国汽车产业发展的重要方向。当然,发展燃料电池汽车并不意味着纯电战略路线的转换,两者一定是互补协同的关系,宜电则电、宜氢则氢是发展燃料电池汽车产业的基本准则，同时，要想发展好燃料电池汽车产业，必须要有稳定、可靠、经济、低碳的氢能供给体系作为支撑。为做好新阶段产业发展工作，必须要在完善产业发展政策环境、加快产业发展速度、构建氢能供应体系等诸多方面发挥作用，系统推动氢能及燃料电池汽车产业发展。

7.1.1 关于纯电动汽车和燃料电池汽车战略定位的建议

新能源汽车包括纯电动汽车、插电式混合动力汽车和燃料电池汽车，是未来汽车产业的重要发展方向。其中纯电动汽车和插电式混合动力汽车已实现产业化，燃料电池汽车尚处于产业化初期。中国汽车产业发展的技术路线选择要坚持政府引导、市场主导的原则，既要符合现阶段产业技术发展的客观实际，也应当符合市场经济的客观规律。现阶段燃料电池汽车和纯电动汽车相比不具备竞争优势，纯电动汽车的规模化发展要明显快于燃料电池汽车。未来，在以分布式为主、零排放为特征的能源主体架构中，燃料电池汽车将会与纯电动汽车长期并存、互补，共同满足交通运输和人们出行的需要。

一是从技术特征判断，纯电动汽车、插电式混合动力汽车和燃料电池汽车均有各自独特的适用领域。纯电动汽车具有结构相对简单、使用成本低等优点，但受限于动力电池技术，导致其续驶里程相对偏低，因此在短途通勤车、城市私家车、城市公交车等领域具有较大的推广优势。插电式混合动力汽车能量来源多样，既可采用电能也可采用燃油，有利于缓解续驶里程焦虑，更适用于公务车、SUV等行驶里程长、行驶路线不固定的中大型乘用车领域。燃料电池汽车具有续驶里程长、加注时间短、环保性能佳、转化效率高、动力性和载重性能好等优势，更适用于城际客车、中长途物流车和货车等行驶里程长、载重负荷大、行驶路线相对固定的商用车领域，而且随着车辆的续驶里程和载质量增加，燃料电池汽车相较于纯电动汽车的比较优势将更加明显。

二是从发展进度看，目前在国际上大规模推广燃料电池汽车的条件尚不成熟。燃料电池汽车技术成熟度、成本和基础设施条件不如纯电动汽车，车辆成本相比纯电动汽车高60%~80%，市场化进程总体上比纯电动汽车晚约10年，尚处于市场化起步期，不管是购置成本还是使用成本，与纯电动汽车相比均不具备竞争优势。目前国外已经实现量产燃料电池汽车的企业主要为丰田、本田、现代、奔驰等，但氢气价格远高于传统燃油和电能，而且加氢基础设施仍然不完善，发展氢能配套产业、降低氢气和燃料电池系统成本、提高技术水平、扩大加氢站数量，仍将是燃料电池汽车实现快速大规模推广需要解决的关键问题。以丰田等为代表的燃料电池汽车企业近期也开始大力开发基础设施更完善、技术更成熟的纯电动车型，希望实现纯电动和燃料电池汽车共同发展。

三是从国外技术路线看，欧美日韩等根据各自汽车产业发展实际选择了各具特色的燃料电池汽车技术路线。日本丰田在其已建立的混合动力汽车动力系统平台基础上，使用燃料电池系统替换燃油发动机系统，保留原有的小功率电机电池用于提高燃料电池系统的工作效率，发展全功率燃料电池汽车。日本本田、韩国现代也采用了类似的技术路线。而欧美等国分别基于其已有的插电式和增程式混合动力汽车动力系统平台，使用燃料电池系统替换燃油发动机系统，发展增程式（插电式）燃料电池汽车，典型产品类型包括奔驰的

GLC插电式燃料电池乘用车、戴姆勒燃料电池客车,以及在美国大范围推广的燃料电池叉车等。

四是从发展时序看,以纯电动汽车为主的发展策略符合当前中国汽车产业的客观实际。从技术成熟度来讲,纯电动汽车技术更加成熟,而且充电基础设施建设的可行性更高,目前纯电动汽车在国际上已实现大规模推广。从能源供给来讲,充电基础设施可行性更高。中国地域辽阔,具有十分完善的电网基础设施,充电技术相对成熟,而且充电设施建设成本较低。反观燃料电池汽车,其技术成熟度仍远落后于纯电动汽车,而且制氢、储氢、加氢等仍有很多技术和产业化难题需要解决。从节能减排效果讲,目前中国纯电动汽车水平基本与世界同步,市场规模全球领先,而燃料电池汽车技术相对落后,市场刚刚起步,因此率先发展纯电动汽车更符合中国汽车产业发展的客观实际,也更能快速获得节能减排的收益。

五是从发展战略看,中国需要加强对燃料电池汽车的战略储备、前瞻布局和切实投入,防止出现战略误判和关键短板。目前中国纯电动汽车已经实现国际并行甚至领跑,动力电池等关键核心技术水平快速提高,新能源汽车产业国际竞争力不断提升,但燃料电池汽车与国际先进水平还有一定差距。中国应充分借鉴纯电动汽车的发展经验,利用好纯电动技术基础及产业配套体系,根据中国燃料电池汽车技术发展实际,率先在中远途、中重型商用车领域取得突破,丰富中国新能源汽车发展和推广的领域范围,成为纯电动汽车的有益补充,进一步强化中国在新能源汽车领域的国际竞争力。且燃料电池商用车运行线路较为固定,加氢站建设难度小,更具备推广可行性。特别是在当前,推动燃料电池商用车替代柴油商用车,将对中国打好污染防治攻坚战、降低二氧化碳排放量等具有重要意义,需要大力支持和推进。未来,随着燃料电池汽车产业规模的扩大、技术水平的提升,以及燃料电池汽车成本的降低、加氢基础设施的完善和产业配套体系的健全,可以再顺势发展技术要求更高、市场空间更大的燃料电池乘用车,全面引领国际燃料电池汽车产业的发展。

7.1.2 关于氢能产业发展的建议

中国氢能产业发展应综合考虑能源结构、氢能体系、技术经济性等综合因素,将氢能作为电气化系统能源的必要补充,成为保障能源安全和能源结构转型的重要路径之一,与其他能源互补、协同发展。要从氢能供给能力、保障能源安全、氢能产业应用等全局角度,加快形成联动协同机制,系统解决氢能供给保障、推广应用等重大问题。

一是氢能作为二次能源,可以成为电力系统的必要补充和连接多种能源的节点。预计2050年中国可再生能源发电占比将超过三分之二,通过可再生能源电解水制氢,能够有效解决可再生能源发电波动性、间歇性等问题,化解目前电力行业结构性过剩、推动未来清洁能源转型。因此,未来氢能将成为中国电力系统的必要补充,并能够成为风能、光能、水能等多种能源连接转化的关键节点。

二是将燃料电池汽车作为应用领域之一,成为氢能产业发展的重要突破口。综合考虑技术经济性、节能减排收益,应重点加强中远途、中重型燃料电池商用车等方面的技术攻关，以小范围示范推广带动氢能环境建设和产业化突破。在加氢站布局方面，近期可考虑在氢能资源丰富的重点区域城市内和城市间高速公路服务区建设布局加氢站，以"点""线"布局为主，中远期逐步向"面"延伸。

三是统筹推进氢能及燃料电池的多元化综合应用。参考其他国家的发展经验，积极探索多领域氢能示范应用。探索开展氢气在家庭热电联供、氢燃气轮机发电、备用电源等方面的应用研究，以及氢燃料电池船舶、城市有轨电车、燃料电池无人机、燃料电池叉车等交通领域的研发及应用。通过一定规模和多元化的应用，加快降低氢能成本和推动能源结构优化，形成氢能可持续发展的商业模式。

四是加快推进氢能供应体系研究和建设。系统研究多种氢能供应路径的可行性和科学性，建立适合中国国情、科学合理、安全高效的制氢、储运氢、加氢产业链，促进形成完善的氢能供应体系。在氢气制备方面，鼓励具备氢气资源的地方因地制宜，建立特色化的氢能供给体系。积极发展工业副产氢提纯制氢、可再生能源电解水制氢等绿色制氢方式，保障车用氢能供给。在氢气储运方面，在长管拖车储运基础上，探索发展液氢、管道等储运氢方式。在加氢站建设方面，研究制定加氢站建设规划，加大加氢站建设支持力度，明确加氢基础设施立项、审批、建设、验收、投运等环节的管理规范，推动形成适度超前、供应有力的氢能基础设施网络。

7.1.3 关于燃料电池汽车产业发展的建议

燃料电池汽车是未来汽车工业的重要发展方向之一，目前中国具备加快发展、迎头赶上的基础条件，尤其在燃料电池货车、客车等方面已经积累了丰富的研发和推广经验，能实现对柴油货车、客车一定比例的替代，具有很好的节能减排效应。当前燃料电池汽车产业发展正处于重要窗口期，为促进中国燃料电池汽车产业发展，加快缩短与国际先进水平的差距，建议加大对燃料电池汽车的前瞻布局，进一步完善顶层设计、强化政策引导，着力突破技术研发、规模应用和氢能供应三大关口。

一是进一步完善顶层设计，不断优化产业发展的政策环境。目前中国缺少专门针对燃料电池汽车国家层面的发展战略和实施计划的顶层设计，相关政策大多分散于其他产业政策中。建议进一步明确国家战略导向，结合氢能及燃料电池汽车产业特点，加快出台促进燃料电池汽车产业发展的战略规划或指导意见，明确发展目标、重点任务、保障措施等，统筹协调各方力量，进一步调动全产业链研发和生产投入积极性，形成发展合力，推动产业加快发展。同时，要不断完善政策扶持体系，加大研发和财税政策支持力度，鼓励地方在燃料电池汽车购置与运营、加氢基础设施建设与运营、核心技术研发产业化等方面持续给予补贴支持，为产业发展营造良好的政策环境。通过建立持续稳定的政策支持体系，带动企业加大对燃料电池汽车关键技术方面的研发投入，推进技术进步和产业创新，培育氢能供应链和燃料电池汽车产业链，加快实现燃料电池汽车商业化推广。

二是加强关键核心技术攻关，加快提高产业化发展水平。通过国家科技计划、增强制造业核心竞争力、技术升级改造等国家重大工程加大对燃料电池汽车技术研发和产业化支持力度，突破燃料电池汽车动力系统核心关键技术，实现技术水平与国际基本同步、部分技术指标领先。优先扶持重点领先企业和研发机构，集中有限资源加快攻克前瞻性基础研究和关键技术，加快建立以企业为主体、市场为导向、产学研深度融合的技术创新体系，促进有效科技成果加速转化。通过支持领先企业加强研发及生产制造能力建设，加快突破燃料电池零部件关键技术、降低关键原材料成本、促进燃料电池及其关键零部件的产业化，尽快补齐中国燃料电池汽车产业链短板，推动建立自主可控的产业链体系。为充分调动企业研发生产积极性，可研究采取"揭榜挂帅""赛马"等形式，对率先开发生产性能媲美国际水平燃料电池汽车的企业给予奖励。同时要深度利用国际创新资源，加快培育和引进国际创新型领军人才。

在燃料电池系统层面，进一步优化系统集成与控制技术，研究高比功率燃料电池系统技术，不断提高可靠性和耐久性等；在电堆和材料层面，加快提升电堆技术水平，开展催化剂、碳纸、质子交换膜、膜电极、双极板等核心技术研究，实现关键材料产业化；在关键辅助部件层面，加大关键辅助部件的技术研发力度，重点突破空压机、氢循环系统、增湿器、DC/DC等关键零部件技术。此外，还要加快整合燃料电池汽车研发和工程化资源，推动建立若干个氢能或燃料电池创新中心，形成产业链上下游企业共同参与、产学研用相结合的协同创新机制，搭建从关键材料、部件到系统的协同开发平台，促进关键共性技术突破，并持续提升在燃料电池堆、关键零部件、系统集成等方面的测试试验能力，推动产业链协同发展。

三是加强氢气供应保障，推动加氢基础设施建设。完善的氢能供应体系和合理的用氢价格是发展燃料电池汽车产业的重要保障，也是中国发展燃料电池汽车产业的有力支撑，建议协同推进氢能生产、储运、加注等基础设施建设，促进形成车用氢能供应体系，大幅降低车用氢能成本，破解燃料电池汽车示范运行瓶颈。在氢能供给端，开展氢的制备、储运和加注等关键技术研究，推动制氢、储运氢产业规模化发展。推进降低车用高纯氢成本，加快推进可再生能源强制配额管理，引导风、光、水等可再生能源电力用于制氢，鼓励工业副产气提纯制氢，研究氢气定价机制。鼓励示范城市群根据技术成熟度，因地制宜开展制氢技术研究与推广，充分利用工业副产氢、可再生能源电解水制氢等多种制氢方式，持续推动降低氢能制备成本。在氢能加注端，尽快明确加氢站建设审批及管理办法，建立健全加氢站建设审批和监管体系，加快加氢站网络布局规划与建设，系统开展加氢站建设，落实好加氢站建设财政补贴政策，探索有效的商业运营模式，引导地方和企业根据氢能供给、消费需求合理布局加氢基础设施，支持利用现有场地和设施，开展油、气、氢、电综合供给服务，推动形成适度超前、供应有力的氢能基础设施体系和网络。

四是充分利用示范应用机遇期，筑牢产业发展的根基。国家通过开展燃料电池汽车示范应用，重点在积极性高、经济基础好、具备氢能和燃料电池汽车产业基础、有市场需求的地区开展试点示范，营造燃料电池汽车推广应用的良好环境，推动形成燃料电池汽车产业化应用点、线、网发展格局，将加快解决产业发展的若干重大问题。一方面，通过一定规模的车辆推广加快验证燃料电池汽车产品安全质量，不断提升技术成熟度。通过支持关键核心技术研发产业化，促进研发创新和产业化能力提升，加快突破关键核心技术，打通产业链关键环节，建立健全氢能及燃料电池汽车产业链体系。另一方面，通过构建氢能供给体系，积累氢能管理经验，完善国家氢能管理体系，着重解决氢能基础设施规模化建设及运营问题。

此外，还需要完善氢能及燃料电池汽车相关标准体系，制定适用于车用燃料电池相关的制造、测试、加氢等氢安全技术标准体系，满足燃料电池汽车示范应用和规模化发展需要。随着氢能及燃料电池汽车产业链的完善，以及关键核心技术产业化程度的提高，中国氢能及燃料电池汽车经济性将大幅提升。同时，随着示范工作推进和燃料电池汽车规模扩张，未来中国将实现万辆级燃料电池汽车的规模化示范运行，将进一步促进中国氢能及燃料电池汽车产业链持续完善，加速降低燃料电池汽车全生命周期成本，为中国未来燃料电池汽车大规模商业化应用奠定基础。

7.2 对燃料电池汽车示范的有关建议

燃料电池汽车示范政策发布以来，地方政府积极组织行业企业申报，并结合本地区产业基础和特色优势，全面梳理了本地区氢能与燃料电池汽车产业的发展思路和实施路径，在全国范围内形成了一股探索氢能和燃料电池汽车产业发展的热潮。从地方政府来看，北京、上海、广东、河南、河北、山东、湖北、川渝、浙江等地区，经过示范方案编制，并通过与行业企业和专家的深入研讨论证，对如何推动本地区氢能和燃料电池汽车产业发展，有了更深层次的认识，为以后推进本地区氢能及燃料电池汽车产业发展奠定了坚实基础。部分地方也在前期长远规划基础上，纷纷制订短期的行动方案或实施计划，更加注重燃料电池汽车产业发展的落地实施。

从行业发展来看，国内燃料电池汽车产业经过多年培育，特别是示范政策发布后，明确要求"示范城市群应聚焦技术创新，找准应用场景，构建完整的产业链"，中国燃料电池汽车产业化步伐持续加快。一是企业对政策把控更加准确。重塑、亿华通、捷氢、未势、潍柴等企业根据政策精神积极制定技术攻关计划、产品规划及市场推广方案，对产业现状及示范期内产业发展思路形成了比较清晰的认识，更加注重自主化发展。二是产业链持续完善。越来越多的企业开始投入到电堆、膜电极、双极板、质子交换膜、催化剂、碳纸、空气压缩机、氢气循环系统等研发生产，推动自主可控产业链建设。三是行业热度持续提升。中国汽车工业协会、中国汽车工程学会、电动汽车百人会、中国汽车技术研究中心、中国氢能联盟等行业第三方机构，纷纷召开行业研讨会议，探讨中国氢能和燃料电池汽车产业发展路径，中石化、中石油等传统能源企业，开始加大对加氢站的投入力度，越来越多的行业资本也开始进入氢能和燃料电池汽车产业。

目前第一批示范城市群京津冀、上海、广东城市群，以及第二批示范城市群郑州、河北城市群已经批复实施，相关城市群也先后专门召开了本城市群的示范启动会，系统布置和推动示范工作，并持续推动示范工作顺利开展。京津冀城市群、上海城市群、广东城市群、郑州城市群、河北城市群具备较强的代表性，基本覆盖不同气候、地形和氢气来源特点。根据相关城市群推广规划，预计将推广燃料电池汽车超过3万辆，单从推广规模看就已经超过了十多年前的"十城千辆"。但从产业发展阶段看，目前氢能及燃料电池汽车产业还处于发展初期,未来燃料电池汽车要实现市场化发展仍有很长的路要走。

国家启动示范支持城市群发展燃料电池汽车产业,为各示范城市群提供了燃料电池汽车的发展机遇和发展平台,但列入示范城市群也仅仅是开始,其仅代表着相关示范城市群获得了发展先机,有利于凝聚政策、资本、产业等各方资源,但各示范城市群能否真正将燃料电池汽车产业发展好,更多的还是在于自身如何谋划和推动。因此,如何利用好相关资源,营造良好的政策环境,推动关键技术研发产业化,开展高水平示范应用,保障低碳、经济、稳定的氢能供给,做好示范的各项组织实施工作,确保燃料电池汽车示范能够科学有序开展,才是真正考验示范城市群的关键所在。

示范城市群基本情况见表 7-1。

表 7-1 示范城市群基本情况

城市群名称	牵头城市	参与城市	推广计划
京津冀城市群	北京市大兴区	北京市海淀区、北京经济技术开发区、北京市房山区、北京市延庆区、北京市顺义区、北京市昌平区、天津市、河北省唐山市、河北省保定市、山东省淄博市、山东省滨州市	推广燃料电池汽车5300辆,建设加氢站49座
上海城市群	上海市	江苏省苏州市、江苏省南通市、浙江省嘉兴市、山东省淄博市、内蒙古自治区鄂尔多斯市、宁夏回族自治区宁东能源化工基地	推广燃料电池汽车5000辆,建设加氢站73座
广东城市群	佛山市	广东省广州市、广东省深圳市、广东省珠海市、广东省东莞市、广东省中山市、广东省阳江市、广东省云浮市、福建省福州市、山东省淄博市、安徽省六安市、内蒙古自治区包头市	推广燃料电池汽车12715辆,建设加氢站227座
郑州城市群	郑州市	河南省新乡市、河南省开封市、河南省洛阳市、河南省焦作市、河南省安阳市、宁夏回族自治区宁东能源化工基地、河北省张家口市、上海市嘉定区、上海市奉贤区、上海市临港区、河北省辛集市、山东省淄博市、山东省烟台市、山东省潍坊市、广东省佛山市、河北省保定市	推广燃料电池汽车4295辆,建设加氢站76座
河北城市群	张家口市	河北省唐山市、河北省保定市、河北省邯郸市、河北省秦皇岛市、河北省定州市、河北省辛集市、河北省雄安新区、上海市奉贤区、河南省郑州市、山东省淄博市、山东省聊城市、福建省厦门市	推广燃料电池汽车7710辆,建设加氢站86座

注:根据公开资料整理。

7.2.1 对示范的有关建议

燃料电池汽车示范政策的发布实施,是中国燃料电池汽车产业发展的重要里程碑。通过开展四年的示范,将为中国燃料电池汽车产业规模化、产业化发展打下坚实基础,建议充分利用这几年的宝贵时间,推动中国燃料电池汽车产业实现高效发展。

一是加强关键核心技术攻关。整合研发和工程化资源,搭建从关键材料、系统部件到整车的协同创新平台,以长途重载燃料电池商用车为重点,加快提高自主化研发水平和产业化能力,突破电堆、膜电极、双极板、质子交换膜、催化剂、碳纸、空气压缩机、氢气循环系统等核心关键技术,提高产品可靠性、耐久性。加强研发及生产制造能力建设,加快补齐氢能及燃料电池汽车产业链短板,推动建立自主可控的产业链体系。

二是加快构建氢能供给体系。通过对加氢站建设运营、氢能供给的支持,引导地方和企业根据氢能供给、消费需求合理布局加氢基础设施,支持利用现有场地和设施,开展油、气、氢、电综合供给服务。加快明确国家加氢站建设规划,按照适当超前的原则,系统开展加氢站建设布局,打通氢能制备、储运、加注和应用供应链。

三是推动购置和使用成本降低。通过一定规模的燃料电池汽车示范运行,拉动上下游产业链,降低关键材料、零部件及整车产品成本,推动产业链的成熟完善,大幅降低整车的购置成本。通过对加氢站建设运营、氢气加注等进行补贴支持,促进形成车用氢能供应体系,并逐渐形成规模效应,大幅降低车用氢能成本。

四是进行技术考核、验证与提升。通过在不同城市的高强度示范运行,考核、验证中国燃料电池汽车对不同实际应用环境的适应性。同时,要对燃料电池汽车实际运行中的可靠性、稳定性、安全性和耐久性等进行测试和检验,并持续改进和提升,推动中国燃料电池汽车技术进步,为中国燃料电池汽车早日实现商业化奠定基础。

五是完善政策、标准与管理体系。通过开展燃料电池汽车示范,将地方先进的政策、管理经验上升到国家层面,自下而上推动形成职责清晰和分工明确的管理体系,加快探索、研究和完善燃料电池汽车推广应用的相关政策、标准法规和管理体系等,解决燃料电池汽车商业化面临的政策、标准和管理问题,为产业发展创造良好的环境。推动完善车用氢气制备、储运、加注等关键环节技术条件及产品认证标准体系,制定适用于车用燃料电池相关的制造、测试、加氢等氢安全技术标准体系,保证产品质量和安全,满足燃料电池汽车示范应用和规模化发展需要。加强燃料电池汽车测试评价技术、装备和规范研究,提升和完善燃料电池汽车及其关键部件的测评评价能力。

六是建立完善的氢能管理体系。现阶段,在中国氢能产业实际发展过程中,氢气仍然普遍被作为危化品而不是能源管理,加氢站建设没有明确的审批部门,需要尽快破除制约氢能产业发展的制度障碍。建议以燃料电池汽车示范为契机,研究将氢能纳入国家能源体系的具体管理办法,推动氢能成为国家能源战略的重要组成部分。加快完善氢能管理和供给体系建设,明确加氢基础设施管理和建设审批职能部门,完善加氢基础设施立项、审批、建设、验收、投运等环节的管理规范,打破制约氢能及加氢站发展的法规和制度性障碍。在价格、土地等方面对氢能制取和基础设施建设给予政策支持,推动有条件的地区形成适度超前、供应有力的氢能基础设施网络,大幅降低车用氢能成本。

七是探索研究商业化运营模式。建立并持续优化氢能及燃料电池汽车示范评价平台,实现涵盖安全监控保障、产品测试评价、技术开发服务、审核清算服务等功能于一体的管理平台,将示范成果用于企业技术改进提升、国家标准制修订、政策完善和补贴清算等支撑服务。通过科学、系统的数据分析，探索燃料电池汽车商业化运营模式和发展路径。开展燃料电池汽车、纯电动汽车和燃油车的技术和成本差距研究，加氢站设计规范和运营模式研究，制氢技术路线研究等，为国家政策研究制定、产业发展提供参考借鉴。

八是提前谋划非货币支持措施。财政补贴在产业发展初期具备重要作用和意义，但长期实施补贴支持，也会让产业患上补贴依赖症。因此，需要根据氢能及燃料电池汽车产业实际发展情况，积极研究非货币化的政策支持措施，用更加市场化的方式激励、推动和倒逼企业不断提高竞争力。同时，要充分利用好碳达峰、碳中和的历史契机，研究氢能及燃料电池汽车支持政策和未来碳市场政策体系相结合的途径，通过市场化手段来支持氢能和燃料电池汽车产业发展。这不仅能够向世界传递中国低碳发展的理念，也能让世界看到中国在氢能及燃料电池汽车等战略性新兴产业领域的实力，向全世界展示中国氢能及燃料电池汽车发展的成果，更好体现中国开展燃料电池汽车示范的成效。

九是加强示范经验总结和示范效果宣传。加快建立城市群之间的定期沟通机制，重点围绕示范组织管理、协同推广模式、氢能供应体系等重要方面，定期沟通交流，及时发现并解决示范过程中面临的难点和问题。在系统总结各城市群示范经验的基础上，定期举办燃料电池汽车示范经验交流论坛，重点就技术创新与产业化应用、车辆推广、加氢站建设、商业模式探索和政策制度环境完善等方面进行交流，打造城市群和行业企业的交流平台，将好的经验和做法在城市群间及时推广复制。同时，加快建立多元化、多层级的示范效果宣传渠道，增强产业发展信心，营造良好的产业发展环境。通过举办燃料电池汽车技术评价大赛和成果展览等方式，在宣传国家示范成效的同时，也能够加强消费者对燃料电池汽车的认识，提高消费者对燃料电池汽车的接受度，为产业发展营造良好的外部环境。

7.2.2 示范需要注意的事项

开展燃料电池汽车示范本身就是一种探索、一种尝试，肯定不会一帆风顺，肯定会出现各种各样的问题。建议总体上还是应该聚焦"示范"，用四年时间集中力量做好示范而不是盲目的市场推广，通过示范为下一步燃料电池汽车规模化应用积累管理经验，同时也要加快完善政策标准法规环境，构建清洁、低碳、稳定、经济的氢能供给体系，促进中国燃料电池汽车技术水平提升和成本下降，加快突破关键卡脖子环节。随着中国燃料电池汽车示范启动，以及燃料电池汽车市场化步伐不断推进，中国燃料电池汽车产业发展仍会面临不少风险挑战，同时考虑到示范政策的创新度较高，在燃料电池汽车示范过程中，需要注意以下几方面。

一是要防止出现地方保护。燃料电池汽车示范依托城市群开展，目的就是为了推动示范城市群打破区域间产品、技术的流动藩篱，促进国内统一市场的形成和发展，加快推动形成燃料电池汽车产业的国内大循环。但企业发展往往依托当地政府支持，示范过程中，有可能会造成地方保护加剧，城市群仅支持本地企业发展，对城市群外企业实施差异化政策，这和示范政策的预期效果相违背。因此，要推动示范城市群建立开放统一、竞争有序的燃料电池汽车市场环境，打破"以市场要求外地企业在当地设厂""以特定的技术要求设立准入门槛"等地方保护行为。

二是要防止低水平重复建设。示范政策要求城市群选择产业链上优势企业所在城市开展联合申报，且拥有产业链上优秀企业的城市可以参加多个城市群，目的就是为了防止个别城市以强制要求外地企业在本地投资建厂为合作前提，造成低水平重复建设。但可能存在部分地方政府面临招商引资压力，强制要求外地企业在本地建设生产基地，这将会造成产业链的分散和低水平重复建设，而且会造成企业压力负担加大，不利于形成集聚的规模效应，需要切实防范避免。

三是要切实加强区域协同。示范城市群不仅涉及省内城市，还涉及省外城市，组织协调难度大。同时，考虑到牵头城市和参与城市都有各自的功能定位、任务目标，如何确保相关城市能够步调一致，按照既定的示范目标持续推进相关工作，确保按期完成示范任务和目标，仍然需要各示范城市群加强组织保障，尤其是要切实加强城市群区域间的协同发展，示范不仅要强调牵头城市或参与城市完成示范目标，更要强调城市群整体的统筹协调、协同发展，实现区域联动和协调发展。

四是要建立示范退出机制。进入示范的城市群虽然有较好的产业基础，实施方案也获得专家委员会的认可，但后续示范城市群的发展仍可能出现问题，导致最终不能实现示范目标，浪费了中央财政补贴资金支持。因此需要严格贯彻落实成熟一个、实施一个的基本原则，同时加强对示范城市群的考核评估，对达不到考核指标的示范城市群或示范城市要建立退出机制，形成有进有出、能上能下的示范机制，确保各示范城市群能够完成示范目标。

五是要适时优化调整示范政策。可以预见，随着示范应用场景的打开，中国氢能及燃料电池汽车产业将呈现快速发展态势，尤其是技术水平将快速提升，成本也将大幅下降，甚至可能会远超产业界的预期，现有的示范政策可能会不再适用产业发展的新形势。因此，示范期间需要综合考虑技术进步、示范城市群示范进展等情况和因素，适时优化调整补贴标准和技术要求，确保政策能够持续扶优扶强，促进中国燃料电池汽车产业高质量发展。

六是要注重产业安全发展。近几年，国外先后出现若干起氢能相关安全事故，这为中国燃料电池汽车示范敲响了警钟。氢能及燃料电池汽车作为战略性新兴产业，安全是确保产业能够健康持续发展的底线，也是行业必须时刻关注的焦点问题，需要不断提升技术安全水平，确保质量可靠性。示范城市群应该在确保安全的基础上完成示范任务，建立健全安全标准及监管模式，确保氢能生产、运输、加注、使用的全环节安全。同时，要平衡好安全和发展的关系，要避免产生忽视安全性的倾向，安全一定是发展氢能及燃料电池汽车产业的基础和前提，宁可示范得慢一点，车辆推广得少一点，也不能忽视安全性。

七是要更加注重示范应用质量。燃料电池汽车示范不宜一味地追求"量"，而应该更加重视发展的"质"。燃料电池汽车推广数量很重要，我们需要有一定的数量为产业发展提供保障，但示范绝对不是要超大规模的推广数量。现阶段大规模推广燃料电池汽车将会导致企业"拿来主义"，加速技术和产品引进，但市场换不来技术，即使能够换来也是换来低水平的技术。我们要做好真正的试验示范，不仅要考核燃料电池汽车推广数量，还要综合考核燃料电池汽车的技术水平、研发产业化能力、氢气制取和储运、加氢基础设施建设、政策和标准法规等，比单纯地追求推广数量难度大得多。通过四年的示范运行，能够发现中国燃料电池汽车发展面临的技术、质量、政策、制度、标准法规等问题，并通过做好示范考核评估和经验总结，加快解决以上问题，这才是示范的重点和难点，并将决定未来中国燃料电池汽车能否真正实现高质量发展。

八是要兼顾非示范区域产业发展。开展燃料电池汽车示范会导致政策、产业、资金等优势资源集中在示范城市群，对于部分刚刚准备发展燃料电池汽车产业，但基础相对薄弱的地方，想发展燃料电池汽车的难度有所增加，积极性也会受到一定程度影响。因此，只要地方政府仍有发展意愿，还是应该鼓励非示范地区的发展，且示范区域的先进经验对非示范区域同样适用，这也将为后期中国燃料电池汽车在全国范围内的推广应用奠定基础。

九是要注重示范车辆的多样性。建议参与示范的燃料电池汽车类型要多样化，并考虑适量加入部分燃料电池乘用车，为未来燃料电池乘用车市场应用做好布局。车辆多样性的主要目的是为了测试、对比不同类型燃料电池汽车的性能，积累不同车辆的实际运行数据，为技术研发和改进提升做好支撑，也为后续能够持续带动甚至引领全球氢能及燃料电池汽车产业发展做好铺垫。但同时要尽量避免在不适合的场景强行推广燃料电池汽车，一定要探索出来真正适合燃料电池汽车的应用场景。

7.2.3 对示范城市群的建议

示范城市群作为本次示范的主体，其示范好坏将直接影响中国氢能及燃料电池汽车产业的发展进程，重要性不言而喻。示范城市群应切实加强燃料电池汽车示范应用的工作组织实施，加强顶层设计、创新体制机制、完善政策体系、打通政策堵点、营造公平竞争和良好的使用环境，并提供奖励资金支持，促进燃料电池汽车产业集聚和创新发展。

一是加强组织领导协调。示范城市群大多有十多个城市参与，既包括省内城市，还涉及省外城市，相关城市间协调配合好坏将直接影响燃料电池汽车示范政策的落地实施。示范城市群应建立健全统筹协调机制，成立城市群燃料电池汽车协调领导小组，明确职责分工，完善配套政策，扎实有序推进，统筹协调氢能与燃料电池汽车产业发展，组织开展高水平示范应用，确保完成燃料电池汽车示范应用实施方案提出的各项目标任务，加快形成可复制可推广的先进经验。各省份之间应加强组织协调，统筹资源，加强对示范城市群的支持力度。对特殊项目采取"一事一议"等灵活措施，破除加氢站建设体制机制障碍。同时，示范城市群应科学规划、因地制宜、突出特色，避免"千篇一律"。此外，可以积极探索在本城市群层面，形成统一的产业政策体系、技术标准框架、车辆市场指导价格、氢能供应价格等，确保城市群基本步调一致，当然这涉及的组织协调工作难度不小。

二是建立安全应急保障。安全是氢能及燃料电池汽车产业发展的根基，示范城市群应坚持安全底线，提高安全风险意识，建立健全安全管理制度，确定牵头责任部门，加强燃料电池汽车运行安全监管，制定相关应急预案，在确保安全的基础上完成示范任务。要建立燃料电池汽车安全管理规范，明确安全事故应急管理措施，建立重大事故（爆炸、起火、氢气泄漏等）应急预案，构建燃料电池汽车运行安全及氢能供给安全监管平台。持续开展燃料电池汽车相关运营工作人员安全生产宣贯和培训工作，加强有关人员安全防患意识和事故应对能力,定期开展应急预案演习活动。

三是开展高水平示范。示范城市群要充分依托全国范围内产业链上优秀企业实施示范,立足建立完整产业链供应链,畅通国内大循环,切实避免地方保护和低水平重复建设。要合理确定示范目标,探索合理商业模式,加强燃料电池汽车运行管理,防止出现车辆闲置等现象,保障产业健康可持续发展。对示范业绩突出的城市、单位和个人给予表彰、奖励,对示范工作推动不力、问题得不到及时解决的要严肃问责。

四是加强人才队伍建设。产业发展的核心在于技术,技术发展的核心在人才,示范城市群应加快氢能及燃料电池汽车领域人才培养,建立可持续的人才培育政策,建设形成定向培训、项目实践、校企联合等一系列人才培育体系,积极引入国内外氢能及燃料电池汽车优秀领军人才和技术团队,加强对"高精尖缺"人才的吸引力度。探索设立与贡献程度相匹配的人才奖励扶持措施,对重点高层次人才,按有关政策发放补贴,并对其税收优惠、落户、购房、子女教育、家属就业等给予政策保障。

五是做好宣传教育工作。加大对氢能及燃料电池汽车的科普宣传力度,重点消除社会公众和企业对氢能的安全疑虑,提升对氢能及燃料电池汽车产业的认知度与支持度,营造燃料电池汽车产业发展的良好氛围。加快建设氢能及燃料电池汽车科普体验馆和试乘试驾中心,向社会公众展示氢能及燃料电池汽车前沿技术,普及氢能及燃料电池汽车知识,为社会公众打造氢能社会的前瞻体验区。举办燃料电池汽车相关会议论坛,集中展示国内外氢能及燃料电池汽车研发创新和示范应用成果,为政、企、学、研及社会各界共谋氢能及燃料电池产业发展提供深度交流平台。充分利用媒体、网络、讲座等多种形式,加强对产业政策、相关知识与技术的日常宣传,使氢能及燃料电池汽车发展理念深入人心。

六是注重区域协同发展。示范城市群发展氢能及燃料电池汽车产业,不应仅局限于本城市群,还要加强同其他城市群的交流合作,一定要全国一盘棋,各城市群之间要互相配合,相互借鉴,避免各自为战。尤其是在氢能供给、加氢基础设施规划布局、应用场景开拓方面,要形成系统和全局思维,围绕全国示范城市群,打造若干氢能高速、氢能走廊、氢能港口,将相关示范城市群真正打通,让燃料电池汽车能够在各城市群之间运营使用,形成中国燃料电池汽车产业点线面网的发展格局。全国城市群的打通,也将为长途城际物流打开市场空间,燃料电池汽车在长续驶、高载重领域的应用市场将会快速增加,为后续全国范围内的推广奠定坚实基础。